华为
管理法精要

周锡冰　著

中国出版集团　东方出版中心

图书在版编目（CIP）数据

华为管理法精要 / 周锡冰著. -- 上海：东方出版中心, 2024.8. -- ISBN 978-7-5473-2480-6

Ⅰ. F632.765.3

中国国家版本馆 CIP 数据核字第 20240PL902 号

华为管理法精要

著　　者	周锡冰
策划编辑	潘灵剑
责任编辑	沈旖婷
装帧设计	钟　颖

出 版 人	陈义望
出版发行	东方出版中心
地　　址	上海市仙霞路 345 号
邮政编码	200336
电　　话	021-62417400
印 刷 者	上海盛通时代印刷有限公司
开　　本	890mm×1240mm　1/32
印　　张	14
字　　数	262 千字
版　　次	2024 年 8 月第 1 版
印　　次	2024 年 8 月第 1 次印刷
定　　价	70.00 元

版权所有　侵权必究

如图书有印装质量问题，请寄回本社出版部调换或拨打021-62597596联系。

目 录

绪 论 / 001

第一部分

客户管理：一切以客户为中心，为客户服务是华为生存下去的唯一基础 / 015

第 1 章 为客户服务是华为生存下去的唯一基础 / 017

    01 华为要以客户为中心，不做第二个"美联航" / 018

    02 为客户服务是华为存在的唯一理由 / 041

第 2 章 崇尚"以客户为中心"的核心价值观 / 055

    01 利润只能从客户那里来 / 058

    02 客户不买华为的货，就无米下锅 / 062

第 3 章 永远以宗教般的虔诚对待客户 / 071

01 销售团队在与客户交流时，一定不能牛气哄哄 / 073

02 除了客户一分钱都不付，别的都不是无理要求 / 085

第二部分
技术创新管理：领先半步是先进，领先三步成"先烈" / 099

第4章 倡导有价值的创新 / 101

01 将技术导向战略转为客户需求导向战略 / 102

02 把客户需求导向优先于技术导向 / 121

第5章 基于存在的基础上去创新 / 138

01 对研究与创新的约束是有边界的 / 141

02 坚持为世界创造价值 / 146

第三部分
人才管理：人力资源要让"遍地英雄下夕烟" / 151

第6章 宽容"歪瓜裂枣"的奇思异想 / 153

01 挖掘各种异类人才的爆发点 / 154

02 按能力选拔干部 / 159

第7章 允许异见，就是战略储备 / 167

01 干部的选拔要以李云龙、赵刚为标杆 / 170

02 从"蓝军"优秀干部中选拔"红军"司令 / 174

第四部分

危机管理：居安思危，下一个倒下的会不会是华为

/ 179

第 8 章 华为的冬天 / 181

01 把寒气传递给每个人 / 181

02 活下来、有质量地活下来 / 189

第 9 章 谁有棉衣，谁就活下来 / 209

01 华为总会有冬天，准备好棉衣，比不准备好 / 210

02 没有预见，没有预防，就会冻死 / 213

第五部分

全球化拓展：以知识产权为武器攻占 170 个国家

/ 223

第 10 章 华为国际化最初的冲动只是想过冬 / 225

01 国际化是为了更好地度过"冬天" / 226

02 "农村包围城市"的国际化路径 / 230

第11章 共享价值链利益 / 235

01 付出合理费用扩展市场空间 / 239

02 修宽主航道，积累专利实力 / 247

第12章 合规遵从 / 259

01 评估各种风险 / 261

02 区域的合规管理 / 292

第六部分

组织变革管理：实行民主决策，从人治转向法治 / 301

第13章 起草《华为基本法》 / 303

01 规范管理 / 304

02 实行民主决策 / 310

第14章 轮值CEO制度 / 314

01 杜绝"拍脑袋决策" / 315

02 不担任轮值CEO期间参与集体决策 / 319

第15章 把决策权交到最前方 / 324

01 减少官僚主义 / 325

02 LTC流程的全程贯通，实现账实相符 / 330

第七部分

战略管理：最低和最高战略都是活下去 / 337

第 16 章　最低和最高战略都是活下来 / 339
　　01　活下去比实现利润最大化重要得多 / 343
　　02　聚焦主航道，优化产品投资组合 / 350

第 17 章　启动 B 计划 / 360
　　01　鸿蒙的突围使命 / 364
　　02　鸿蒙的迭代 / 369

第 18 章　1+8+N 的全场景战略 / 387
　　01　启动"南泥湾计划" / 392
　　02　融合 1+8+N，全力拓展业务边界 / 398

第 19 章　重置供应链 / 407
　　01　布局半导体供应链 / 409
　　02　扶持国产供应链 / 414

参考文献 / 424

后　记 / 435

绪论

经过30多年的发展，华为从一个默默无闻的小企业，茁壮成长为一个年营业收入最高为8 913.68亿元（2020年）的全球领先的信息与通信（Information and Communications Technology，缩写为ICT）基础设施和智能终端提供商。[1]

由于被美国纳入实体清单的原因，华为2021财年的营业收入急速下滑到6 368.07亿元。经过战略补洞、实施"南泥湾计划"等多重补救后，华为2022年财年的营业收入开始止跌，并有小幅度增长，达到6 423.38亿元。

与此同时，增长势头持续到2023财年。2023年12月29日，华为轮值董事长胡厚崑发表《脚踏实地，行稳致远——2024年新年致辞》，其中提道："经过数年的艰苦努力，我们经受住了严峻的考验，公司经营基本回归常态。预计2023年实现销售收入超过

---

[1] 华为官网. 公司简介[EB/OL]. 2023-06-28. https://www.huawei.com/cn/corporate-information.

7 000亿元人民币,其中ICT基础设施业务保持稳健,终端业务好于预期,数字能源和云业务实现良好增长,智能汽车解决方案竞争力显著提升。"[1]

由此可见,华为已经逐步打破实体清单的封锁,稳中向好,实现持续三年正增长。查阅华为的财报发现,华为从当初的"活下"来,到"有质量地活",再到"经营基本回归常态",变化还是在于华为的有序地进行自己的战略部署。在这里,我们就以2022年财报为例来解读。

2023年3月31日,根据华为创始人任正非之女、副董事长、轮值董事长、首席财务官孟晚舟在深圳坂田基地发布的2022年财报数据披露:2022年,华为营业收入为6 423.38亿元,总体保持了2021年的营业收入规模,同比增长0.9%[2],见表0-1。

表0-1 华为2018—2022年五年财务概要

	2022 (美元百万元)	2022 (人民币百万元)	2021	2020	2019	2018
			(人民币百万元)			
销售收入	92 379	642 338	636 807	891 368	858 833	721 202
营业利润	6 071	42 216	121 412	72 501	77 835	73 287

---

[1] 胡厚崑.脚踏实地,行稳致远——2024年新年致辞[J].华为人,2024(01):02-03.
[2] 华为投资控股有限公司2022年年度报告[R].2023-03-31.

续表

	2022 (美元百万元)	2022 (人民币百万元)	2021	2020	2019	2018
			(人民币百万元)			
营业利润率	6.6%	6.6%	19.1%	8.1%	9.1%	10.2%
净利润	5 114	35 562	113 718	64 649	62 656	59 345
经营活动现金流	2 560	17 797	59 670	35 218	91 384	74 659
现金与短期投资	53 709	373 452	416 334	357 366	371 040	265 857
运营资本	49 608	344 938	376 923	299 062	257 638	170 864
总资产	152 993	1 063 804	982 971	876 854	858 661	665 792
总借款	28 353	197 144	175 100	141 811	112 162	69 941
所有者权益	62 859	437 076	414 652	330 408	295 537	233 065
资产负债率	58.9%	58.9%	57.8%	62.3%	65.6%	65.0%

注：美元金额折算采用 2022 年期末汇率，即 1 美元兑 6.953 3 元人民币。

根据孟晚舟介绍，华为 2022 年的主要收入分为四个板块：运营商业务、企业业务、终端业务、其他，见表 0-2。

表 0-2 华为 2022 财年主要板块营业收入

(人民币百万元)	2022 年	2021 年	同比变动
运营商业务	283 978	281 469	0.9%
企业业务	133 151	102 444	30.0%
终端业务	214 463	243 431	-11.9%
其他	10 746	9 463	13.6%
合计	642 338	636 807	0.9%

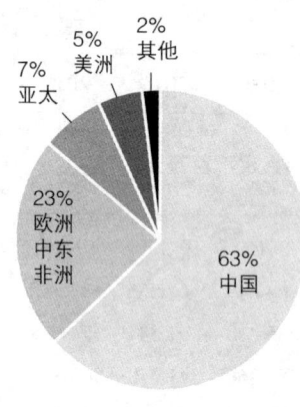

图 0-1 华为 2022 财年区域市场收入

根据财报显示,在华为 2022 财年区域市场收入中,中国本土市场的贡献率达到 63%。贡献第二的是欧洲中东非洲市场,贡献率达到 23%,见图 0-1。

与 2021 财年相比,华为 2022 财年区域市场的变化较大,中国本土市场和亚太市场营业收入有所降低,亚太市场的跌幅达到 10.5%,即使是中国本土市场,其跌幅达到 2.3%,见表 0-3。

表 0-3 华为 2022 财年区域市场变化

(人民币百万元)	2022 年	2021 年	同比变动
中国	403 999	413 299	-2.3%
欧洲中东非洲	149 206	131 467	13.5%
亚太	48 048	53 675	-10.5%
美洲	31 898	29 225	9.1%
其他	9 187	9 141	0.5%
合计	642 338	636 807	0.9%

透过这份财报数据我们不难看出,被美国打压的华为,虽有转危为安之势,但是仍旧处于"活下去"的"惊涛骇浪"之中。根据孟晚舟披露的关键财务数据显示:"(华为 2022 财年)净利润

356 亿元人民币，净利润率 5.5%，处于历史低点。高强度的研发投入与经营利润下滑，使得 2022 年经营活动现金流降至 178 亿元人民币。年末净现金存量 1 763 亿（元），可支撑公司各项业务的开展。"

孟晚舟说道："总而言之，2022 年，经营依然面临较大压力，经营业绩符合预期，财务状况持续稳健。2022 年末，华为的资产负债率为 58.9%，净现金余额 1 763 亿元人民币，近万亿的总资产规模中，现金、短期投资、运营资产等高流动性资产构成了资产的主体部分，财务状况持续稳健，具有较强的韧性与弹性。2022 年，研发费用总额为 1 615 亿元人民币，研发费用率 25.1%，处于历史高位。面向未来，我们有压力，更有信心！"

究其原因，华为 2022 年的 356 亿元人民币净利润，同比下降 68.7%；更关键是，一向要求收入、利润、现金流同步的华为，经营现金流跌到历史低位，仅有 178 亿元人民币，同比直接下降 70.2%，见图 0-2。

鉴于此，孟晚舟在发布会上语气坚定而悲壮地使用了"向死而生""怎能不成仁"等语句形容华为深陷美国实体清单层层封锁圈的现状和打破其瓶颈的决心。在财报沟通会上，孟晚舟说道："知不足而奋进，望远山而力行。今年（2023 年）的主题词是'信心'。我们不一定成功，但我们向死而生，怎么能够不成仁？"

孟晚舟补充说道："2022 年，华为公司从应对美国不断制裁的

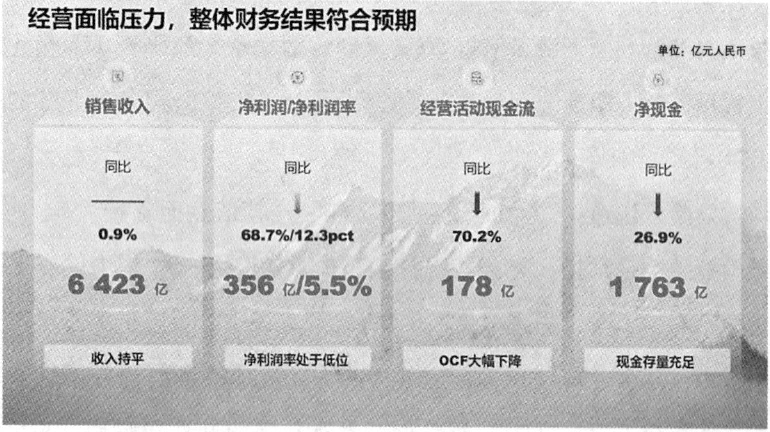

经营面临压力，整体财务结果符合预期

单位：亿元人民币

销售收入	净利润/净利润率	经营活动现金流	净现金
同比 ↓ 0.9%	同比 ↓ 68.7%/12.3pct	同比 ↓ 70.2%	同比 ↓ 26.9%
6 423 亿	356 亿/5.5%	178 亿	1 763 亿
收入持平	净利润率处于低位	OCF大幅下降	现金存量充足

图 0-2 华为 2022 财年关键财务数据

战时状态，逐步转为制裁常态化正常运营的一年，感谢所有客户、消费者、供应商、合作伙伴和生态伙伴的支持。"

据孟晚舟介绍："2022 年末，华为的资产负债率是 58.9%，继续保持稳健的资本结构。净现金余额 1 763 亿元，资金存量充裕，足够支撑公司持续经营和风险应对。"

为了战略补洞和前沿研发，2022 年，华为投入研发费用总额达到 1 615 亿元人民币，研发费用率 25.1%，达到历史高点，见图 0-3。

鉴于此，华为在疫情和逆全球化的双重压力下，取得相对理想的业绩，足以看出华为自身的韧性。这也意味着华为突围危机的临界点正在到来。

第一，在被纳入实体清单的重压下，华为在海外市场的贡献

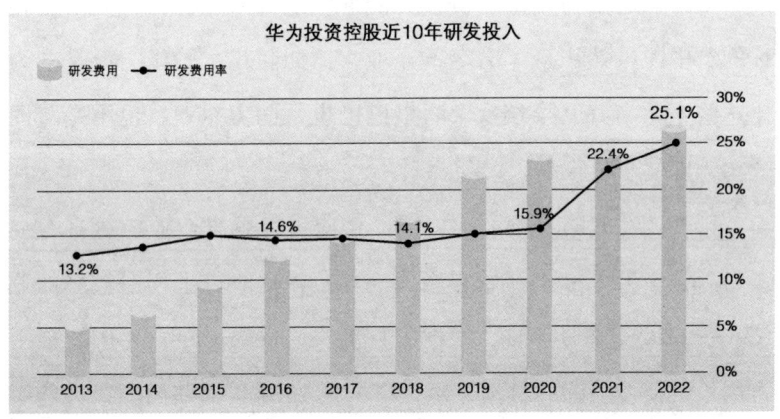

图0-3 华为近10年研发投入

占比依旧坚挺，海外市场的占比达到37%，是一家名副其实的跨国企业。

对于跨国企业的定义，2018年10月5日，经济学家向松祚在一次主题演讲中说道："我们经济学里有一个定义，什么叫跨国公司？公司的收入和利润至少30%是来自本土以外的市场，这是一个指标。当然跨国公司还有很多指标，但这是一个很重要的指标。我们的五大银行，按总资产排名都是TOP10，它们是跨国银行吗？根本不是，这些银行根本没有一家能算得上跨国银行，他们的收入利润90%是来自本土市场。我们号称进入世界500强的企业，已经超过100家了，那是按总资产算的，我们的'三桶油'，中国移动、中国联通，不都进入了世界500强吗？但是它们是跨国公司吗？根本不是。现在中国能够称得上跨国公司的著名企业，就是一个华为。这是与中国经济，所谓世界第二大经济体，完全不相称的。中国虽然出现了著名的企业，比如阿里、腾讯，但是华为比这些企业高好几个档次，阿里巴巴也是国内企业，也不是跨国公司，即使市值很高。"[1]

第二，在战略补洞、扶持国产供应链、重置产业链等多布局努力后，华为手机也开始有序地恢复，并且取得了相对较好的业绩——2024年2月4日，根据康百世（Counterpoint）中国智能手机周销量模型追踪的数据显示，华为在2024年的前两周以智能手机销量第一的位置强势回归中国市场。

值得注意的是，这是自2019年华为被美国纳入实体清单以来，华为手机的销售份额一直下降。根据全球知名市场调研机构康百世研究（Counterpoint Research）此前发布的2021年度第一季度全球智能手机品牌销量数据显示，华为手机出货量大跌18%，全球市场占有率仅剩4%，见图0-4。

由于芯片供给不足，华为手机的销售继续下滑，2022年2月16日，康百世研究发布新报告，2021年第四季度中国智能手机出货量同比下降11%。其中，苹果占据21.7%名列榜首。荣耀16.7%占据第二。欧珀16.6%排名第三，维沃16.5%排名第四，小米16.1%排名第五，华为已经不在榜上，见表0-4。

---

[1] 向松祚. 中国能够称得上跨国公司的，也就一个华为 [EB/OL]. 2018-10-05. https://m.sohu.com/a/257801031_313170/?pvid=000115_3w_a&spm=smpc.ch15.fd.13.1538860908149gOYIi9x.

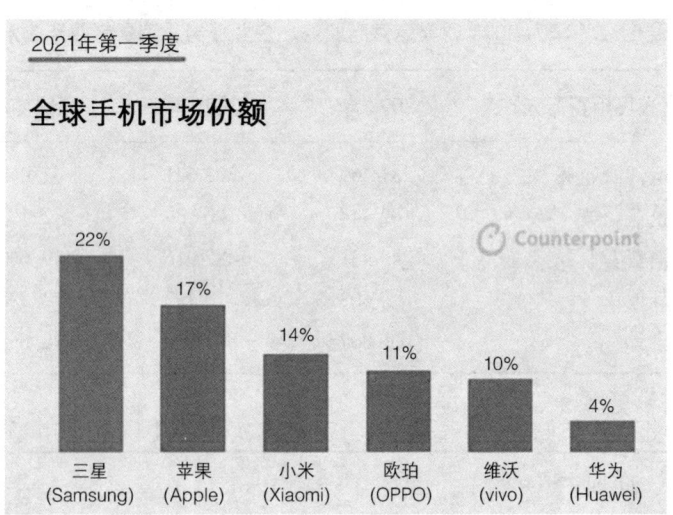

图 0-4 2021 年度第一季度全球智能手机品牌销量数据

表 0-4 OEM 智能手机出货份额

中国智能手机市场	份额 2020 年 Q4	份额 2021 年 Q4	同比增长
苹果（APPLE）	17.1%	21.7%	13%
荣耀（HONOR）	7.5%	16.7%	100%
欧珀（OPPO）	17.3%	16.6%	-14%
维沃（VIVO）	17.0%	16.5%	-14%
小米（XIAOMI）	12.5%	16.1%	15%
其他	28.6%	12.4%	-60%
总计	100%	100%	-11%

相比 2020 年，华为消费者业务下滑非常明显，幅度达到 49.6%，见表 0-5。

表0-5 华为2021财年运营商业务、企业业务、消费者业务收入

（人民币百万元）	2021年	2020年	同比变动
运营商业务	281 469	302 621	−7.0%
企业业务	102 444	100 339	2.1%
消费者业务	243 431	482 916	−49.6%
其他	9 463	5 492	72.3%
合计	636 807	891 368	−28.6%

此次逆势归来，标志着华为手机首次重获中国本土市场冠军宝座，回到正常的轨道，见图0-5。

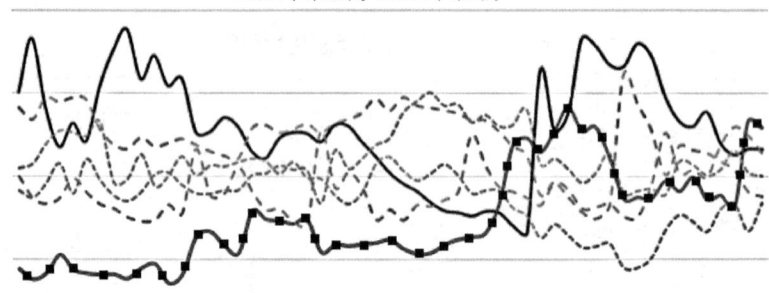

来源：康百世研究中国智能手机周销量追踪，2022年第52周至2024年第2周。

图0-5 2022—2024 华为手机周销售量

众所周知，华为夺回中国智能手机市场冠军宝座，源于自己的战略部署。2023年8月，华为悄然发布了Mate 60系列手机，因采用

了华为自研 7 nm 处理器，因而备受市场关注，华为手机也随之大卖。康百世分析认为："搭载其自主研发的麒麟 9000S 芯片的 Mate 60 系列是华为近期成功的关键驱动因素。此外，其强大的品牌忠诚度以及华为鸿蒙（HarmonyOS）操作系统的成功推出也为其助力。"

除此之外，华为手机能够重回销量第一，主要得益于其新机 Nova 12 系列的热销。Nova 12 系列于 2023 年 12 月 28 日发布，首周销量突破 100 万台。这组数据得到市场研究公司中天创域市场咨询公司（BCI）统计的数据的印证。

（1）据 BCI 数据显示，2023 年华为手机国内激活量为 3 240.7 万台，市场份额为 12%，排名中国智能手机市场销量第六名，与第五名的小米也相差 740 万台左右，与第一名的苹果相差 1 330 万台左右，差距相当明显，见表 0-6。

表 0-6　2023 年中国智能手机市场排名

排名	品牌	2023 年销量（万台）	2023 年市场份额
1	苹果	4 574.7	17.0%
2	维沃（含 iQOO）	4 455.5	16.6%
3	欧珀（含一加）	4 259.1	15.8%
4	荣耀	4 129.1	15.3%
5	小米（含红米）	3 981.8	14.8%
6	华为	3 240.7	12.0%
	其他	2 270.0	8.4%

* 数据来源：权威机构 2023 年 W1-W52 激活量数据。

（2）根据数据显示，2024年首周手机激活量排行，华为同样夺得第一，达到107.3万台[1]。2023年第四季度中国智能手机市场报告显示，华为的激活量达到了1 146.57万台，见表0-7。

表0-7 BCI 2023年第四季度中国智能手机市场报告

厂商	2023年Q4激活量（万台）	2023年Q4市场份额	2022年Q4激活量（万台）	同比增长
1. 苹果	1 501.16	20%	1 678.29	-11%
2. 小米	1 180.21	16%	853.06	38%
3. 华为	1 146.57	15%	639.65	79%
4. 荣耀	1 111.16	15%	983.79	13%
5. 欧珀	1 043.99	14%	1 229.42	-15%
6. 维沃	1 026.42	14%	1 172.97	-13%
其他	484.57	7%	359.71	23%

注1：数据为初版，存在变化可能。数据均为四舍五入后取值。
注2：来源：BCI中国手机市场跟踪报告。
注3：统计数据周期为W39-W52（9.25-12.31）。

这意味着华为迎来2024年开门红只是有序地恢复中国本土市场，与巅峰期的销量仍旧存在较大的差距。值得注意的是，华为手机在2023年Q4就有崛起的迹象，凯纳利思（Canalys）数据显示，2023年第四季度，华为手机出货量同比增长47%，出货量排名位列第四。有媒体报道，2024年，华为定下了更为高远的目标，

---

[1] PChome. 华为手机强势回归：2024年前两周中国市场销量第一［EB/OL］. 2024-02-06. https://finance.sina.com.cn/tech/roll/2024-02-06/doc-inafvwwh4452378.shtml.

预计将出货 6 000 万—7 000 万部智能手机。按 7 000 万部测算，2024 年，华为或将成为中国手机出货量 TOP 1。[1]

由此可见，在遭遇全球最强的美国打压下，华为，这个在 30 多年凭借倒卖香港程控交换机作为创业赛道却一路成长为全球第一通信设备制造商的中国民营企业，其惊人的生命力和抗压性让众人刮目相看。

对于华为，《经济观察报》记者李华清在《华为：艰难成长、卓然不群》一文中给予较高的评价："华为于 1987 年成立于深圳，它的成长经历常被外界拿着放大镜观察、总结经验。与所有由小壮大的企业一样，华为也曾面临多次考验，但它挺了过来，千锤百炼始成钢，闯关过后，绊脚石化成垫脚石。在众多的中国企业中，华为可能是最具有'刀锋'气质的企业，冷峻锋利、卓尔不群。"[2]

---

[1] PChome. 华为手机强势回归：2024 年前两周中国市场销量第一［EB/OL］. 2024 - 02 - 06. https://finance.sina.com.cn/tech/roll/2024 - 02 - 06/doc-inafvwwh4452378.shtml.

[2] 李华清. 深圳特区成立 40 周年丨华为：艰难成长、卓然不群［N］. 经济观察报，2020 - 08 - 19.

第一部分

CHAPTER ONE

客户管理：一切以客户为中心，为客户服务是华为生存下去的唯一基础

公司唯有一条道路能生存下来，就是客户的价值最大化。有的公司是为股东服务，股东利益最大化，这其实是错的，看看美国，很多公司的崩溃说明这一口号未必就是对的；还有人提出员工利益最大化，但现在日本公司已经有好多年没有涨工资了。因此我们要为客户利益最大化奋斗，质量好、服务好、价格最低，那么客户利益就最大化了，客户利益大了，他有再多的钱就会再买公司的设备，我们也就活下来了。我们的组织结构、流程制度、服务方式、工作技巧一定要围绕这个主要的目的，好好地进行转变来适应这个时代的发展。

——华为创始人　任正非

第 1 章
为客户服务是华为生存下去的唯一基础

自从华为 1987 年 9 月 15 日成立以来,在通往构建万物互联的智能世界的征途中,华为遭遇了一次又一次的危机。当然,华为能够走出泥潭,迈向世界巅峰,打破了一个又一个的纪录,离不开"坚持以客户为中心,以奋斗者为本,长期坚持艰苦奋斗"的价值观。

2014 年 11 月 14 日,在以"坚持为世界创造价值,为价值而创新"的内部讲话中,任正非介绍了华为取得成功的经营策略:"有人问我,'你们的商道是什么',我说,'我们没有商道,就是为客户服务'。这些年教训也很深刻,不是所有运营商都能活下来,有些运营商拖着我们的钱不还,与其这样,还不如拿来给大家涨点工资。"[1]

---

[1] 任正非. 坚持为世界创造价值,为价值而创新——任正非在内部战略务虚会上发表讲话 [N/OL]. https://www.hellobit.com.cn/brzf-talk/615076980.html,2014-11-14.

我翻阅华为内部的诸多讲话发现,任正非始终都在强调"以客户为中心"的重要性。正因为如此,当美国联合航空公司(United Airlines,简称美联航)的危机事件震惊世界时,任正非在内部讲话中告诫华为人,华为必须"以客户为中心",坚决不做第二个"美联航":"从美联航事件看,企业必须以客户为中心。美联航不以客户为中心,而以员工为中心,导致他们对客户这样恶劣的经营作风。华为会不会是下一个美联航?我们认为最宝贵的财富是客户,一定要尊重客户。我们以客户为中心的文化,要坚持下去,越富越要不忘初心。"[1]

在任正非看来,但凡员工背离"以客户为中心"的价值观时,各种层级的官僚体系无疑会产生惰性,使得整个组织远离客户,那么危机也就如影随形。

01 华为要以客户为中心,不做第二个"美联航"

美国时间 2017 年 4 月 9 日,美联航一班从芝加哥飞往肯塔基州路易斯威尔、型号为安博威 E170(Embraer 170)、编号为

---

[1] 任正非. 在战略预备队座谈会上的讲话 [N/OL]. https://github.com/HuijieL/Ren/blo/master/2017/20170418_在战略预备队座谈会上的讲话.md, 2017-04-18.

UA3411 的航班原定于当天傍晚 5 时 40 分起飞。但是，美联航为了让 4 名临时乘机准备执行下一班飞行任务的机组人员能够在翌日抵达路易斯威尔，其解决办法是，向乘客宣称因为该航班超额订票的原因，需要向该机寻求 4 名自愿下机的乘客，承诺赔偿 400 美元及一夜酒店住宿。但加至 800 美元都无人放弃登机，美联航决定用电脑随机抽出 4 人。当得知结果后，一对被抽到的男女乘客表示接受自己美联航提出的方案。但是一名自称是医生的、与妻子同被抽中的亚裔乘客却拒绝下机，他的理由是第二天要到路易斯威尔医院看诊病人，并给律师打电话。

据媒体披露，拒绝下机的亚裔乘客名叫陶大伟（音译），69 岁，越南裔，他和妻子从越南的医学院毕业后移民美国，两人都是肯塔基州伊丽莎白镇一家诊所的医生。[1]

双方都坚持己见，僵持不下。随后，3 名执法人员强行将陶大卫从飞机座椅上拽下，并反拉着他的双手在机舱过道拖行，陶大卫的眼镜掉落在鼻子下方，嘴巴受伤流血。其他坐在座位上的乘客不知所措，纷纷发出尖叫声。后来陶大卫惊惶地跑回机舱内，额头及口部流血，不断重复说着"我要回家……""他们要杀我……"[2]

---

[1] 肖茹丹. 被拖下飞机的亚裔医生 69 岁，越南裔将起诉美联航，索赔百万美元 [N]. 华西都市报，2017－04－13.
[2] 央视. 如果你遭遇了美联航暴力逐客，该怎么做？[EB/OL]. 2017－04－12. https://news.sina.cn/2017－04－12/detail-ifyeifqx5458523.d.html.

"安保人员强制将那位医生从座位上拉起来,医生的脸被扶手打到,嘴里流了很多血。这位医生仿佛被打晕了,他就像一个'破布偶'一样被拖出了飞机。"一位在场乘客这样描述。还有乘客反映说:"当时机上有一些孩子,目睹如此的暴力场景,大家都觉得非常难受和不适。"[1]

最终,陶大卫还是被3名机场执法人员强行带走。而涉事航班则因该事件而延迟约3小时起飞。当晚,美联航UA3411航班暴力驱客视频在社交网络上被疯传,短短时间内浏览量超几百万次、被转发数万次。

迫于舆论压力,美国时间2017年4月10日,美联航首先在其社交媒体的官方账号上发布了其时任首席执行官奥斯卡·穆尼奥斯(Oscar Munoz)的声明,声明为美联航选择对涉事乘客"另行提供服务"的做法道歉。

与此同时,美国当地时间2017年4月10日晚,奥斯卡·穆尼奥斯给美联航内部发了一封邮件,对涉及的机组人员表示支持,说美联航员工只是"按照既定程序应对类似状况"。[2]

在内部邮件中,奥斯卡·穆尼奥斯对于员工的做法表示支持(stand behind all of you),并指责这名被赶下飞机的乘客"提高嗓音、拒绝服从"(raised his voice and refused to comply)。奥斯卡·

---

[1] 肖茹丹. 被拖下飞机的亚裔医生69岁,越南裔将起诉美联航,索赔百万美元 [N]. 华西都市报, 2017-04-13.
[2] 美联航暴力逐客:比事件本身更糟的危机公关 [N]. 经济参考报, 2017-04-14.

穆尼奥斯表示，地面员工毫无选择，只能要求芝加哥航空警卫协助将这名乘客移下飞机。[1]

对此，芝加哥华联会对于美联航粗暴对待旅客发表严正声明，强烈谴责美联航的不当行为和警察的过度执法。

随着舆情的继续发酵，该事件引发美股市场强烈反应，该股盘前一度暴跌近6%，近13亿美元（约合88亿元人民币）市值蒸发。截至发稿（2017年4月12日），美联合大陆航空股价仍下跌逾4%，报68.55美元/股，较盘前跌幅收窄。盘前该股最低跌至67.45美元，跌幅近5.7%，近13亿美元市值蒸发。[2]

面对滔天的舆论讨伐，权衡再三后，美联航于当地时间2017年4月11日在其官网公布了一份CEO奥斯卡·穆尼奥斯就暴力驱逐乘客事件再次发表的致歉声明，承诺美联航将对当时情况和乘客政策重新审查，并在4月30日前公布结果。以下为致歉信全文：

> 发生在这次航班上的真正可怕的事件引起了我们所有人的多重反响：愤慨、震怒和失望。对所有这些情绪，我也深有同感，最主要的是：我要为所发生的事情表示最深刻的道歉。像你们一样，我对在这次航班上发生的事情仍然感到不安，我向被强行赶下飞机的那名顾客和机上所有顾客表示深

---

[1] 李可. 该如何回应？美联航暴力赶客事件危机公关分析 [EB/OL]. 2017-04-17. http://www.caacnews.com.cn/1/88/201704/t20170417_1211955.html.

[2] 一财网. 美联航CEO就"暴力逐客"致歉：没有人应该被这样虐待 [EB/OL]. 2017-04-12. https://www.nbd.com.cn/articles/2017-04-12/1093555.html.

切的歉意。没有人应该被这样对待。

我希望你们知道，我们将承担全部责任，并将努力改正。

把事情做对永远不会太晚。我向我们的顾客和员工承诺，将矫正错误，绝不再犯。这包括彻底审议机组人员流动、鼓励自愿放弃的政策，处理超卖情况的办法，以及检讨我们如何与机场和当地执法部门合作。我们会在4月30日前通报审查结果。

我向你们保证，我们会做得更好。[1]

这起看似偶发性的事件，居然以这样的形式引发了蝴蝶效应，让奥斯卡·穆尼奥斯措手不及。可以肯定地说，此次UA3411航班暴力逐客门事件，其传播之广和影响之大，显然超出了奥斯卡·穆尼奥斯最初的判断。即使奥斯卡·穆尼奥斯连续三天四次发声道歉，奥斯卡·穆尼奥斯和他的团队依然没有能够全力抑制事态的进一步恶化，相反，他们的做法却引发了乘客的不满。

2017年4月11日，京东集团创始人的刘强东直言自己乘坐美

---

[1] 中国网. 美联航CEO"重新"道歉 市值已蒸发8亿美元［EB/OL］, 2017-04-12. https://www.sohu.com/a/133533888_116897.

联航的不愉快体验:"看到美联航员工对正常乘客动粗新闻,想起三次乘坐美联航的噩梦般体验!我负责任地说:美联航的服务绝对是全球最烂的!没有之一!"[1]

作为中国企业家的刘强东,是很少公开这样批评跨国公司的服务的。此次事件让刘强东"火力全开"的美联航事件,足以说明其恶劣的服务态度。

当美联航暴力驱逐事件持续发酵时,脱口秀演员黄西在头条问答上也持类似的观点,痛斥服务质量非常差的美联航:"攒了很多里程数,坐飞机的时候给一家人用里程数换了头等舱,到了机场之后又不行,然后说可以使用抵用券,但实际上抵用券使用起来非常困难,后来只能就不使用。"

此外,时任今日头条高级副总裁的柳甄也在2017年4月12日回顾自己乘坐美联航的糟糕经历:"念书的时候,一次从芝加哥回湾区,里程换的商务舱,在已经登机坐下的情况下,被请到了经济舱,然后一个貌似成功人士的白人坐下。乘客当时见惯不怪的样子,比较麻木。"

与华为的"以客户为中心"相比,美联航的做法简直是傲慢过头了。在《华为的红旗能打多久》一文中,任正非就引用孔子的一句话"子在川上曰,逝者如斯夫",将管理比喻为"长江一样,我们修好堤坝,让水在里面自由流、管它晚上流、白天流。

---

[1] 陶舜. 美联航暴力赶客是"品牌自杀"[N]. 经济观察报,2017-04-12.

晚上我睡觉，但水还自动流。水流到海里面，蒸发成空气，雪落在喜马拉雅山，又化成水，流到长江，长江又流到海，海又蒸发。这样循环搞多了以后，它就忘了一个在岸上还喊'逝者如斯夫'的人，一个'圣者'，它忘了这个'圣者'，只管自己流。这个'圣者'是谁？就是企业家。企业家在这个企业没有太大作用的时候，就是这个企业最有生命的时候。所以企业家还具有很高威望，大家都很崇敬他的时候，就是企业最没有希望、最危险的时候。所以我认为华为的宏观商业模式，就是产品发展的路标是客户需求，企业管理的目标是流程化组织建设。同时，牢记客户永远是企业之魂"。[1]

在任正非看来，"华为的魂是客户，只要客户在，华为的魂就永远在，谁来领导都一样。如果公司寄托在一个人的管理上，这个公司是非常危险，非常脆弱的。华为公司已经实现了正常的自我循环和运行，这是我们公司更有希望的一点"。

究其原因，在国际化市场拓展中，华为不同于自己的竞争对手，由于地缘政治等原因，在海外的市场拓展相对较为艰难，即使如今凭借强大的研发能力撕开信息与通信技术的口子，也面临诸多不确定因素的影响。为了更好地拓展全球市场，华为通过清洗"盐碱地"，以及挖掘"鸡肋市场"，最终形成自己的"睡莲"状的国际化战略。像尼泊尔这样的内陆国家，华为凭借自己的

---

[1] 任正非. 华为的红旗到底能打多久 [J]. IT经理世界，1998 (19)：34-35.

"以客户为中心"的战略,即使是面对地震,华为工程师也赶赴第一线恢复通信,因此才赢得尼泊尔这个国家的认可。

2015年4月,时任华为东南亚地区部副总裁的沈惠丰在微信朋友圈介绍了华为相关工作人员在尼泊尔震后恢复通信网络,以及抢修的详细情况。沈惠丰说道:"我司驻尼泊尔员工全部安全,正在第一时间冒着危险努力协助客户恢复网络,希望我们的努力能够让焦急的人们尽快联系到亲人……"[1]

2015年4月25日14时11分,尼泊尔发生8.1级地震,震源深度20千米。此次强震造成876人死亡。面对地震灾情,华为在第一时间开始抢修和恢复通信。在地震发生后,华为尼泊尔代表处积极作出响应。工程师们不顾不断发生的余震危险,在20分钟内赶到尼泊尔电大的电信运营商恩赛尔(Ncell)和NT两家运营商的中心机房,协同恩赛尔保障通信畅通,同时还争分夺秒地抢修。

对此,沈惠丰说道:"在一线参与通信抢修的工程师就有80名员工,大家已连续奋战20余个小时,顾不上吃饭,和客户恩赛尔奋斗在一线,当前工作的重点就是故障处理、数据备份、保障网络质量、计费系统放费和配合运营商做失联人员位置确认等。"[2]

---

[1] 郭城. 中国华为80名工程师抢修尼泊尔震后通信[EB/OL]. 2015-04-26. http://news.cntv.cn/2015/04/26/ARTI1430033911558435.shtml.
[2] 郭城. 中国华为80名工程师抢修尼泊尔震后通信[EB/OL]. 2015-04-26. http://news.cntv.cn/2015/04/26/ARTI1430033911558435.shtml.

据沈惠丰介绍，地震发生后，恩赛尔在抢险时，恩赛尔首席技术官焦急地高喊，哪家通信设备商的服务团队是否在场，恩赛尔首席技术官竟然发现只有华为。在现场，华为几十双手齐刷刷地举起……

据了解，恩赛尔是尼泊尔最大的电信运营商，该公司隶属于欧洲跨国运营商泰利亚·索内拉（Telia Sonera），是该公司的子公司。公开的信息显示，亚通集团（Axiata Group Berhad）耗资13.65亿美元并购雷诺兹（Reynolds）控股，进而得到80%的恩赛尔股权。亚通集团在文告中介绍称，作为尼泊尔最大电信业者的恩赛尔，在南亚地区市场拥有专才、强劲纪录，同时有意为尼泊尔当地提供服务。

此外，从来自中国深圳、西藏、北京的华为工程师，以及泰国、印度等周边国家的华为工程师也直接参与支持、保障、响应，参与人数超过了300人。

在此次通信恢复中，华为工程师们通过微信软件，组建了华为"客户网络保障工作组""人员安全保障工作组""尼泊尔抗震救灾指挥部"和"后勤保障"等多个项目组，有效地支援前方，其响应的时间达到了秒。

与此同时，在华为总部、泰国和尼泊尔一线联合技术保障团队的配合下，紧急协助客户疏导话务拥塞，抢修通信设备，最终保持了通信网络的基本通畅，让灾区的人们能够第一时间联系到亲人，这也是为什么此前不少媒体能够顺利发出尼泊尔地震灾情和赈灾抢险等新闻消息的重要原因。[1]

在这场人与大自然的争斗中，华为工程师毫不退缩。沈惠丰介绍称："华为作为市场占有率在尼泊尔超过70%的通信公司，第一时间启动公司总部、东南亚地区部和代表处的联合网络抢险项目组，紧急协调通信专家和通信抢险设备投入抢险工作中。"

在接受央视网记者郭城采访时，沈惠丰说道："地震后话务量一度超过平时4倍！恩赛尔震区核心一个机房油机备油仅够用2天，NT核心机房两个电池油机备电也仅够12~16小时，不过核心机房目前尚有市电。面对部分通信基站柴油能源紧张，华为正在加紧调派能源柴油、卫星电话等救援物资。"[2]

正是凭借丰富的危机保障经验和优良的设备性能，华为帮助客户保障了地震、台风等自然灾害的正常通信。时任华为全球技术服务总裁的梁华在接受央视网记者郭城采访时说道："在任何条件下，即使最极端的条件下，华为都要竭尽全力保障网络的稳定运行，履行华为作为通信人的天职。这是道义上的责任，它远远超过商业上的责任。"

华为之所以把"以客户为中心"放到首位，是因为这样可以解决华为核心管理层的人员传承和迭代问题。正因为如此，央视

---

[1] 郭城. 中国华为80名工程师抢修尼泊尔震后通信 [EB/OL]. 2015-04-26. http://news.cntv.cn/2015/04/26/ARTI1430033911558635.shtml.

[2] 郭城. 中国华为80名工程师抢修尼泊尔震后通信 [EB/OL]. 2015-04-26. http://news.cntv.cn/2015/04/26/ARTI1430033911558635.shtml.

网记者郭城高度地评价华为："作为全球通信市场份额第一的供应商，华为公司承担着越来越多的企业社会责任，特别是在遭遇地震、海啸等自然灾害和其他突发事件时，这是网络设备制造业最终的社会责任。多年来，无论在印尼海啸、汶川地震、雅安地震、日本福岛核泄漏、智利大地震等重大危急时刻，华为的队伍始终向人流的反方向前进，始终坚持和客户一起坚守现场，快速响应积极恢复通信，积累了丰富的经验，建立了完善成熟的业务连续性管理（Business Continuity Management，简称BCM）体系。包括应对地震、战争等10个典型场景的突发事件应急预案（IMP），从交付、采购、制造、供应链等领域，保证在重大突发事件发生后，协助客户快速恢复和保障网络的持续运行，承担着企业公民的社会责任。"[1]

鉴于此，当美联航损害客户的新闻被世界媒体集中炮轰时，一直倡导"以客户为中心"的任正非却觉察到华为可能成为美联航，在"在战略预备队座谈会上的讲话"中说道："巴塞的火爆与坂田的冷清，标志着华为正在淡化以客户为中心的文化。"

任正非举例说道："现在有些客户不远万里来到坂田，很多专家和主官都不愿意去展厅为客户提供讲解咨询，不愿多抽一些时间粘粘客户。"

---

[1] 郭城. 中国华为80名工程师抢修尼泊尔震后通信［EB/OL］. 2015-04-26. http://news.cntv.cn/2015/04/26/ARTI1430033911558635.shtml.

任正非反思强调说："这是否标识着华为正滑向美联航的道路？如果每个人不热心见客户，坐而论道，这类人群要从专家队伍和主官队伍退到职员岗位上去，将来人力资源会做相关考核。富了就惰怠，难道是必归之路吗？"

在任正非看来，作为产品经理与客户经理，其主要职责就是要与客户有黏性，没有这种热情及成功渴望的人，不能担任主官。任正非说道："每个代表处都要明确'如何以客户为中心'，干部、专家要考核与客户交流的数量与质量。考核是全流程，从机会、获得、交付、服务……缺失这个热情的要改正，以后的考核要量化、要公开。"

任正非的观点是基于剖析了世界巨头衰落的基础上得出的。不管是曾经风光无限的柯达，还是通信霸主诺基亚，其没落与自身不重视"以客户为中心"有关。在这里，我们来看看诺基亚是如何漠视客户需求而导致衰落的。

2013年9月2日晚（美国时间），一向深耕软件的微软公司（Microsoft）高调宣布，出资54.4亿欧元（约合71亿美元）并购诺基亚旗下的手机业务和部分专利授权。其中，手机业务耗资37.9亿欧元（约合50亿美元）；手机专利许可耗资16.5亿欧元（约合21亿美元）。

根据微软与诺基亚在并购中达成的协议，诺基亚时任CEO史蒂芬·埃洛普（Stephen Elop）担任诺基亚执行副总裁，主管设备与服务，直至该项并购完成；诺基亚时任董事长里斯托·席拉斯玛（Risto Siilasmaa）被任命为诺基亚临时 CEO。当并购完成后，包括史蒂芬·埃洛普等诺基亚的多名高管也一起并入微软公司。按照这份协议，将有 3.2 万名诺基亚员工被并入微软公司，其中包括 4 700 名芬兰员工，以及大约 1.83 万名制造部门的员工。这就意味着在移动通信史上曾经无比辉煌的诺基亚手机王朝就此落下帷幕。

诺基亚公司的历史最早可以追溯到 1865 年。1865 年，作为采矿工程师的弗雷德里克·艾德斯坦（Fredich Idestam）不再满足自己当一个工程师，而是选择了创业。他选择的创业项目是创建一家木浆工厂，以当地的树木作为原材料生产木浆和纸板，工厂位于芬兰坦佩雷（Tampere）镇的一条河边，与俄罗斯交界。

由于经营得法，弗雷德里克·艾德斯坦在 1868 年创建了自己的第二家公司，生产皮靴、轮胎和其他工业用橡胶制品，工厂就位于坦佩雷镇西边 15 千米处的诺基亚河（Nokianvirta River）。

随着公司规模的扩大，组织管理就给弗雷德里克·艾德斯坦带来了不小的挑战。1871 年，在朋友利奥·米其林（Leo Mechelin）的帮助下，弗雷德里克·艾德斯坦把木匠工厂和橡胶厂合二为一，将其改组成一家股份有限公司，弗雷德里克·艾德斯坦和利奥·米其林把公司名字命名为"诺基亚"，首任 CEO 就是弗雷德里克·艾德斯坦，公司名一直保留到今天。

在企业做大做强的过程中，创始人弗雷德里克·艾德斯坦一直都致力于管理、人才、资本的社会化。19 世纪末期，弗雷德里克·艾德斯坦开始退居幕后，把诺基亚的帅印交给其好友利奥·米其林。

19世纪末期，无线电产业刚开始萌芽，利奥·米其林洞察到巨大的商业潜力，决定涉足电信业务，结果遭到了弗雷德里克·艾德斯坦的强烈反对。

1902年，方兴未艾的无线电产业更加坚定了利奥·米其林的判断。经过多方游说，终于说服弗雷德里克·艾德斯坦，增加了一个电信部门。

经过数十年的经营，截至1967年，诺基亚已经成为芬兰一家大型跨产业的集团公司，其产业涉及造纸、化工、橡胶、电缆、制药、天然气、石油、军事等多个领域。

相比其他产业，诺基亚的手机生产制造相对要晚一些。1960年，时任诺基亚总裁比约恩·韦斯特隆德（Bjorn Westerlund）发力电信行业。比约恩·韦斯特隆德之所以对电信行业下重注，一个关键的原因是，电信行业是未来科技发展的必然趋势。于是，比约恩·韦斯特隆德创建诺基亚电子部，并专注于电信系统方面的工作。尤其是研究无线电传输技术，这就奠定了诺基亚集团在电信行业中快速崛起的基础。

截至1967年，诺基亚电子部的员工已经达到460人，净销售额占整个集团净销售额的3%。截至20世纪70年代中期，诺基亚在芬兰电信市场所占份额不断增加。

1982年，诺基亚生产了第一台北欧移动电话网移动电话——

塞纳特（Senator）。其后，诺基亚又开发了塔克曼（Talkman）产品。

20世纪80年代中期，诺基亚移动电话通过"坦迪（Tandy）无线电小屋公司"的商店进入了美国市场。1985年，诺基亚为了生产由坦迪出售的AMPS（高级移动电话系统）模拟机，甚至还与坦迪公司在韩国建立了一个联合生产工厂。

1990年，随着手机用户数量的急剧增加，手机成本也渐渐摊薄，手机的销售价格也渐渐降低。用户数量的增加，迫使诺基亚研发越来越小的移动电话，以及全球通信技术。

1991年，诺基亚解决了全球通信技术，通过芬兰诺基亚无线电联（Radiolinja）网络进行了首个全球通对话。

对于此刻的诺基亚来讲，一边是火焰，一边是海水。20世纪90年代中期，因涉及的产业过多，诺基亚濒临破产。

面对败局，当时的诺基亚总裁以及高层果断地做减法，抛售其他产业，并拆分了传统产业。此后，诺基亚全力投入手机业务及GSM技术的早期开发。诺基亚推出具有高质量通话、国际漫游和短信服务的手机，一经推出就极受欢迎，在全球范围供不应求。

随后，诺基亚再次迎来了自己的黄金时代。1995年，诺基亚的整体手机销量和订单剧增，公司利润大增。不但帮助诺基亚在1998年成为全球最大的移动电话制造商，也为全球移动电话的蓬勃兴起奠定了基础。在最辉煌的2000年，诺基亚的市值高达2 500

亿美元。2003 年,诺基亚 1100 在全球已累计销售 2 亿台。2009年,诺基亚公司手机发货量约 4.318 亿部。2010 年第二季度,诺基亚在移动终端市场的份额约为 35.0%,领先当时其他手机市场的占有率 20.6%。到 2012 年为止,它共有员工 10 万人,业务遍布 150 个国家。

然而随着 3G 时代的到来,消费者需求出现显著变化。智能手机用户的需求不再局限于精益求精的硬件,而成功转移到更新的软件和服务上。以中国为例,根据中国互联网络信息中心(CNNIC)发布的《第 21 次中国互联网络发展状况统计报告》数据显示,截至 2007 年 12 月,网民数已增至 2.1 亿人。中国网民数增长迅速,比 2007 年 6 月增加 4 800 万人,2007 年一年则增加了 7 300 万人,年增长率达到 53.3%[1],见图 1-1。

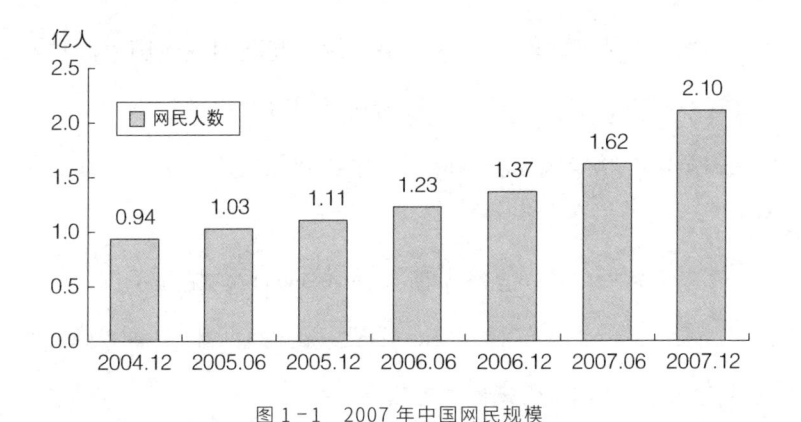

图 1-1　2007 年中国网民规模

---

[1] CNNIC. 第 21 次中国互联网络发展状况调查统计报告 [R]. 2008-01-24.

《第 21 次中国互联网络发展状况统计报告》数据还显示，2006 年 12 月中国互联网普及率是 10.5%，2007 年 12 月中国互联网普及率增至 16%，当时的中国正处于网民快速增长的阶段[1]，见图 1-2。

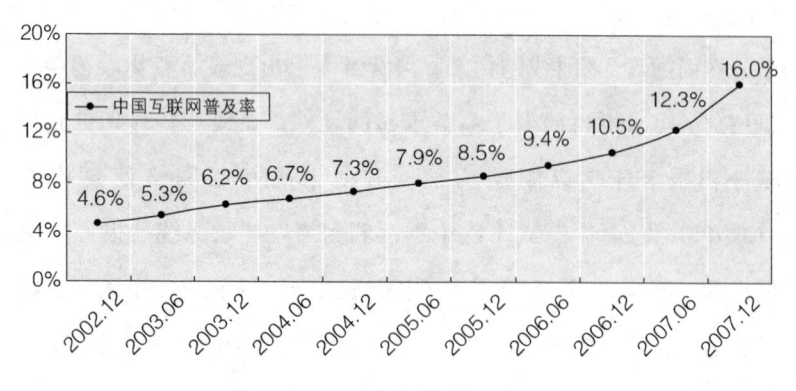

图 1-2　2007 年中国互联网普及率

同期，全球互联网普及率达 19.1%，互联网发达国家冰岛甚至高达 86.3%，美国、日本、韩国互联网普及率也接近 70%。[2] 可见，全球已经步入互联网时代，手机智能化成为大势所趋，见图 1-3。

苹果创始人史蒂夫·乔布斯（Steve Jobs）洞见到手机市场潜在的需求，基于此发布的 iPhone 手机，就犹如一枚重磅炸弹，给世界各国的手机用户带来巨大的震撼。

---

[1] CNNIC. 第 21 次中国互联网络发展状况调查统计报告 [R]. 2008-01-24.
[2] CNNIC. 第 21 次中国互联网络发展状况调查统计报告 [R]. 2008-01-24.

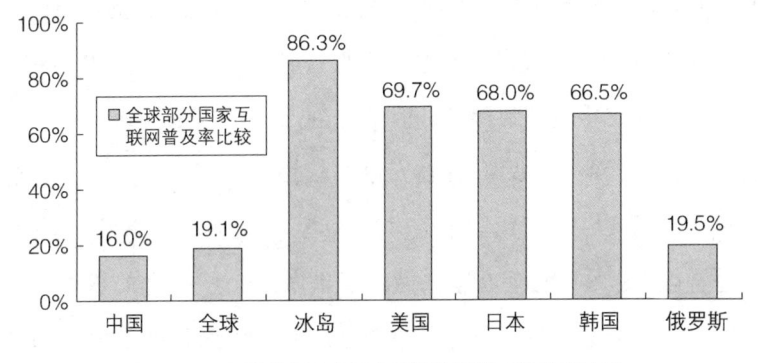

国家	普及率
中国	16.0%
全球	19.1%
冰岛	86.3%
美国	69.7%
日本	68.0%
韩国	66.5%
俄罗斯	19.5%

图 1-3　全球部分国家及全球平均互联网普及率比较

作为竞争者，iPhone 手机自然也引起了诺基亚高层的关注。按照媒体披露的信息显示，诺基亚高层早在一开始就意识到了 iPhone 手机对诺基亚手机产品的冲击。据《赫尔辛基报》（*Helsingin Sanomat*）记者劳里披露："一位诺基亚的高级经理人说他五岁的女儿很快就搞懂了怎么使用 iPhone，一天晚上，他 5 岁的女儿询问他：'今晚我可以把这个神奇的手机放在我的枕头下吗？'这位高级经理人马上就意识到，诺基亚遭遇了危机。"

作为诺基亚前用户体验主管的米卡体验苹果 iPhone 手机后说道："2007 年 1 月 9 日，我们还是手机市场的领军者，那时的诺基亚还是手机行业的第一名。到了第二天，我们就退居到了第二名。"

3G 的到来，以及以史蒂夫·乔布斯（Steve Jobs）为核心的新一代互联网手机设计者开始攻城拔寨，直接掀开了诺基亚长久构建的技术、外观设计、顾客消费心理的壁垒，长驱直入地创建了

iPhone 时代，与此同时，iPhone 手机也掀开了智能手机的幕布。

截至 2012 年上半年，诺基亚仍保持领先地位。面临 iPhone 的挑战，诺基亚开始想到换帅，但是此刻的"三国杀模式"已经大兵压境，前有苹果，后有谷歌安卓系统围攻。诺基亚前创意总监邓肯在回忆 iPhone 初代发布会时感叹道："记得看苹果发布会时，我边看边想：对，就应该这么做，苹果做了一些有趣的权衡和取舍，其中一个是电池寿命，另一个是产品的耐用程度。10 年后的今天，我们都能接受我们的手机电池寿命只能使用一天，我们必须经常充电，甚至放在床头充电……但是十年前，这是不允许发生的。"

也许是曾经创造的无数神话让诺基亚决策层自我迷失，历经短短一年有余的苦战之后，庞大的诺基亚手机军团始终无法突围，诺基亚还在徘徊在是否拒绝使用安卓系统，抑或寻找备选方案时，诺基亚手机帝国最终被微软集团收购。

从"神机"到"时代的眼泪"，当我们复盘诺基亚手机帝国的崩塌，其原因值得中国企业家反思。

当新技术普及时，企业家需要应需而变，同时调整方向，真正做到以客户为中心。反观诺基亚，应需而变的决策就相对迟缓。2019 年 1 月，BBC 播出了一个名叫《诺基亚的兴衰：2018 年回顾》（*The Rise and Fall of Nokia 2018*）的纪录片，由此揭秘了诺基亚手机帝国是如何走向衰落的。在接受采访时，一位诺基亚前高管直言不讳地称：诺基亚的衰落源于其自身的"傲慢"。该高管反思说道："在这里（诺基亚）有很多让人振奋的时刻，但傲慢也随之而来。因此我们做的每一个产品总是影响巨大，没人能在这方面战胜我们。其他公司都在蠢蠢欲动。"

在这名高管看来，诺基亚高层盲目自信，缺乏对未来不确定性的判断是其中一个非常关键的原因。2007 年 1 月 9 日，史蒂夫·乔布斯在 MacWorld 07 大会上发布了 iPhone 手机。

产品发布时，时任诺基亚 CEO 康培凯（Olli-Pekka Kallasvuo）不屑地说道："苹果不会对诺基亚造成任何影响，因为诺基亚专注做手机很多年了，同时又有满足任何价位和需求的产品线，而苹果仅仅只有一款产品。"

与康培凯一样不屑的还有时任黑莓公司 CEO 的吉姆·巴尔斯利（Jim Balsillie），以及时任微软 CEO 的史蒂夫·鲍尔默（Steve Ballmer）。吉姆·巴尔斯利说道："只不过让本已面临众多选择的消费者面前又多了一个选择，但对于这会让黑莓产生变化，我认为有点夸大了。"

史蒂夫·鲍尔默直言："它将是一个缝隙产品，根本没有机会获得大量市场份额。它只是一个 500 美元的补贴设备。苹果也许会赚不少钱，但实际上，如果你将眼光放在售出的 13 亿部手机的市场内，我更喜欢让我们的软件用在它们中的 60% 或者 70% 或者 80% 的设备上，而不是 2% 或者 3%，像苹果可能获得的那样。"

对于上述三位企业家的决策偏差现象，巴黎高等商学院奥利维耶·西博尼（Olivier Sibony）教授是这样解释的："这些备受推崇的决策者，领导着久经考验的组织，身边围绕着的都是精挑细选出来的团队成员，怎么会掉进在普通人看来都非常明显的陷阱里去呢？答案很简单，在被某个非常好的故事打动之后，我们对确认性偏差就毫无抵抗力了。"

根据 IDC 公开的数据信息显示，2007 年第四季度，诺基亚手机的销售量达到 1.335 亿部。2007 年，一年销售了 4.37 亿部手机，全球市场占有率达到 40%。见表 1-1。

表 1-1　2007 年第四季度手机厂商出货量排行

（单位：百万部）

厂商	2007 年第四季度出货量	2007 年第四季度占有率	2006 年第四季度出货量	2006 年第四季度占有率	2007 年第四季度成长率
诺基亚	133.5	40%	105.5	35.2%	26.5%
三星	46.3	13.9%	32.9	11.0%	40.7%
摩托罗拉	40.9	12.2%	65.7	22.0%	-37.8%
索尼爱立信	30.8	9.2%	26.0	8.7%	18.5%
乐金电子	23.7	7.1%	17.7	5.9%	33.6%
其他	58.8	17.6%	51.5	17.2%	14.2%
总计	334.0	100%	299.3	100%	11.6%

来源：IDC，2008 年 1 月。

面对如此业绩，让决策层改变方向有多难就可想而知。奥利维耶·西博尼教授直言："无论多么努力地想要保持客观，我们对事实和数据的解释总是会受到偏差的影响。"

在奥利维耶·西博尼教授看来，在审视任何事实和数据时，我们看到的只是某个自己无意识地试图去证实的故事折射出的扭曲结果。奥利维耶·西博尼教授说道："董事会相信优胜者，而优胜者也相信自己的经验。他们都相信一个伟大的故事。有什么商业故事能比救世主的承诺更让人难以抗拒呢？而且他承诺能够再次打破所有规则，重现辉煌成就。一旦相信了这种故事，董事会以及首席执行官本人，就会忽略所有预示该战略将会失败的迹象。相反，无论看待什么问题，他们都能找到理由来证实自己最初的观点。这就是确认性偏差和讲故事的力量潜移默化的影响。"

鉴于此，不管是古代的帝王，还是巨型企业，以及企业家个人，都普遍存在"自我麻醉"的现象。之所以拒绝转型，是因为不愿放弃曾经目前拥有的竞争优势，不愿尝试新的挑战。

基于这样的原因，诺基亚决策层固守优势的思维造成了诺基亚手机没落。尽管决策层已经意识到 iPhone 手机的变化，却没有把握住用户需求的脉搏，一个重要的原因是，仍在因为自己拥有的优势而抱有侥幸。

在 1G、2G 手机产品时代，诺基亚凭借过硬的产品质量，赢得用户的认可，尤其是诺基亚通过高效率的硬件生产制造和物流管理，提升其产品效率。"这恰好是诺基亚这个工程师文化根深蒂固的企业之所长。尤其是在 1995 年，诺基亚为应对供不应求的良性危机成功重塑了自身的全球生产及供应链系统后，种类繁多、简易耐用的硬件产品和高效精准的运营物流管理，就成为克敌制胜的法宝。"

从这个角度来分析，诺基亚手机业务的败局更多是来自内部，而非来自苹果手机的致命打击。为此，任正非告诫华为人："公司机关既然不愿意好好为客户服务，为什么机关要建立这么庞大的机构。每年管理者的末位淘汰比为10%，但淘汰不是辞退，他可以进入战略预备队重新去竞争其他岗位。通过淘汰主官，将压力传递下去。在这个时代，每个人都要进步，时代不会保护任何人。不要认为华为公司是五彩光环，我们已处于风口浪尖，未来将走向何方？没人知道。因此，我们各项工作都要导向多产粮食、增加土地肥力。"

究其原因，"顾客至上"这条经营法则，历来都是古今中外商人们的经商根本，一旦企业经营者不尊重顾客，那么顾客就会购买竞争对手的产品。长此以往，这样的企业就不可能长期持续经营下去，倒闭也就在情理之中。任正非是这样解释的："华为的价值和存在的意义，就是以客户为中心，满足客户的需求。我们提出要长期艰苦奋斗，也同样是出于'以客户为中心'这样一个核心价值理念，坚持艰苦奋斗的员工也一定会获得他所应得的回报。"

在华为的企业文化中，任正非始终强调"以客户为中心的"："为客户服务是华为存在的唯一理由，客户需求是华为发展的原动力；我们坚持以客户为中心，快速响应客户需求，持续为客户创造长期价值进而成就客户；为客户提供有效服务，是我们工作的方向和价值评价的标尺，成就客户就是成就我们自己。"

在任正非看来，华为的文化就是为客户服务，只有真正地为客户服务了，才能赢得客户的认可和支持。在演讲中，任正非认为："除了客户，华为没有存在的任何理由，所以是唯一理由。"

在 2007 年修改版的《华为公司的核心价值观》中，任正非更是明确地将为客户服务作为华为生存的唯一理由："从企业活下去的根本来看，企业要有利润，但利润只能从客户那里来。华为的生存本身是靠满足客户需求，提供客户所需的产品和服务并获得合理的回报来支撑；员工是要给工资的，股东是要给回报的，天底下唯一给华为钱的，只有客户。我们不为客户服务，还能为谁服务？客户是我们生存的唯一理由。"

02　为客户服务是华为存在的唯一理由

在"人大六君子"[1]之一、中国人民大学商学院教授、华为顾问杨杜看来，华为的成功不全是因为技术，亦不是因为资本经营，而是以客户为中心："这就是华为以客户为中心的价值观——在客户和投资者两者中，任正非把时间给了客户。当年起草《华为公司基本法》时，第一稿曾经提出一条：为客户服务是华为存在的理由，

---

[1]"人大六君子"是指参与起草《华为公司基本法》的六位中国人民大学教授，他们分别是彭剑锋、黄卫伟、包政、杨杜、吴春波和孙健敏。

任正非拿起笔就改为：为客户服务是华为存在的唯一理由。"[1]

杨杜教授得出这样的观点，源于20世纪90年代参与起草《华为公司基本法》，近距离与任正非交流与沟通。2001年，任正非与"人大六君子"之一、中国人民大学商学院教授、华为顾问黄卫伟强调："为客户服务是华为存在的唯一理由。"缘由是2001年7月，华为内部刊物《华为人》准备刊发由黄卫伟教授撰写的一篇名为"为客户服务是华为存在的理由"的文章。当相关负责人把稿件送给任正非做最后的终审时，任正非毅然地将该文的标题增加了"唯一"两个字，将其改成"为客户服务是华为存在的'唯一'理由"。但是作为学者的黄卫伟教授不赞成任正非的修改，而是坚持自己的观点。就这样，《为客户服务是华为公司存在的理由——在与新员工交流会上的讲话》的文章发表在《华为人》第119期（2001年7月30日）上。

文中，黄卫伟教授直言，但凡新员工就职于华为，就需要服从"为客户服务是华为存在的理由"。黄卫伟教授撰文写道："什么是华为公司存在的理由呢？很简单，就是为客户服务。为什么这样讲呢？因为华为是生存在客户价值链上的，华为的价值只是客户价值链上的一环。我们依靠谁在这条价值链上生存下去？谁来养活我们？供应商行吗？不行。供应商养活不了我们，价值链的上游，养活不了我们，只有价值链的下游，也就是我们的客户，

---

[1] 杨杜. 文化的逻辑[M]. 北京：经济管理出版社，2016：35.

才能养活我们。不为客户服务，我们就会饿死。不为客户服务，我们拿什么给员工发工资？因此，只有以客户的价值观为准则，华为才可以持续存活。"

此外，黄卫伟教授还分析了西方企业为谁存在的三种代表性的价值观。

1. 认为企业存在的理由是为股东利益最大化，这是美国企业的价值观，西方经济学的产权理论和代理理论就是建立在这种假设上的，但我们认为这种价值观不适合华为公司。美国的股票市场是世界上最发达的。因此，提出企业是为实现股东价值最大化的价值观有其客观性。但大量实践表明，企业如果天天盯着股价的波动，按证券分析家们的观点来决定企业做什么、不做什么，非陷入困境不可。股票市场带有很大的投机性，而企业追求的是长期绩效，是可持续发展。股东看到企业短期业绩不好，就把股票抛出去跑掉了，但企业跑不掉，企业还要生存下去。

2. 另一种代表性的观点是，认为企业存在的理由是实现员工价值最大化，这是日本企业的观点，他们称之为"从业员主权"。我们认为这种价值观也不适合华为公司。日本企业以员工为中心，实行"终身雇佣制"，在工资和人事制度上实行"年功序列制"，虽然在（20世纪）80年代辉煌过一段时间，但进入90年代，日本企业却陷入了长期的萧条。事实证明企业以员工为中心,是不能长久生存下去的。终身雇佣制和年功序列制造成企业内部缺乏正常的竞争和淘汰机制,优秀人才不能脱颖而出,落后了的员工仍然占据着重要的管理岗位,新鲜血液不能及时补充,企业不能新陈代谢,这是日本企业竞争力下降的内在原因。日本企业界的有识之士已经在尝试改变这种状况,华为公司要吸取日本企业的教训。企业不能以员工为中心,还是因为企业生存的价值是从外部获得的,而不是内部自然生长的。而要从外部获得价值,就要为外部做出贡献,也就是为客户创造价值和提供满意的服务,这样企业才能存在,才有希望长久生存下去。

3. 还有一种代表性的观点认为企业存在的理由是实现利益相关者(stakeholder)的整体利益适度与均衡。所谓利益相关者,包括股东、员工、客户、供应商、合作者,还有政府和社区,等等。这种观点的合理性在于从整个价值链角度看待企业,主张利益相关者相互利益之间的适度、均衡与合理化。但问题是,在众多的利益相关者中,谁处在最优先的位置?我们认为是客户,客户是价值的源泉,离开了客户,企业没有了利润,企业就成了无源之水,无本之木。这就是为什么我们主张华为公司存在的理由是为客户服务。[1]

---

[1] 黄卫伟. 为客户服务是华为公司存在的理由——在与新员工交流会上的讲话 [N]. 华为人,2001-07-30.

当时为什么要去掉"唯一"两个字呢？多年后，黄卫伟教授撰文解释了其详细的原因。黄卫伟写道："为什么把'唯一'两个字拿掉了，是因为未敢突破西方的企业理论。"

黄卫伟教授介绍称："西方的企业理论对于企业是为谁的，有两种代表性的观点。一种观点认为企业是为股东（shareholder）的，也即是为投资者的，企业归投资者所有，投资者拥有剩余索取权，企业不能给投资者带来高回报，投资者就会撤资，将资金转投回报高的企业。这在英美等资本市场发达的国家，以及董事会聘用经理人的委托—代理机制下表现得非常明显。另一种观点认为企业是为利益攸关者（stakeholder）的，利益攸关者中包括顾客、股东、员工、社区等利益群体。第一种观点是主流观点，西方的企业理论和微观经济学理论就是建立在这个基本假设之上的。"

在黄卫伟教授看来，作为学者，自己提出的每一个理论观点都很谨慎，"最忌讳的就是前后矛盾，自己否定自己"。

黄卫伟教授坦言："我理解任总的这一思想，首先是站在客户角度而不是投资者的角度来看华为存在的价值的。客户选择华为的产品和服务只有一个理由，就是华为的产品和服务更好，更能满足他们的需求，客户才不管华为的投资者是谁、员工是谁呢。其次，如果客户不购买华为的产品和服务，哪会有股东和员工的利益，皮之不存，毛将焉附。再有，华为是一家员工持股的公司，员工和企业家都是股东，我们总不能将自己的利益置于客户之上吧。最后，任总的这一思想还涉及做生意的大道，什么是生意的大道呢？就是通过利他来利己，越是能够利他，就越是能够利己。利己谁都明白，但通过利他达到利己的目的，就不是谁都能真正认识到和自觉做到的了。"[1]

与黄卫伟教授不尽相同的是，任正非从制定《华为公司基本法》开始，就一直强调"为客户服务是华为存在的'唯一'理由"，是因为任正非坚持这个观点是基于自己在华为的实践。黄卫伟解释说道："剩余索取权的逻辑很清楚，投资者在企业价值分配中是排在最后的，为了获得剩余价值，就必须控制好排在前面的收入和支付给各个利益主体的成本，所以，投资者一定要追求利润最大化，这是促进企业效率的原因和动力。但这也是客户抛弃企业的原因，事物都有两面性。而按照任总上述观点的逻辑来看，客户持续购买华为的产品和服务，才是推动华为长期有效增长的压力、动力和原因。华为没有上市，实行员工持股，出钱购买公司股票，转让都没处转让，只有让客户首选华为，让公司更有效率，才能使大家持续获益。为此，公司只追求合理的利润，将更多的利益与客户、员工分享，加大未来的投入，持续推进管理变革。华为是从自身的长期利益出发理性地控制人性对利润的贪婪，而不是利用人性对利润的贪婪去经营企业。"[2]

---

[1] 心声社区. 黄卫伟："走在西方公司走过的路上"的华为为什么没有倒下？[EB/OL]. 2017-08-21. https://www.sohu.com/a/166242068_178777.
[2] 心声社区. 黄卫伟："走在西方公司走过的路上"的华为为什么没有倒下？[EB/OL]. 2017-08-21. https://www.sohu.com/a/166242068_178777.

大量的事实证明，正是因为有了客户的支持和认可，才是华为走向持续成功的关键原因。在企业经营中，不管经营者如何选择，都必须重视客户、员工、股东，以及社会四个利益群体，也就是说，一旦客户、员工、股东，以及社会四个利益群体出现冲突时，经营者必须按照企业价值观排出不同的顺序。

企业到底选择何种排序，杨杜教授有着自己的看法："我们不认为何种价值观排序一定正确，但企业进行文化建设时应该预先界定冲突时的排序，谁第一、谁第二、谁第三。一个成功的企业和企业家应该是一个懂得平衡并善于平衡的人，但在价值观排序上不能模棱两可。客户为中心是价值观念，更是行动！在利益冲突的时候，才能看出你的核心价值观取向。"[1]

在"美联航事件"中，美联航就把"员工利益"摆在首位。纵观美国公司管理，经营者通常把股东利益放到首位，让股东利益最大化。然而，华为却有所不同。

在"技术支援部2002年一季度例会上的讲话"中，任正非说道："公司唯有一条道路能生存下来，就是客户的价值最大化。有的公司是为股东服务，股东利益最大化，这其实是错的，看看美国，很多公司的崩溃说明这一口号未必就是对的；还有人提出员工利益最大化，但现在日本公司已经有好多年没有涨工资了。因此我们要为客户利益最大化奋斗，质量好、服务好、价格最低，

---

[1] 杨杜. 文化的逻辑 [M]. 北京：经济管理出版社：2016：35-37.

那么客户利益就最大化了，客户利益大了，他有再多的钱就会再买公司的设备，我们也就活下来了。我们的组织结构、流程制度、服务方式、工作技巧一定要围绕这个主要的目的，好好地进行转变来适应这个时代的发展。"

在华为，把以客户为中心放在首位的战略绝对不能是一句空话，而是必须落地。因此，任正非曾经拒绝会见来华为总部访问的前摩根士丹利首席经济学家史蒂芬·罗奇（Stephen Roach）。从这个角度来看，任正非就是要培育华为客户至上的企业文化和核心价值观，而不是日常企业家们崇尚的资本运作和技术主导的企业文化。原因是任正非客观、理性地洞察了资本市场的属性。即使是资本市场最为发达的美国，其上市公司的比例仅占 0.08%。对此，有的研究发现，企业总数的减少是其关键原因，因为这从源头上抑制了上市企业的数量。根据公开的数据显示，美国企业数量的总数一直都在保持增长。1977 年，美国企业总数达到 3 417 883 个，上市企业占 0.14%；1996 年，美国企业总数达到 4 693 080 个，上市企业占 0.18%，达到高峰期；2012 年，美国企业总数依旧保持增长，达到 5 030 962 个，然而上市企业的比例却有所下降，占 0.08%。从数据来分析，上市企业数目的下降，并不是企业数量减少的关键。[1]

---

[1] 吴婷. 美国的上市公司数为什么那么少？[EB/OL]. 2016-02-23. http://www.sohu.com/a/60146041_371463.

据著名经济学博客"边缘革命"(Marginal Revolution)的研究数据显示,从 1997 年到 2013 年的 20 年间,美国上市公司数量不仅没有增加,相反却减少了近一半(从 1997 年 6 797 家下降到 2013 年 3 485 家)。

得出类似结论的还有美国国家经济研究局研究报告服务(National Bureau of Economic Research Working Paper,简称 NBER Working Paper)。

在《为什么美国上市公司如此之少?》(Why Does the U.S. Have So Few Listed Firms?)报告中,美国国家经济研究局研究报告服务介绍,1996 年,美国的上市公司的数目达到峰值的 8 025 家。其后就开始进入下滑期,截至 2012 年,美国上市公司的数目仅有 4 102 家,数目下降了将近一半。即便是与 1975 年的数据相比,上市公司数也下降了 14%,见图 1-4。

按照数据显示,20 世纪 70 年代初期的美国企业数量比如今的美国公司数量还要多。在当时,美国 GDP 不过今天的 1/3。这样的转变已经成为美国一种常见的现象,同时也影响了美国 90% 以上的行业。从行业分类来看,法马(Fama)和弗伦奇(French)所划分的 49 个行业中,仅有一个行业(采矿业)2012 年的公司数目和 1996 年相同,其余 48 个行业的公司数均出现了不同程度的下降。其中下降程度最大的是金融交易行业,其公司数目从 1996 年的 693 家下降到 2012 年的 119 家,下降幅度超过 80%。这些发现引起了学术界的广泛关注,毕竟美国是公认的拥有发达金融体系

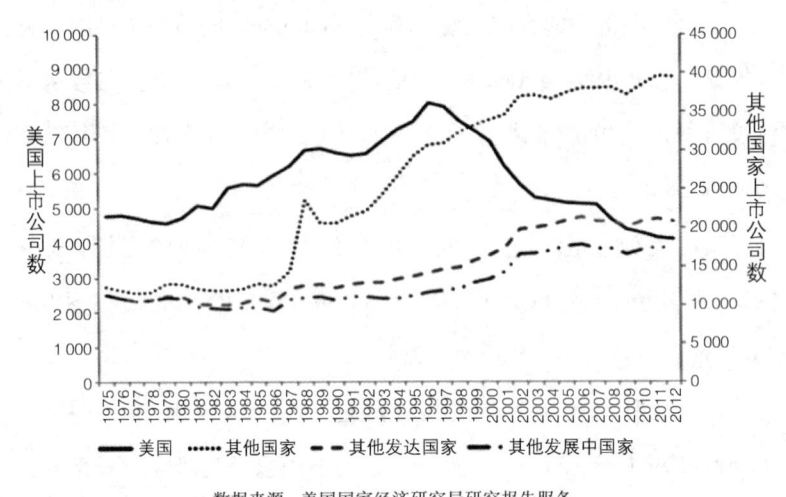

数据来源：美国国家经济研究局研究报告服务。

图1-4　1975—2012年美国上市公司数量变化

的国家，其上市公司数目锐减与其金融地位大不相符。[1]

在华为，以客户为中心的案例举不胜举。作为华为公司高级管理顾问，中国人民大学吴春波教授曾讲过另一个真实的案例："2002年，任正非的劳动态度考核是C。说他出了两个问题：第一是责任心出了问题；第二是奉献精神出了问题。你怎么知道任正非的责任心不强？华为用的是关键事件法。任正非的责任心为什么考了C？是因为有一天他答应见一个客户，结果他那天事多，忘了，用这件事来证明他的责任心有问题，这不是主观打分，是用事例来反映。说他奉献精神有问题，是因为国外来了客户，任正

---

[1] 吴婷. 美国的上市公司数为什么那么少？[EB/OL]. 2016-02-23. http：//www.sohu.com/a/60146041_371463.

非承诺要见客户,结果临时家里有事,没有陪客户吃饭,家事公事没排好序,没有奉献精神,给他打了C,结果是他当年的安全退休金打折扣,第二年不能加工资,不能继续配股。"[1]

由此可见,坚持以客户利益为核心的价值观,驱动员工努力奋斗,就需要始终围绕客户需求。在华为内部讲话中,任正非说道:"企业的目的十分明确,是使自己具有竞争力,能赢得客户的信任,在市场上能存活下来。华为的董事会明确不以股东利益最大化为目标,也不以其利益相关者(员工、政府、供应商……)利益最大化为原则,而坚持以客户利益为核心的价值观,驱动员工努力奋斗。在此基础上,构筑华为的生存。"

任正非认为:"天底下给华为钱的只有客户,客户是华为存在的唯一理由。"从这个角度讲,客户是指导华为在作出一切决策时,都必须依据会不会给客户创造价值,否则就不要去作出这个决策。原因是,客户有其选择权,只会向那些真诚地提供优质、价格合理的产品和服务的企业付出。对此,任正非认为,华为只有"以客户为中心",客户才会选择华为的产品。

与之相反的是,一些企业却远离"以客户为中心","资本运作"却大行其道,他们之所以热衷资本运作,是因为他们以美国企业的经营作为参考标杆,尤其是把"股东利益最大化"作为企业决策最高指导纲领。

---

[1] 杨杜. 文化的逻辑[M]. 北京:经济管理出版社,2016:35-37.

对此，田涛和吴春波教授撰文评价说道："企业家天天围着股票市场的指挥棒转，按照证券分析家们的观点来决定企业做什么、不做什么，结果使得企业其兴也勃焉——迅速扩张，市值膨胀，三五年、十多年造就一个行业巨无霸；其败也忽焉——几天之间，甚至几小时之间市值大幅缩水，皇冠落地，辉煌不再。"[1]

在美国市场如此，反观中国市场，很多企业经营者因为热衷资本运作，结果成为昙花一现的明星企业。田涛和吴春波教授告诫说道："一批批的实业家成了资本新贵，企业却如气球一般膨胀并爆裂。资本市场培育了大批为'资本'而疯狂的机会型商人，而公司呢，要不短命地兴盛，要不永远在股东的短期追求中疲于喘息。"

田涛和吴春波教授呼吁企业经营者称："常识在被扭曲，在变形。"二位教授得出这样的结论，一个重要的依据是，"以客户为中心"的传统商业思维曾作为一个普遍适用的商业常识，却成为少数企业的制胜法宝。

2014年5月，任正非在英国伦敦召开的一次新闻发布会上对外宣称，华为没有上市的打算。针对当时的美国"禁令"，一些研究者就建议华为通过上市的手段来减缓来自美国的打压。

任正非回应称，华为不上市，源于资本市场的过于贪婪。华

---

[1] 田涛，吴春波. 下一个倒下的会不会是华为 [M]. 北京：中信出版社，2012：165-168.

为坚持不上市，而且也实现了自己的全球化战略，从某种角度来说，从侧面证明了华为"以客户为中心"战略的正确。

在此之前，查阅任正非屈指可数的几次回应，任正非对于不上市的态度可谓是相当坚决，任正非认为，西方市场资本的"贪婪"本质会伤害到华为的长期发展前景。任正非说道："我们都听过传统经济学中的大量理论，这些理论都宣称股东具备长远视野，他们不会追求短期利益，并且会在未来做出十分合理、有据可循的投资。但事实上，股东是贪婪的。他们希望尽早榨干公司的每一滴利润。"

任正非此举赢得黄卫伟等教授的认可，一旦企业的经营目的是为了追求某个指标或者某个利益群体利益的最大化，那么企业难以生存。

黄卫伟教授高度评价道："华为追求长期有效增长，不唯股东利益最大化、不唯员工利益最大化，为客户服务是华为公司存在的唯一理由。追求长期有效增长的财务解释就是追求企业的价值。这里的价值概念对华为这样的非上市公司来说不是资本市场的估值，而是回归价值的本质，即现实的获利能力和未来潜在获利机会的货币化。在华为看来，长期有效增长的内涵，首先是经营结果健康，即追求有利润的收入，有现金流的利润，不重资产化。其次是不断增强公司的核心竞争力。再就是构建健康友好的商业生态环境。经营结果必须稳健、均衡，才能支撑起公司的长期生存发展。华为的商业模式是：长期保持饥饿状态，不谋求赚大钱。"[1]

  黄卫伟教授补充说道："华为对利润看得不重，而是以长远的眼光来经营公司，在合理的利润率水平上实现快速增长。增长是硬道理。在信息通信技术产业中，要么成为领先者，要么被淘汰，没有第三条路可走。人与人之间的所有合作实际上都是利益分配问题。华为强调要使创造企业价值的每个生产要素都按其贡献分享到合理的利益和回报。如果某个生产要素分享不到合理的利益，该要素就会塌陷，就会成为制约价值创造的短板。资本与劳动的利益分享是华为持续成长的动力机制。如今，这种分享机制正逐步扩展到对客户、对供应商的利益分享上，从而使整个生态圈的运作进入一种良性循环。怎么使企业上至企业家下至每个员工都能感受到市场的竞争压力，都能急客户所急，想客户所想，这可能是对企业管理的最大挑战。要通过无依赖的市场压力传递，使企业的内部机制永远处于激活状态。这是欲生先置于死地，这就是华为的管理哲学。"[2] 究其原因，没有客户，华为的生存和发展就无从谈起。

---

[1] 黄卫伟等. 价值为纲：华为公司财经管理纲要 [M]. 北京：中信出版社，2017.
[2] 黄卫伟等. 价值为纲：华为公司财经管理纲要 [M]. 北京：中信出版社，2017.

第 2 章
崇尚"以客户为中心"的核心价值观

在组织变革中,很长一段时间一贯低调的、神秘的华为公司创始人任正非打破过去一贯的做法,以更加开放的态度接受了众多媒体的采访,回答了关于华为公司的管理理念、价值观、管理哲学、股权、接班人等多个问题。

在回答这些问题中,任正非始终围绕"以客户为中心"在阐述。在接受媒体采访时,任正非表示,华为的核心价值观只有一个原则——"以客户为中心"。

任正非是这样解释的:"华为之所以崇尚'以客户为中心'的核心价值观就是因为只有客户在养活华为,在为华为提供发展前进的基础……也只有服务好客户,让客户把兜里的钱心甘情愿拿给我们,华为才有可以发展下去的基础。"

在任正非看来,自己在创业阶段的艰难是难以想象的,由于客户购买华为的产品,才为华为的生存和发展做出了巨大的贡献。2006 年,任正非在内部讲话中告诫华为人说道:

还记得，经历20世纪90年代初艰难的日子，在资金技术各方面都匮乏的条件下，咬牙把鸡蛋放在一个篮子里，紧紧依靠集体奋斗，群策群力，日夜攻关，利用压强原则，重点突破，我们终于拿出了自己研制的第一台通信设备——数字程控交换机。

1994年，我们第一次参加北京国际通信展，在华为展台上，"从来就没有救世主，也不靠神仙皇帝，要创造新的生活，全靠我们自己"这句话非常与众不同，但对华为员工来讲，这正是当时的真实写照。

设备刚出来，我们很兴奋，又很犯愁，因为业界知道华为的人很少，了解华为的人更少。当时有一个情形，一直深深地印在老华为人的脑海，经久不褪：在北京寒冬的夜晚，我们的销售人员等候了八个小时，终于等到了客户，但仅仅说了半句话，"我是华为的……"，就眼睁睁地看着客户被某个著名公司接走了。

望着客户远去的背影，我们的小伙子只能在深夜的寒风中默默地咀嚼着屡试屡败的沮丧和屡败屡战的苦涩：是啊，怎么能怪客户呢？华为本来就没有几个人知晓。由于华为人废寝忘食地工作，始终如一虔诚地对待客户，华为的市场开始起色了，友商看不到华为这种坚持不懈的艰苦和辛劳，产生了一些误会和曲解，不能理解华为怎么会有这样的进步。

还是当时一位比较了解实情的官员出来说了句公道话：

"华为的市场人员一年内跑了500个县,而这段时间你们在做什么呢?"当时定格在人们脑海里的华为销售和服务人员的形象是:背着我们的机器,扛着投影仪和行囊,在偏僻的路途上不断地跋涉……[1]

正是源于创业阶段的艰苦经历,才让任正非清楚地知道,华为的生存和发展,必须是建立在客户基础之上,背离这个原则,必然付出代价。任正非告诫华为人说道:"在20世纪90年代的后期,公司摆脱困境后,自我价值开始膨胀,曾以自我为中心过。我们那时常常对客户说,他们应该做什么,不做什么……我们有什么好东西,你们应该怎么用。例如,在NGN(Next Generation Network,下一代网络)的推介过程中,我们曾以自己的技术路标,反复去说服运营商,而听不进运营商的需求,最后导致在中国选型,我们被淘汰出局,连一次试验机会都不给。历经千难万苦,我们请求以坂田的基地为试验局的要求,都苦苦不得批准。我们知道我们错了,我们从自我批判中整改,大力倡导'从泥坑中爬起来的人就是圣人'的自我批判文化。我们聚集了优势资源,争分夺秒地追赶。我们赶上来了,现在软交换占世界市场40%,为世界第一。"[2]

---

[1] 任正非. 任正非:天道酬勤[J]. 深圳特区科技,2006(08):24-29.
[2] 任正非. 逐步加深理解"以客户为中心,以奋斗者为本"的企业文化——任正非在市场部年中大会上的讲话纪要[N]. http://huawei-managment.readthedocs.io/zh-cn/latest/2008/20080715_9.html,2008-07-15.

01 利润只能从客户那里来

华为能够取得今日的业绩绝对不是偶然的，而是必然的，因为华为一直"以客户为中心"。任正非在内部讲话中说道："既然决定企业生死存亡的是客户，提供企业生存价值的是客户，企业就必须为客户服务。现代企业竞争已不是单个企业与单个企业的竞争，而是一条供应链与供应链的竞争。企业的供应链就是一条生态链，客户、合作者、供应商、制造商命运在一条船上。只有加强合作，关注客户、合作者的利益，追求多赢，企业才能活得长久。因为，只有帮助客户实现他们的利益，华为才能在利益链条上找到华为的位置。只有真正了解客户需求，了解客户的压力与挑战，并为其提升竞争力提供满意的服务，客户才能与你的企业长期共同成长与合作，你才能活得更久。所以需要聚焦客户关注的挑战和压力，提供有竞争力的通信解决方案及服务。"[1]

任正非有如此观点，源于21世纪初他在法国考察时与阿尔卡特（Alcatel）前董事长兼首席执行官（CEO）瑟奇·谢瑞克（Serge Tchuruk）的一段交谈甚欢的谈话。

---

[1] 任正非. 华为公司的核心价值观 [J]. 中国企业家, 2005 (18): 10-18.

在交谈中，瑟奇·谢瑞克对任正非谈道："我一生投资了两个企业：一个是阿尔斯通；一个是阿尔卡特。阿尔斯通是做核电的，经营核电企业要稳定得多，无非是煤、电、铀，技术变化不大，竞争也不激烈；阿尔卡特虽然在电信制造业上也有着一定地位，但说实话，这个行业太残酷了，你根本无法预测明天会发生什么，下个月会发生什么……"[1]

作为欧洲备受尊重的实业家和投资家的瑟奇·谢瑞克创造了不少企业神话。例如，阿尔卡特不仅是全球电信行业的标杆企业，更是与爱立信、诺基亚、西门子这三家欧洲电信企业，并肩成为欧洲电信行业的巨擘。

面对企业经营中的诸多不确定未来，任正非深有感触，加上当时的华为正处在艰难地攀登"喜马拉雅山脉"的爬坡关键阶段。返回深圳总部后，任正非在内部讲话中多次复述瑟奇·谢瑞克的观点告诫华为高层并提问道："华为的明天在哪里？华为的出路在哪里？华为的路径在哪里？"

其后，华为由此展开了一场声势浩大、前所未有的对未来命运的争论。经过多轮探讨，最后达成一致共识——高举"以客户为中心"的旗帜。能够达成这样的共识，原因是华为取得当时的业绩，靠的就是"以客户为中心"的战略思维，即使华为的未来同样也只能依赖客户，只有客户，才是保证华为生存和发展的理

---

[1] 田涛，吴春波. 下一个倒下的会不会是华为 [M]. 北京：中信出版社，2012：02-03.

由，同时也是华为存在的唯一理由。

从这个角度来看，华为的喜人业绩离不开任正非的"以客户为中心"战略，正是因为华为始终"以客户为中心"，才成就其成为信息与通信领域的巨人。从华为1995—2023年销售收入的数据直接地证明了这个观点，见图2-1。

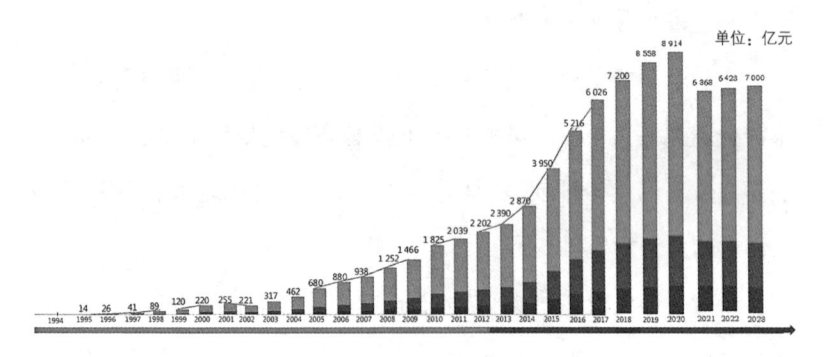

图 2-1　华为1995—2023年销售收入

翻阅华为财报发现，《华为投资控股有限公司2022年年度报告》就明确地传达了"以客户为中心"："面向全球，华为广泛聚合合作伙伴，坚持与伙伴共建以客户为中心的文化与机制，与合作伙伴开放合作，共享利益，构建'以利益为纽带，以诚信为基础，以规则为保障'的健康共赢的伙伴体系，与合作伙伴共同成长，助力客户实现商业成功"。

"华为企业服务始终坚持以客户为中心，不断提升客户服务体验。我们协同6 000多家服务与运营伙伴，为全球超过56 000家客户提供高品质的一致性服务体验。2022年保障超过12万张客户网络安全稳定运行，服务满意度进一步提升，入选 IDC 市场全景（IDC MarketScape）主流供应商象限，服务能力得到广泛认同。"[1]

从这个角度来分析，"以客户为中心"的战略思维长期主导着华为的生存和发展。即使走过初期的艰难历程，华为的"以客户为中心"的做法并未因为自身规模的做大而改变。

2002 年，在以"公司的发展重心要放在满足客户当前的需求上"的讲话中，任正非说道："全世界只有客户对我们最好，他们给我们钱，为什么我们不对给我们钱的人好一点呢？为客户服务是华为存在的唯一理由，也是生存下去的唯一基础。"

在任正非看来，华为只有把潜在的客户转化为自己的长期客户，然后再提升其忠诚度，华为才能在与对手竞争中立于不败之地，并保证自己不断地向海外的缝隙市场开疆拓土。正因为如此，华为在海外市场的拓展中才能如此顺利，即使遭遇美国的四面围堵，甚至把华为列入"实体清单"的背景下，华为在 2019 年的海外市场也占据营业收入的 41%，见图 2-2。

根据图 2-2 所示，在中国本土市场，"受益于 5G 网络建设的开展，消费者业务手机销量持续增长、渠道下沉，以及企业业务抓住数字化与智能化转型机遇、提升场景化的解决方案能力"，华为实现销售收入人民币 5 067.33 亿元，同比增长 36.2%。

在欧洲、中东、非洲地区市场，"受益于 5G 网络建设和企业

---

[1] 华为. 华为投资控股有限公司 2022 年年度报告 [R]. 2023-03-31.

（人民币百万元）	2019年	2018年	同比变动
中国	506 733	372 162	36.2%
欧洲中东非洲	206 007	204 536	0.7%
亚太	70 533	81 918	-13.9%
美洲	52 478	47 885	9.6%
其他	23 082	14 701	57.0%
总计	858 833	721 202	19.1%

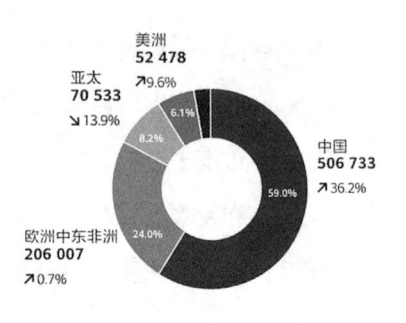

图 2-2　华为 2019 年海外营业收入占比

数字化转型加速"，华为实现销售收入人民币 2 060.07 亿元，同比增长 0.7%。

在亚太地区市场，遭遇一些国家运营商市场的投资周期波动、消费者业务不能使用 GMS 生态的影响，华为实现销售收入人民币 705.33 亿元，同比下滑 13.9%。

在美洲地区市场，"受益于拉丁美洲企业数字化基础设施建设及消费者业务中端产品竞争力提升"，华为实现销售收入人民币 524.78 亿元，同比增长 9.6%。[1]

02　客户不买华为的货，就无米下锅

随着竞争的加剧，越来越多的中国企业把生产经营的重点转

---

[1] 华为. 华为投资控股有限公司 2019 年年度报告 [R]. 2020-03-31.

向关注顾客,并以顾客的需求和利益为中心,最大限度地满足顾客的需求欲望和长远利益。[1] 这样的逻辑在于,当企业与友商在市场竞争的较量中,满足客户需求、赢得客户、维持客户就成了关系到企业自身的生死存亡的大事。

2002年,在内部讲话中,任正非说道:"在这个世界上谁对我们最好?是客户,只有他们给我们钱,让我们过冬天。所以,我们要对客户好,这才是正确的。我们公司过去的成功是因为我们没有关注自己,而是长期关注客户利益的最大化,关注运营商利益最大化,千方百计地做到这一点。"[2]

任正非是这样解释的:"不以客户需求为中心,他们就不买我们小公司的货,我们就无米下锅,我们被迫接近了真理。但我们并没有真正认识它的重要性,没有认识它是唯一的原则,因而对真理的追求是不坚定的、漂移的。"

原因是,对于任何一个企业来说,只有真诚地为客户提供服务,才能在自己与对手的较量中赢得胜利。1994年6月,在"胜利祝酒词"的内部演讲中,任正非讲道:"在当前产品良莠不齐的情况下,我们承受了较大的价格压力,但我们真诚为客户服务的心一定会感动上帝,一定会让上帝理解物有所值,逐步地缓解我们的困难。我们一定能生存下去……"

---

[1] 《民营经济报》编辑部. 客户是企业生存之本[J]. 企业家信息,2005(11):85-85.

[2] 黄卫伟. 为客户服务是华为存在的唯一理由[J]. 企业研究,2016(09):20-25.

任正非坦言，华为一旦没有客户，其生存和发展犹如"水中月、镜中花"。1997年，任正非正式地把"面向客户是基础，面向未来是方向"提升到华为战略的高度。同年，任正非在华为北京研究所座谈会上的讲话说道："如果不面向客户，我们就没有存在的基础；如果不面向未来，我们就没有牵引，就会沉淀，落后……"

自此以后，任正非在华为的内部讲话上，尽管个别措辞稍有一些变化，但是"以客户为中心"的战略思想一直贯穿华为发展壮大的每个阶段。

鉴于此，只有真正地"以客户为中心"，把服务真正地做到位，才能赢得生存和发展，才能实现华为的梦想。在"以客户为中心"的指导下，1997年，华为以41.89亿元的销售收入进入电子百强企业名单，排在18位。1998年4月6日，《华为人》报道了这样的喜讯。

备受社会关注的依据各企业1997年实现的销售额排序的1998年新一届电子百强企业名单，经过各主管部门的认真推荐、电子部严格审核后，现已揭晓。深圳市华为技术有限公司以实现年销售总额418 932.0万元排名第18位。

今年的"百强"企业的规模化有了明显发展，企业的经济实力明显增强，而且一批通信、计算机企业成为发展最具潜力的成长性企业，反映了"百强"企业产品结构对信息经济的迅速响应。[1]

在对待客户的问题上,华为始终把客户放在非常重要的位置。2007年,在以"将军如果不知道自己错在哪里,就永远不会成为将军"为题的内部讲话中,任正非说道:"华为不是天生就是高水平,因此要认识到不好的地方,然后进行改正。一定要在战争中学会战争,一定要在游泳中学会游泳。在很多地区,我们和客户是生死相依的关系,那是因为我们已经和客户形成了战略性伙伴关系。机会不是公司给的,而是客户给的。机会在前方,不在后方。我们要有战略部署,如果没有战略部署我们就无法竞争。"

在任正非看来,要想赢得客户认可,就必须解决客户的实际困难,只有真正地解决了客户的困难,那么才能保证华为生存和发展下去。

在华为,帮客户解决实际困难的案例多如牛毛。在这里,我们从一个真实的案例开始介绍。库克群岛(The Cook Islands)位于南太平洋上,介于法属波利尼西亚与斐济之间,面积240平方千米,是由15个小岛组成的群岛国家,是新西兰的王国自由结合区。首都阿瓦鲁阿(Avarua),位于拉罗汤加岛。之所以命名为库克群岛,是因为英国皇家海军军官、航海家、探险家和制图师詹姆斯·库克(James Cook)在远征南太平洋的过程中发现许多岛屿。

2017年10月,一场突如其来的大火烧毁了库克群岛上唯一移

---

[1] 薛美娟. 华为名列1998年电子百强第18名 [N]. 华为人,1998-04-06.

动运营商的核心网机房。其后,库克群岛上的语音业务和数据业务全部中断。

在通信不畅的情况下,库克群岛上的运营商向华为斐济代表处寻求提供解决方法。具体的要求是,在圣诞节前恢复库克群岛上的语音业务和数据业务。

由于时间紧迫和代表处及地区部核心网人力缺少等原因,华为全球服务中心接到库克群岛的求援后,在第一时间组建支持小组,并展开救援行动。

2017年11月6日,殷塔华参与了此次行动。虽然面临巨大挑战,但是当了解到具体的详情后,殷塔华一行人支持小组第一时间与库克群岛上的同事联系。

通过联系,殷塔华一行人得知库克群岛上的通信恢复的形势较为严峻。运营商机房内的设备几乎全部烧毁。

一般来说,按照正常的进度,完成机房的建设、调试,以及正常投入使用的时间,大概为60—90天。

第一,库克群岛上的机房建设所需的硬件设备,即使最快也需要到12月初才筹集到位。然而,库克群岛运营商把"圣诞节"作为该项目的交付日,留给华为的时间仅仅只有不到21天。对于殷塔华一行人来说,用平时1/4的时间完成该项目,几乎是一项不可能完成的任务。既然客户需求已经摆在桌上,接下来的日子就是解决问题。

第二,殷塔华一行人在准备签证材料及时递馆,同时还在做一些相关准备工作。例如，收集现网资料、脚本制作等。

第三，华为在确保预安装工作有序完成的前提下，殷塔华一行人把可供参考的备份信息与预安装部门的华为工程师逐一核对。这样做，是为了更好地确保预安装版本信息的准确无误，同时还一一核对配置清单（BOQ），以及装箱单（Packing list），为准时交付上一层双保险。

在核对的过程中得知，库克岛上的现场网络质量较差。其后，殷塔华一行人对照了配置清单上的"准备版本文档""验收材料""版本软件""补丁"，并不厌其烦地反复跟研发、GTAC确认版本差异，脚本信息、软件参数，评估各项风险等，一遍又一遍地整理刷新网络设计、端口规划表、VLAN/IP等信息。[1]

前期充分的准备在解决此次客户需求中发挥了巨大的作用，在后续的调测中，不仅节省了很多时间，同时也走了很多捷径，为顺利交付打下了坚实的基础。

经过40个小时的飞行后，殷塔华终于辗转抵达拉罗汤加机场。虽然前期做了充分的准备工作，但是非人力可控的问题依旧很多。殷塔华举例说道："比如，设备清关比预计时间晚了两天、客户的人手不够、机房建设进度缓慢、机房供电电缆老化、空调无法安装等一系列的问题。"

为了尽可能地降低对旅游业的损失，客户殷切地期望华为能

---

[1] 殷塔华. 最特别的圣诞礼物［J］. 华为人，2020（01）.

够尽快地解决问题。殷塔华一行人和所有的华为人明白，他们需要与时间赛跑，参与的华为人加入机房的建设中，刷墙、抬物料……2017年12月7日，殷塔华一行人终于完成机房建设。其后的几天时间内，殷塔华团队与来自马来西亚、澳大利亚的同事们并肩作战。2017年12月9日，殷塔华一行人完成机房内所有硬件设备的安装工作，同时督促客户解决供电问题。2017年12月11日深夜，设备供电系统开始正常运行。[1]

当设备灯开始闪烁时，恢复通信的"战斗"才正式刚刚开始。由于库克群岛的地理原因，通信只能通过卫星。在气候原因方面，库克群岛正值雨季，云层偏厚，严重影响卫星的通信质量。

但凡遇到棘手问题时，殷塔华一行人只能通过断断续续的越洋电话和微信语音等手段与总部沟通，所有的图片都无法发送、机房恶劣的环境，以及繁重的恢复工作，影响了殷塔华一行人完成交付。

殷塔华回忆说道："记得第一天调试的时候，我没有想到机房会那么冷，只能把仅有的背包直接背上，那一天我就靠着背包带来的'温暖'撑过去了一天，晚上从机房出来的那一刹那，我感觉自己一天竖着的汗毛才服帖下来……调试的那几天，我们都是迎着太阳出门，伴着月亮和星星回去休息，回去之后简单地吃点干粮和再沟通一下工作上的问题，就已经凌晨1点多了。那几天总

---

[1] 殷塔华. 最特别的圣诞礼物[J]. 华为人，2020 (01).

感觉刚躺下还没睡着，天就亮了。"

殷塔华一行人的付出得到客户的谅解。客户一方面尽可能地减轻华为人非工作的负担。例如，给殷塔华一行人做饭，为了照顾他们的饮食习惯，运营商甚至为他们准备了自己并不擅长烹饪的中餐。

经过一段艰辛的历程后，调试的进度迅速展开，当殷塔华一行人打通首个电话时，客户满意地露出一丝笑容。

2017 年 12 月 19 日，在殷塔华一行人的修复下，库克群岛所有的语音和数据业务全部恢复，且 KPI 指标正常。运营商 CEO 带着当地电视台来机房采访，他跟殷塔华一行人一一握手说："干得好，伙计们！（Good job, guys!）"殷塔华一行人每个人内心久久无法平静，是激动、喜悦，是成就感，也更是社会责任感！在隔天的报纸上刊登了这一喜讯，同时在报道中也提到了华为——"主要设备是来自中国华为公司"（Production of key mobile core equipment by vendor Huawei in China.—Cook Island News）。当看着"Huawei"的字眼出在当地报纸上时，殷塔华一行人心中满满的都是自豪感。[1]

华为在库克群岛上的服务仅仅是举不胜举的一个。众所周知，在华为发展较长的一个阶段，"低价格、次产品、优质的服务"是华为留给客户的第一形象。某运营商老板至今对华为的优质服务

---

[1] 殷塔华. 最特别的圣诞礼物 [J]. 华为人，2020（01）.

依然记忆深刻：早年，华为的交换机大多在县级邮电部门使用，产品稳定性差，经常出问题。但华为的跟进服务做得好，24小时随叫随到，而且邮电部门的职工做主人做惯了，动不动就把华为的员工包括任正非训斥一顿，他们不但没有任何的辩驳，而且总是诚恳检讨，马上改正，与西方公司习惯把责任推给客户、反应迟钝相比，华为让人印象深刻：你怎么能拒绝把客户真正当作"上帝"的人呢？要知道，20世纪90年代前后，"服务"的概念在中国尚属稀缺产品，华为却把它做到了极致。[1] 在该老板看来，华为的优质服务已经超过当时的跨国企业了。

---

[1] 田涛，吴春波. 下一个倒下的会不会是华为[M]. 北京：中信出版社，2012：18-19.

第 3 章
永远以宗教般的虔诚对待客户

经过30多年的市场拓展，华为超越爱立信（Ericson）、思科（Cisco）、诺基亚（Nokia）、阿尔卡特（Alcatel）等友商，一举成为ICT产业的行业领导者。

2021年12月，根据德罗洛集团（Dell'Oro Group）刚刚发布的"2021年第三季度全球整体电信设备市场报告"数据显示，华为、诺基亚、爱立信、中兴、思科、三星、美国讯远通信（Ciena）七家供应商共同占据了全球约80%的市场份额，其中，诺基亚和爱立信各占总收入的15%左右，华为就占29%左右。另外20%左右是由中兴通讯（11%）、思科（6%）、三星（3%）和西纳（3%）等占有，见图3-1。

罗马并非一日建成，初创时期的华为无技术、无资源、无资金，通过华为人一步一步的市场拓展。原华为全球销售副总裁、中亚地区部总裁孙维回忆称："从中国到非洲，从欧洲市场的小客户到突破英国电信，从俄罗斯市场26美元的合同到最终突破莫斯

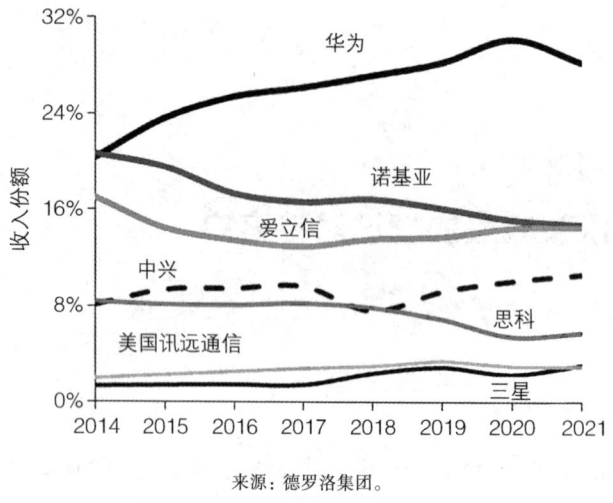

图 3-1　2021 年第三季度全球整体电信设备市场报告

来源：德罗洛集团。

科大环，通过一个又一个关键客户和市场的突破，才取得今天的成就。"

孙维直言："2019 年华为的销售额达到 8 588.33 亿元，抛开消费者产业之外，华为设备销售额的主要构成来自电信等行业的市场大客户，（这些）文字描述了一个一个的市场成长的台阶，就是华为的全球销售团队攻克的市场里程碑，不断提升和客户合作的层次。今天除了美国之外，全球最主要的电信客户都选择了华为设备来建设通信网络。"

从孙维的介绍不难看到，华为能够赢得电信客户的信任，一方面源于华为的通信技术，另外一方面就是"以客户为中心"的核心价值观。

当华为的规模做大后，任正非告诫华为人说道："无论将来我们如何强大，我们谦虚地对待客户、对待供应商、对待竞争对手、对待社会，包括对待我们自己，这一点永远都不要变。"

01　销售团队在与客户交流时，
　　　一定不能牛气哄哄

经过 30 多年的励精图治，当初追赶的心态让一部分华为人接受谦虚、谨慎的态度，但是如今的华为已经超越对手成为航标，引领技术的研发方向时，部分华为人的心态就会有所变化。此刻，就需要警惕一些自信爆棚的华为人远离客户，远离"以客户为中心"的华为价值观。

例如，华为在 5G 行业专利就领先友商，2020 年 2 月，根据艾普莱特克斯（IPLytics）专利公司发布的 5G 行业专利报告显示，华为占据第一名，专利数量 3 147 件，韩国三星排名第二，专利数量 2 795 件，中兴通讯排名第三，专利数量 2 561 件，第四到第十分别是乐喜金星（LG）、诺基亚、爱立信、高通、英特尔、夏普、NTT 都科摩（NTT Docomo），见表 3-1。

在内部讲话中，任正非就告诫华为人说道："销售团队在与客户交流时，一定不能牛气哄哄的，否则我们在沙漠里埋头苦干半天，客户也不一定认同。"

表 3-1　全球十大企业 5G 专利数量排名

申报公司	已申报的 5G 专利家族数量 (INPADOC)	按 GDP 标准化的平均专利家族规律	平均化和标准化前引	专利价值指数（引用次数×家族规模）
华为技术（中国）	3 147	1.45	0.59	0.85
三星电子（韩国）	2 795	1.48	1.09	1.62
中兴通讯（中国）	2 561	1.40	0.96	1.35
LG 电子（韩国）	2 300	1.48	0.97	1.44
诺基亚（包括阿尔卡特朗讯）（芬兰）	2 149	1.51	0.89	1.34
爱立信（瑞典）	1 494	1.54	0.74	1.14
高通（美国）	1 293	1.81	0.64	1.16
英特尔公司（美国）	870	1.69	1.25	2.12
夏普公司（日本）	747	1.52	1.05	1.59
NTT 都科摩（日本）	721	1.62	0.76	1.23
广东欧珀移动通信（中国）	647	1.26	0.07	0.09
中国船舶重工集团（中国）	570	1.27	0.84	1.06

任正非之所以告诫华为人，是因为华为在 2013 年底超越爱立信。2014 年 3 月 31 日，华为公布了经审计的 2013 年年报显示，2013 年，华为构筑的全球化均衡布局使公司在运营商网络、企业业务和消费者领域均获得了稳定健康的发展，全年实现销售收入人民币 2 390 亿元人民币（约 395 亿美元），同比增长 8.5%，净利润为 210 亿元人民币（约 34.7 亿美元），同比增长 34.4%[1]，见表 3-2。

---

[1] 华为. 华为投资控股有限公司 2013 年年度报告 [R]. 2014-03-31.

表 3-2 2013 年华为运营商网络、企业业务和消费者领域收入占比

人民币百万元	2013 年	2012 年	同比变动
运营商网络业务	166 512	160 093	4.0%
企业业务	15 263	11 530	32.4%
消费者业务	56 986	48 376	17.8%
其他	264	199	32.5%
合计	239 025	220 198	8.5%

财报显示,华为在海外市场的营收依旧占比较大比重,占据 64.85%,在中国市场,华为实现销售收入人民币 84 017 亿元,同比增长 14.2%,其中,运营商网络业务仍保持了小幅增长,企业和消费者业务获得快速增长,且增长均超过 35%。在欧洲、中东、非洲片区(EMEA)市场,"受益于基础网络、专业服务以及智能手机的增长",华为实现销售收入人民币 84 655 亿元,同比增长 9.4%;在亚太地区市场,"受益于东南亚新兴市场的发展,保持了良好的增长势头",华为实现销售收入人民币 389.25 亿元,同比增长 4.2%;在美洲市场,"拉美国家基础网络增长强劲,消费者业务持续增长,但受北美市场下滑的影响",华为实现销售收入人民币 314.28 亿元,同比下滑 1.3%[1]。见表 3-3。

---

[1] 华为. 华为投资控股有限公司 2013 年年度报告 [R]. 2014-03-31.

表 3-3 2013 年华为各大片区销售收入占比

人民币百万元	2013 年	2012 年	同比变动
中国	84 017	73 579	14.2%
美洲	31 428	31 846	-1.3%
亚太	38 925	37 359	4.2%
欧洲中东非洲	84 655	77 414	9.4%
合计	239 025	220 198	8.5%

对比华为、爱立信、思科、阿尔卡特朗讯、诺基亚西门子、中兴通讯六个企业 2013 年的销售收入发现，华为 395 亿美元的销售收入仅次于跨国企业思科的 486 亿美元，见图 3-2。

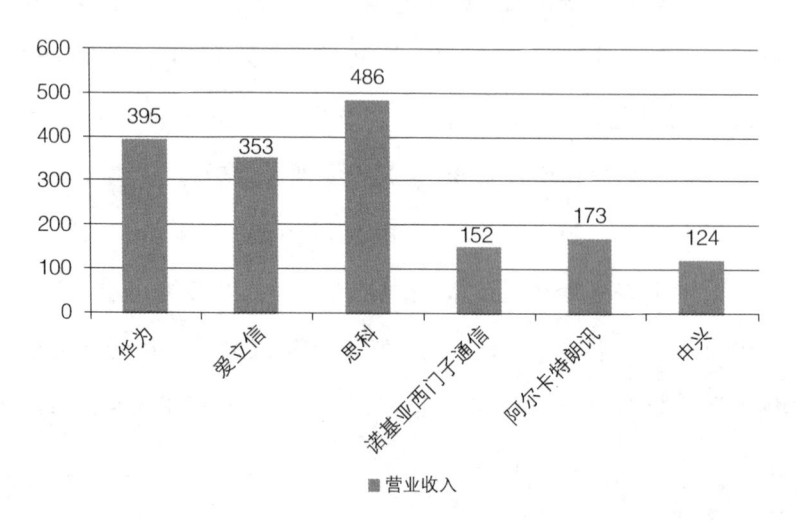

图 3-2 世界六大通信企业 2013 年的销售收入

在华为、爱立信、思科、阿尔卡特朗讯、诺基亚西门子、中兴通讯六个企业中,华为在 2013 年,取得的利润也较高,华为 34.7 亿美元的利润仅次于思科的 100 亿美元,图 3-3。

```
         世界六大通信企业 2013 年的净利润(亿美元)
华为: 34.7
爱立信: 19
思科: 100
诺基亚西门子通信: -0.2
阿尔卡特朗讯: -17.8
中兴: 2.2
```

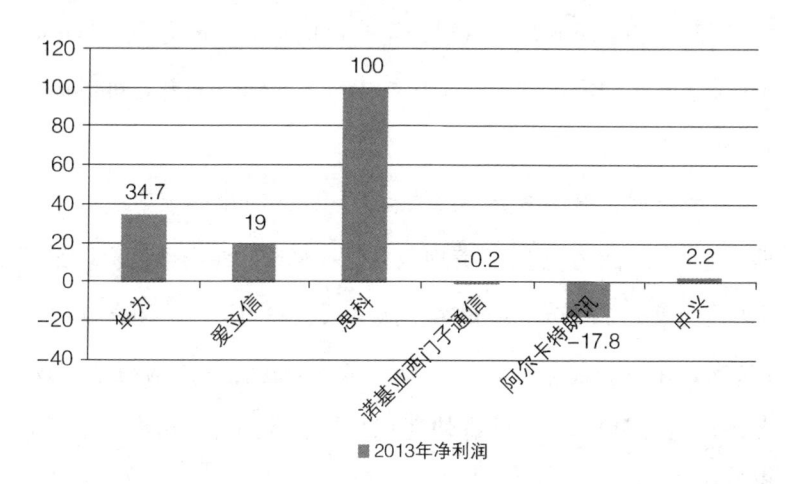

图 3-3 世界六大通信企业 2013 年的利润

上述两组数据对比足以说明,华为已经名副其实地超越爱立信,成为世界赫赫有名的通信企业。对比华为历年的收入数据,2013 年的华为,其销售收入首次超越爱立信。

为了让华为人保持"谦虚"的合作态度,任正非告诫华为人称,与客户合作,谦卑的心态更容易让客户接受。任正非说道:"有时候必须像姚明一样蹲着说话,也不能证明你不伟大。谦虚来自自信,谦虚来自自身的强大。我认为不谦虚是指颐指气使、趾高气扬、目中无人、盲目自大、自我膨胀等不平等的待人方法,以及不按合同执行的店大欺客行为。"

正是坚持这样的指导思想，华为人奔赴在世界的各个角落。2008年12月初，在总部培训3个月后，王斌就开始踏上他的海外出征之旅，首站印度尼西亚。

刚到印度尼西亚，王斌遇到了自己的第一个问题——英语口语。经过两周的突击学习，王斌终于解决了语言问题，可以简单地与他人用英语交流。

初到异地，不仅需要解决语言问题，同时也必须解决客户需求问题。王斌回忆说道："管理服务业务复杂，输出项目会议纪要成为我的第一个任务。记得第一次会议，我记了十多页笔记，写纪要时，在热心前辈的指导下修改了十余次，花了两周才完成。三个多月的纪要工作，让我快速积累了业务知识，初步掌握了业务全貌。"[1]

据了解，作为华为的客户A，运营支撑系统（Operation Support Systems，简称OSS）需求一直在增加，交付了两年，其依旧未能验收。不得已，华为总部下达总攻命令，必须在2009年内完成该项目的验收工作。

2019年4月，距离2019年12月31日，还有8个月。王斌接手该项目，这也是王斌首个独当一面完成的项目。面对如此棘手的项目，王斌自问道："两年都没能搞定的验收，我一个新人能完成吗？"

---

[1] 王斌. 逐梦南太 我心依旧 [J]. 华为人，2019（12）.

有些担心是正常的，但是王斌并未就此打住，积极地开始与完成验收赛跑：一方面"拉通研发开发需求"，一方面"与客户确认需求和验收"。

由于客户需求实在太多了，王斌不得不每周超负荷工作，甚至三四天都要熬通宵。王斌回忆说道："记得有一个需求，因第三方短信网关不兼容，研发和一线熬了三天三夜仍无法解决。次日早晨 7 点多，客户网络监控中心（Network Operation Center，简称 NOC）主管发现问题仍未解决，当着众人的面朝我怒吼：'You are useless, get out!（你真没用，出去！）'第一次在大庭广众之下被这般对待。"

遭遇这样的不理解，王斌委屈万分，但是站在客户的角度来看这个问题，就容易理解了。王斌反思说道："我的确是没有解决问题，责任在我。"

王斌简单地洗了洗脸，整理了着装，再次回到客户办公室，理性地向客户分析其问题。在王斌的努力下，客户同意与第三方一起解决该问题。

得到客户的支持后，王斌反思自己的工作思路和方法可能存在问题。王斌说道："客户的需求可能很多，但并不是每一个需求都适合项目本身，不能陷入各种需求里'疲于奔命'，更重要的是要与客户锁定需求边界，做好需求管理，并定期汇报进展和升级事项，将问题闭环。"

理清了项目问题后，不仅可以在第一时间内响应客户的需求，同时还在改进中取得很好的进展。经过半年的奋斗，客户对王斌在项目管理中的改进和付出非常认可，顺利地验收了该项目。

经过印度尼西亚的历练，让王斌的工作越来越顺手。2012年4月，王斌重任在肩，前往新加坡担任R项目的中方产品设计师（Product designers，简称PD）。

在王斌的想象中，新加坡是一个发达的亚洲国家，在此工作应该是一件非常幸福的事情，但是，让王斌没有想到的是并非如此。王斌回忆道："没有食堂，没有班车，客户要求高。因天气炎热，每天上班从住处到地铁站，再搭公交到办公室，每走一次后背都会湿透一次。"

王斌回忆称，此行就是重担在肩，不仅需要带领团队提升网络质量和效率，降低相应的成本，同时还需要优化组织结构，"通过一人多能、一人多工、工程融合、三线融合等方式，实现人员精简40%以上，实现零罚款、零事故、零投诉"。

据王斌介绍，之前由于R项目的合同质量较差问题，连年的亏损导致中方人员相继离去，仅剩王斌一人了。面对重压，身为R项目中方产品设计师的王斌不得不顶着。王斌回忆说道："几乎每天我都是最后离开办公室，记得有一天下班后，刚走出办公楼两步便晕倒了，被路人叫醒后我发现自己面部着地，整张脸都撞破了，去医院缝了好几针，我没敢告诉任何人，对老婆也只是说不小心磕到了，第二天继续上班。"

这样的工作强度持续了一段时间，某天夜里，王斌曾想过放弃，家人支持王斌的决定。次日，王斌找领导准备提交辞职信。当王斌走进领导办公室时，团队成员一如既往地在解决问题，没有任何一丝的懈怠。看到该情景，王斌突然放弃辞职的想法。王斌坦言："人身处逆境时，适应环境的能力有时候是惊人的。"

据王斌介绍，R 项目存在自身的特殊性，因此不具有可持续性以及可复制性。基于这样的属性，顺利地完成交付，关闭该合同就成为其战略目标。

让王斌没有想到的是，完成该项目竟然花费了 4 年的时间。2016 年，虽然启动该项目的合同准备关闭，但还是经过多轮谈判，与客户达成了协议。

根据该协议，客户承诺称，"2017 年 5 月底同意接收所有现有人员、分包合同和资产"。这意味着该项目终于成功终结。

项目顺利交回客户手中，王斌有说不出的莫名的成就感。正是因为这样的历练，王斌成长为华为的优秀骨干。

2016 年初，王斌被调回南太地区部平台，具体的岗位责任就是一边支撑每个售前和交付项目的同时，王斌还需要做好经营、建设，以及资源整合。

某天，王斌突然被要求参加一个电话会议，去解决一起客户高层的投诉问题。此次被投诉的是，王斌团队负责位于大溪地岛屿上的该国客户子网的代维，因为客户高层投诉的该项目的交付问题。

经过20多个小时的跋涉，王斌终于抵达大溪地的客户办公室。在该项目中，全网都是华为提供的通信设备，共有100多个无线站点。

经与客户首席技术官（Chief Technology Officer，简称CTO）的沟通后发现，被投诉的问题是因为执行项目履行质量差造成的。

搞清楚问题后，王斌立即开始解决问题：第一，与客户对标。第二，王斌就双方在"服务响应""沟通机制""报告模板"等方面协商，并最终达成一致。第三，王斌积极给位于大溪地的运维团队进行赋能培训。

解决了大溪地的投诉问题，王斌火速地投入印尼Ⅰ投标项目中。在此项目中，王斌担任早期介入项目负责人。在此期间，王斌面临的问题依旧不少。王斌说道："我们识别出重大风险22项，数月奋战后，仍剩下10项未关闭。当时系统部压力非常大，不断挑战我们，抱怨成本竞争力和方案能力不足，延迟项目进展，客户也是连连发飙。"

王斌认为，虽然面临巨大的内外压力，但是交付团队却坚持把工作做到位，通过翔实的数据让客户满意。具体体现在两方面：第一，在成本控制上，王斌团队拉通了当时"现有两个项目，建立了印尼管理服务成本基线，细分到每一块业务，并考虑后续持续效率提升"。第二，在风险控制上，王斌团队梳理并锁定了4个重大风险项，同时量化了风险金并制定出"应对预案，升级到系统部和代表处，售前售后力出一孔，与客户多轮谈判后，最终成功将风险控制在可接受范围内"。[1]

据王斌介绍，该项目已经运行了 3 年时间，交付给客户的质量也较高，并且其盈利结果与当初设计几乎一致。事后，王斌说道："两年的平台工作经历，提升了我项目群管理、团队管理、组织运作、沟通连接等能力，初步具备了业务战略思维和全局观，为今后个人进一步的发展奠定了重要的基础。"

就这样，时势造就英雄。2017 年 2 月 2 日凌晨一点，印尼 X 客户首席技术创新官（Chief Technology Innovation Officer，简称 CTIO）通过向华为高层发送电子邮件投诉 MS 项目。

面对客户投诉，当日 14 点，全球客户培训中心（Global Customer Training Center，简称 GTS）总裁、南太地总召开紧急会议，整合一切组织资源，集中解决 X 客户首席技术创新官的重大投诉问题。

在投诉邮件中，集中在以下两点：第一，之前 5 年项目交付质量较差；第二，2017 年 1 月 28 日由于变更操作失误，导致 X 客户的网元中断。

通过对项目的了解和梳理，王斌发现该项目的确存在诸多问题。王斌举例说道："网络质量差、客户抱怨大、团队缺乏激励、士气低落、项目救火多、经营不断恶化。"

担任过多个项目产品设计师的王斌自然知道从现场寻找答案的方法。于是，王斌高频率地拜访客户高层和上站考察发现，"经

---

[1] 王斌. 逐梦南太 我心依旧 [J]. 华为人，2019（12）.

营根因在合同，交付根因在质量"。

找到了问题的症结，王斌积极与客户保持高频度的沟通，组建项目组，以及制订相对应的百日改进计划。

王斌具体的做法是，"以快速解决影响网络质量的 TOP 级问题，同时内部优化组织架构、骨干资源，强化流程执行遵从，加强外部 Governance（治理）运作"。正是通过一系列的操作，满意地完成了"百日改进各项任务"，有效地改善网络以及提升其性能质量。

2017 年 8 月 4 日，在半年度庆功会上，客户高度地评价了王斌团队的"百日改进计划"。客户 CEO 说道："Glad to see network quality improvements, and now managed services on right track.（很高兴看到网络质量提升，认为管理服务项目回到正轨上了。）"

其后，客户首席技术创新官（Chief Technology Innovation Officer，简称 CTIO）为了表示感谢，专门写了一封感谢信。信中说道："We could not conduct our business without Huawei（没有华为我们就无法开展业务）！"

华为的极致服务赢得客户认可。2019 年 3 月，客户与华为顺利签署下一个 5 年合同。截至 2019 年 12 月，新标项目顺利完成 Transition（接网），网络质量持续提升，经营结果优于预算，同时帮助客户实现流量增长 24%，当地排名第一。[1]

---

[1] 王斌. 逐梦南太 我心依旧 [J]. 华为人，2019（12）.

02　除了客户一分钱都不付，
　　别的都不是无理要求

在华为服务边界上，任正非有其特有的定义。2008年，在地区部向EMT进行年中述职会议上的讲话中，任正非讲道："什么叫无理要求？除了客户说你这个设备给我，一分钱都不付，别的都不是无理要求，而是我们自己骄傲自大。我们强大到一定程度就会以自我为中心。"

任正非的理由很简单："无为而治中必须有灵魂。华为的魂就是客户，客户是永远存在的。我们要琢磨客户在想要什么，我们做什么东西卖给他们，怎么才能使客户的利益最大化。我们天天围着客户转，就会像长江水一样循环，川流不息，奔向大海。一切围绕着客户来运作，运作久了就忘了企业的领袖了。"

在华为，以客户为中心植入华为人的血液中，即使在非洲市场的拓展中也同样如此。2005年4月，华为公司与尼日利亚通信部在人民大会堂签订了《CDMA450普遍服务项目合作备忘录》及华为公司在尼日利亚投资协议，协议金额2亿美元。CDMA450由于使用低频段，其无线电波不受地理条件的限制，可以绕过山坡、树林、河流、湖泊，实现无线覆盖半径60 Km以上，因此，该方案将快速地解决尼日利亚220个地方政府无通信覆盖的问题，使尼日利亚全国的通信覆盖率提高一倍以上，同时促进尼日利亚远程教育、远程医疗等服务的发展。[1]

华为之所以能够打开尼日利亚市场，是因为华为工程师的艰苦努力及自身过硬的产品质量。在这里，我们就来看看华为工程师是如何拓展尼日利亚市场的。

2007年10月，刚入职华为的柳阳春，作为一名新员工，没有阶段性地休整，而是在完成了极其紧张的入职培训后，接到前往非洲的尼日利亚的出差任务。由于项目紧急，柳阳春不得不在2007年12月31日出发。

经过十几个小时的飞行后，柳阳春安全抵达尼日利亚。在柳阳春之前的见闻中，都认为非洲贫穷落后，甚至自己所到的尼日利亚，肯定还处于"通信基本靠吼"的阶段。

让柳阳春意外的是，领导和同事介绍称："这里通信建设正在蓬勃发展仅新牌新网就有两三家，现网扩容的还有好几家。"

抵达新工作地点后，柳阳春不得不尽快地融入代表处和项目。经过主动争取，柳阳春被分配到V项目组做督导。在当时，尼日利亚当地的电信网络正在快速建设阶段，分包商的建设能力有限，安装和建设都需要华为工程师在现场督导。

当柳阳春跟随华为老员工对现场督导工作要求有所了解后，

---

[1] 驻尼日利亚拉各斯经商参处子站.民营企业开拓尼日利亚市场的现状、存在问题及建议[J].国际技术贸易, 2007 (03): 55-56.

就被派到区域督导新建站点集成。

初到现场督导时,柳阳春曾写道:"我心里直打怵:我这才学了几天,万一搞不定怎么办?"柳阳春举例说道:"记得有次下区域协助站点集成,业务配置完了,站却迟迟没有通,查看 Web 终端发现有告警,我怀疑是配置错了。但是经过仔细检查,没有发现问题;删掉重新配,还是没解决。正踌躇不前时,师傅打来电话问:为什么刚刚配置好的业务给删掉了呢?我答复说站没有通。师傅说:'要对自己有信心,站点起不来也有可能是其他地方的问题,我们传输仅仅只是提供一个管道,站点 BTS 和机房 BSC 侧都有可能。'"

领导的指点让柳阳春明白,即使遇到棘手的问题时也需要有信心,同时还有华为团队在支援。柳阳春坦言:"就这样,我一个人懵懵懂懂地在尼日利亚北部多个州边干边学,整天跑站点做集成,清告警,乐此不疲。看到新建站点上线越来越多,晚上在给项目组同事汇报进展时,那清晰的通话质量让我们得意不已,这就是我们自己建的网络!"

柳阳春说得似乎很轻松,但是尼日利亚条件却异常艰苦,甚至还听到了"近在咫尺"的枪声。据柳阳春回忆道:"2010 年 12 月 24 日以来,尼日利亚多个城市接连发生炸弹爆炸或恐怖袭击事件。其间,我正和一个同事沿着骨干链路巡检站点,处理告警。傍晚,当我们落脚到尼国东北部边境小城的一家小旅馆时,突然听到外面响起密集的鞭炮声。还没有遇到过治安事件的我跟同事开玩笑说：咦，真有意思！难道这里人也在欢庆圣诞吗？于是跑到院子里探个究竟。结果发现旅馆的前台、保安都表情严肃地把收音机贴在耳边听广播。原来这不是鞭炮声，而是叛乱分子与政府军的交火声。刚刚还在开玩笑的我，看到本地人都这么惊恐的表情，心里突然有些紧张了。"

由于此间事件的发生很突然，尼日利亚政府随即有针对性地应对——发布宵禁令，不许车辆进出城。几乎就在同一个时间段，600千米之外的卡诺（KANO）也发生了非常严重的恐怖袭击事件，导致为华为尼日利亚公司开车的司机心急如焚，该司机的家就在卡诺。

在发生恐怖袭击事件的当时，该司机正在一个位于城郊的加油站给车加油。此刻已经发布宵禁令，不可能回到旅馆，更不可能回卡诺的家。在电话中，司机向柳阳春哭诉称，家里还有妻子和孩子让其担心。

司机的哭声、"近在咫尺"的枪声，让柳阳春辗转难眠。次日，柳阳春与同事们在军警的协助下，才成功返回仍然在执行宵禁命令的卡诺基地。柳阳春回忆说道："街道上看不到一辆行驶的汽车，听不到任何小孩子的欢笑声，整个城市死一般的安静，让人感到恐惧。"

柳阳春直言，他在尼日利亚工作了多年，也就渐渐地习惯了这样的工作环境，可以看出，华为在海外市场拓展的艰难程度。

柳阳春逐渐熟悉业务后，开始独当一面。此刻，柳阳春主动申请做另一个项目的 TL（团队负责人）。该项目是一个位于首都的友商设备搬迁项目。

既然把该项目交给华为，也必须打消客户的诸多疑虑——如解决方案仍待完善，验收标准过于简单，交付计划不够详细，交付资源保障不足等。

为了完成该项目，此刻的柳阳春压力极大，一边学习，一边交付。据柳阳春介绍："几乎每天都是凌晨 4 点钟完成割接，睡两三个小时，8 点钟起来正常上班，为下一批的业务割接做准备。"

就这样，柳阳春连续坚持了近一个月的割接。当第一批站点割接完成后，华为交付的项目，其网络性能明显提升不少，客户对割接结果非常满意。

2014 年，柳阳春首次独立负责一站式方案（Turn-Key）项目交付。在项目中，柳阳春为此编写项目预算，因为考虑到该项目价值一亿多美元，不仅要考虑收入，更要考虑成本。

经过精心的准备，项目从签订合同到现场到货，交付准备期就长达一个多月。在这期间，柳阳春把该项目按照不同的产品，不同的交付场景进行划分，让每个 TL 对准项目目标讲解决方案，对齐交付计划讲资源需求，对准交付质量讲关键风险点等，然后大家集体讨论，持续修改和优化其交付策略和交付计划。

天道酬勤，经过一个月的充分准备，该项目的交付非常顺利，合同签订半年内就完成了预算收入的 90% 以上，整体项目几乎是按预设计划执行，客户对该项目交付也是给予高度评价。当年底项目团队获得了公司的总裁嘉奖令。

客观地讲，华为能够赢得客户的认可，源于一大批像柳阳春这样的华为工程师的艰苦努力。

2016年，柳阳春参与M系统部的微波搬迁项目。据柳阳春介绍，该项目交付规模超过10 000跳，月交付量要比代表处历史最好水平翻倍。更为重要的是，该项目是一个影响现网微波设备格局的强竞争项目，在搬迁友商设备后，棘手的是，搬迁后的网络，依旧是友商来负责维护。

要完成此项目，就需要协调客户、华为、友商之间的关系，同时也需要保证该设备的顺利搬迁，同时还要让客户满意。

为此，柳阳春认真地分析了项目——客户真实的网络搬迁动机是什么？客户内部声音是否一致？我们如何让客户满意我们的交付？我们所提供的解决方案，交付方案是否已经最优，是否对齐客户的诉求？交付质量是否可靠，是否留有风险敞口？动了友商的奶酪，他们当前有什么动作？我们是否做好提前应对？……

虽然诸多问题让柳阳春困扰不已，但是既然交给华为就要努力解决。为此，经过一番激烈争锋后，项目组最终达成完成该项目的一致意见。

据柳阳春介绍，M运营商作为本地区的第一大运营商，不仅建网早，其用户数量较多。规划部门人员就职M运营商十多年，理论知识丰富，对现网了如指掌，更为关键的是，客户对E的产品异常青睐。

面对此僵局，让客户能够尽快地接受华为产品，就是项目组当时面临的一个困难。当项目组给该客户提交网络规划时，客户总是一而再，再而三地指出其不足。

客户指出方案的不足，让项目组清醒地意识到，一旦解决方案没有做好，无疑会影响项目的实施。因此，必须确保项目组的规划方案相对最优。

为了解决这个问题，项目组坚持每天拜访客户，与客户沟通汇报其项目进展情况。以此来更好地分析客户的真正需求，以及及时地交付的计划。甚至客户刁难地说道："Customer is always right（客户总是对的）"，"Being a customer whatever I say 'Right' or 'wrong' it will be right for you.（作为客户，不管我说"对"还是"错"都是对的）"……

经过不懈的努力，柳阳春赢得了客户的认可。就这样，客户已经决定加速 LTE 商用部署，要求项目组尽快地完成该项目传输改造，为了保证 LTE 上线做好准备。

凭借项目组的多方沟通，柳阳春及同事完成了客户要求的项目目标。在月度例会上，超额完成的项目让客户非常激动，竖起大拇指称赞华为的执行能力，同时也感谢华为公司项目组的努力。让柳阳春欣慰的是，在此月度例会上，他又听到过去经常被客户开笑话的一句"Yes! Huawei can（是的！华为可以）"。

华为能够打入尼日利亚市场，只是"以客户为中心"的一个案例。对此，任正非说道："走遍全球到处都是质量事件、质量问题,我们是不是越来越不把客户当回事了?是不是有些干部富裕起来就惰怠了?问题不可怕,关键是我们面对问题的态度。我们必须有正确地面对问题的态度,必须找到解决问题的正确方法,问题才会越来越少,才能挽回客户对我们的信任。"

2008年,"在地区部向EMT进行年中述职会议上的讲话"中,任正非解释说道:"Marketing(市场营销)做的客户满意度调查,结果要全面公开,我们花了这么多钱,客户有批评,为什么不公开呢?不公开就不会促进我们的改进,那有什么用呢?竞争对手知道有什么关系呢?他们攻击我们怕什么呢?主要是我们自己改了就好了。"

之所以有这样的认识,是与华为拓展日本市场有关。查阅资料发现,华为能够拿下日本市场,一方面源于华为本身的产品质量,另外一方面就是以客户为中心。

在2015年7月20日举行的对日投资论坛(北京)上,时任华为技术日本株式会社公共关系部部长的魏新举回忆华为当初的拓展遭遇。魏新举称,华为在拓展日本市场之初,遭遇了非常苛刻的质量要求。魏新举说道:"在这个过程中,华为意识到必须积极改进产品质量,提升自身的质量管理体系。"

在魏新举看来,正是因为日本要求极高的产品质量,促使华为一方面满足了当地客户的需求,另一方面,也提升了自己的能力。魏新举反思说道"现在华为产品不仅能满足日本市场的要求,而且能满足全球市场的需求。"

2006 年，华为日本株式会社拓展到日本电信 NTT 的订单。NTT 很强势，一方面，没有任何合同协议；第二，NTT 要求华为提供一款新产品，其技术要求非常高，也非常细，甚至可称为前所未有。

为了能够顺利开局，同时也为了更好地按时完成 NTT 交代的任务，华为研发部门开启了一个非常规模式。他们不得不牺牲掉休息日，连续工作 60 天后，顺利地完成该项目。

虽然拓展日本市场异常艰辛，却解决了一个高标准的质量问题。原因是，日本市场不仅具有欧美市场的高标准，甚至还更加精益求精，同时具有东方匠心文化的人文情怀。

对此，魏新举说道："德国和日本是全球公认的质量领袖，在质量管理方法和文化方面非常值得我们学习。可以说，满足了日本市场的质量要求，也就等于基本满足了全球的质量要求。"

对于高质量问题，不仅 NTT，KDDI 也是如此。据了解，电信运营商 KDDI 在日本排名第二，同时也位居世界第 12 位。

当华为日本株式会社完成了 NTT 的项目后，华为的实力也被 KDDI 看重。2008 年 7 月，KDDI 决定考察华为的生产现场。

在当时，自信的华为公司一厢情愿地认为，KDDI 的审核通过是不成问题的，原因是他们的证书多如牛毛。

然而，这样的自信却栽倒在 KDDI 面前。为了更好地合作，KDDI 派出自己的主审员福田。福田为了不负使命，随身携带手电筒、放大镜、照相机和白手套。

在现场管理中，福田按照在日本企业的思维开始检查，其细致程度和严谨性让很多华为员工目瞪口呆，甚至称之为不可理喻。

福田在生产现场审核中，用白手套擦拭灰尘，用放大镜勘验焊点的质量，用手电筒观察设备和料箱是否有灰尘，当出现相关问题时，福田用照相机拍摄实物图片。

福田此行给每个华为人留下了深刻的印象。就这样，福田完成了自己的首次审核。其后，福田把 93 个不合格项交给了华为，返回了日本总部。

对于此行，福田评价说道："华为质量水平不行，而且华为工程师太骄傲，不够谦逊。"不仅是福田，其他的 KDDI 专家也批评了华为，尤其是华为自身太过乐观的态度，KDDI 专家告诫华为别做"井底之蛙"。

当华为收到福田的 93 个问题后，华为对此展开了一场辩论。一方面，福田的 93 个问题震惊了华为人。此刻的华为，虽然在质量问题上已经做得很好了，尤其是行业规范方面，华为早已达标了。对此，有的华为人认为，福田的做法就是"吹毛求疵"。因此，此刻的华为各部门，很难接受福田的 93 个问题，虽然每天晚上都讨论到 12 点，但是针对福田提出的 93 个问题，依旧争论不休。

华为人为此争论不休的 93 个问题，涉及厂房环境温湿度控制、无尘管理、设备 ESD 防护、周转工具清洁、印锡质量、外观检验标准、老化规范，等等。

涉及每个问题，其要求都较高，不仅如此，很多要求甚至远超出行业标准。不得已，华为透过相关渠道打听摩托罗拉有没有通过整个认证，结果是，作为世界500强企业的摩托罗拉，同样未通过整个认证。来自摩托罗拉的回复称，要是华为能够通过该认证，其他公司的认证也都能通过。

综合各方的意见后，华为的领导层经过讨论，一致认为，作为客户的KDDI，其提出的93个问题是真诚的、认真的。否则，KDDI也不会让福田和其他专家一行提出如此多的问题，也不会检查得如此之细致。于是，达成一致意见，华为必须拥有开放的心态，在质量方面，华为必须有更高的进取心，要迎难而上，不能退缩，不能放弃。只有这样，华为才能"更上一层楼"。

为了解决福田的93个问题，在接下来的4个月时间内，华为坚持以KDDI的要求为标准，以客户的思维和角度改进生产现场，一方面加大投入资源优化改造设备和生产现场，同时也做好迎接第二次现场生产的审核。

华为人此次的态度与上次有了很大的改变，尽管经过了4个月的准备，但是华为人依旧觉察到自己离KDDI的高要求存在巨大的差距。

2008年12月，华为市场部和日本代表处倾尽全力，拿出足够的诚心，才打动了福田等专家。原因就是华为人曾给福田留下了不好的印象，因此福田不愿意二次审核。在福田看来，华为工程师过于喜欢争论文件条文和标准，且封闭和自满。正因为如此，当面临再次审核时，尤其是在审核过程中，华为人如履薄冰，用如坐针毡来形容一点也不过分。

当审核完毕后，福田此次依旧列出了问题项57个。虽然列出了57个问题，此次审核结果却有着很多的改进。福田说道："这次做得不错，其中ESD改善得很好。质量控制（Incoming Quality Control，简称IQC）部门在所有区域中做得最好，只有9个问题，而有些做了10多年的公司审核问题都不下30条。装配部门做得不是很好，指导书还需要再完善下才能更上一个台阶。大家以后再接再厉！"

就这样，福田通过了华为的现场生产考核。2009年10月，华为赢得了KDDI首份合同。虽然如此，但是KDDI对华为的信任依旧有限。

为了更好地监控华为的现场生产，在2009年11月16日至23日，KDDI派出8名专家蹲点华为生产现场。在此次审核中，8名专家在生产线上全过程查看华为的产品生产。从产品生产的第一个流程开始，即从最开始的原材料分料，到成品的最后装箱，8名专家都必须亲自过目、检查，这才让他们放心。

就这样，KDDI 8名专家为期8天的光网络OSN1800生产全过程厂验，让华为学习到了日本的质量管理。不管是一线员工，还是高层主管，他们都在生产现场，而且还一丝不苟地全程投入生产和管理，通过真诚和努力终于感动了日本KDDI 8名专家，使得

KDDI这个客户认可了华为。

此刻的华为，虽然需要改善的问题依旧很多——KDDI提出的问题点及建议高达24个，但是KDDI的专家却对华为生产过程质量控制系统非常认可，也很满意华为员工的工作态度。

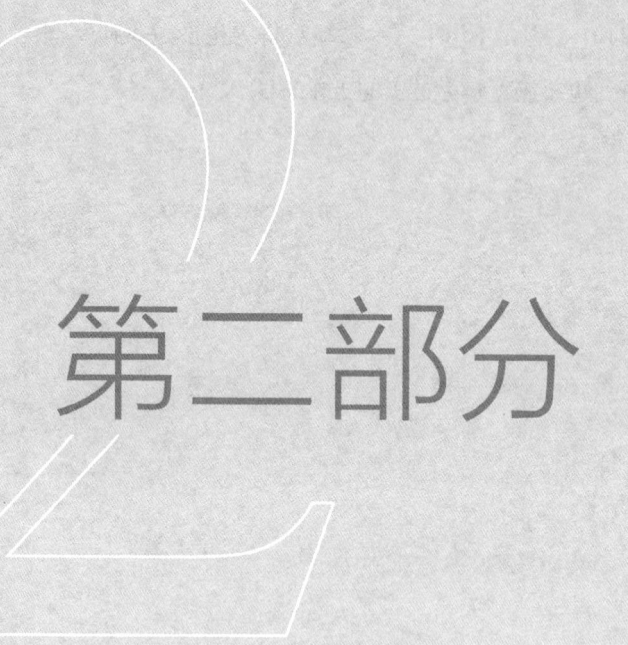

第二部分

CHAPTER TWO

技术创新管理:领先半步是先进,领先三步成"先烈"

从统计分析可以得出，几乎100%的公司并不是技术不先进而死掉的，而是技术先进到别人还没有对它完全认识与认可，以致没有人来买，产品卖不出去却消耗了大量的人力、物力、财力，丧失了竞争力。许多领导世界潮流的技术，虽然是万米赛跑的领跑者，却不一定是赢家，反而为"清洗盐碱地"和推广新技术而付出大量的成本。但是企业没有先进技术也不行。华为的观点是，在产品技术创新上，华为要保持技术领先，但只能是领先竞争对手半步，领先三步就会成为"先烈"，明确将技术导向战略转为客户需求导向战略。

——华为创始人　任正非

第 4 章
倡导有价值的创新

大量的事实证明，具有技术创新能力的企业才能在极速变化需求中生存，不管是昔日的巨人诺基亚手机，还是柯达相机，曾经的创新让这些巨型企业赚得盆满钵溢，但是过于崇拜技术而忽略客户需求，导致在创新中迷失自己，使得自己忘记了创新的价值，最终摔了一个大跟斗。

面对创新的困境，任正非毫不客气地告诫华为人说道："华为投入了世界上最大的力量去进行创新，但华为反对盲目的创新，反对为创新而创新，我们倡导有价值的创新。没有技术创新与管理体系的'傻投入'，就不会有真正的产品与市场的竞争力，就只能靠低价和打价格战，就没有利润空间，产品品质不好是耻辱，企业没利润可挣也是一种耻辱，从企业活下去的根本来看，企业要有利润，但利润只能从客户那儿来，只能加大对客户价值创造能力的投入，而企业不盈利，对人才、技术和管理就不会有钱去投入。这是个简单道理，我们'傻'才会按简单道理去'傻投入、傻干'！华为坚持走技术创新的道路，关注知识产权。"

在任正非看来，华为鼓励创新，但是反对盲目地创新，必须推动有价值的创新。因此，在创新问题上，华为坚持更多地宽容失败，宽容"歪瓜裂枣"的奇思异想，肯定反对者的价值和作用，允许反对者的存在。

01 将技术导向战略转为客户需求导向战略

谁占领了技术和市场的制高点，谁就有可能决胜未来。反观华为的发展历程，华为的每一次大跨越发展靠的就是将技术导向战略转为客户需求导向战略的创新。所谓创新，是指针对现有的思维模式提出有别于常规的见解为导向，利用现有的知识在特定的环境中，为满足社会需求改进或创造新的事物、方法、元素、路径、环境，同时能够得到一定有益效果的行为。

从这个定义不难看出，创新起源于拉丁语，原意包含三层含义：第一，更新；第二，创造新的东西；第三，改变。见图4-1。

为了把这三层含义有机地集于一身，任正非做了很多尝试。2007年，任正非在内部讲话中谈道："我们反对盲目创新。我们公

```
          创新的三层含义
     ┌────────┼────────┐
   更新   创造新的东西   改变
```

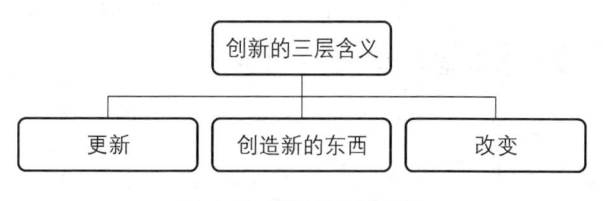

图 4-1　创新的三层含义

司以前也是盲目创新的公司，也是非常崇拜技术的公司，我们从来不管客户需求，研究出好东西就反复给客户介绍，客户说的话根本听不进去，所以在 NGN 交换机上犯了主观主义的严重错误，曾在中国电信市场上被赶出局。后来，我们认识到自己错了，及时调整追赶，现在已经追赶上了，在国内外得到了大量使用，在中国重新获得了机会，例如中国移动的汇接网全部是我们承建的，也是世界上最大的 NGN 网。"

在任正非看来，华为虽然是一个崇拜技术的公司，却反对盲目创新。2007 年，任正非在内部讲话中谈道："超前太多的技术，当然也是人类的瑰宝，但必须牺牲自己来完成。IT 泡沫破灭的浪潮使世界损失了 20 万亿美元的财富。从统计分析可以得出，几乎 100% 的公司并不是技术不先进而死掉的，而是技术先进到别人还没有对它完全认识与认可，以致没有人来买，产品卖不出去却消耗了大量的人力、物力、财力，丧失了竞争力。许多领导世界潮流的技术，虽然是万米赛跑的领跑者，却不一定是赢家，反而为'清洗盐碱地'和推广新技术而付出大量的成本。"

任正非清楚地告诫华为人，对于任何一个企业，没有先进的技术也是不行的:"华为的观点是,在产品技术创新上,华为要保持技术领先,但只能是领先竞争对手半步,领先三步就会成为'先烈',明确将技术导向战略转为客户需求导向战略……通过对客户需求的分析,提出解决方案,以这些解决方案引导开发出低成本、高增值的产品。盲目地在技术上引导创新世界新潮流,是要成为'先烈'的。"

在任正非看来,避免成为"先烈",技术创新就必须解决客户需求问题。任正非始终强调,为客户创造价值,就必须倾听客户的需求,从客户视角提供解决方案。当华夏基石刊发了一篇名为《华为的宿敌思科,诞生爱情土壤中的技术之花》文章后,华为心声社区管理栏目转发了,且作为创始人的任正非亲自撰写了按语:"我不如钱伯斯。我不仅倾听客户声音不够,而且连听高级干部的声音也不够,更不要说员工的声音!虽然我不断号召以客户为中心,但常常有主观臆断。尽管我和钱伯斯是好朋友,但又真正理解他的优点有多少呢?"

由此可见,洞察客户的需求,才是华为技术创新的当务之急。任正非说道:"在客户面前,我们要永远保持谦虚,洞察未来,认真倾听客户的需求,从客户视角定义解决方案的价值主张,帮助客户解决他们所关心的问题,为客户创造价值,帮助客户实现商业的成功。"

在任正非看来,华为之所以能够赢得客户的认可,一个最重要的因素就是能够解决客户的需求问题。要想满足客户的真正需求，就需要先弄明白谁是华为的客户。

2014年，任正非在一次内部讲话中谈道："我们的客户应该是最终客户，而不仅仅是运营商。运营商的需求只是一个中间环节。我们真正要把握的是最终客户的需求。"

在任正非看来，用户需求是否能够满足，关系到华为的生存和发展。从华为产品开发的视角，华为认为需求特指对产品和解决方案功能、性能、成本、定价、可服务、可维护、可制造、包装、配件、运营、网络安全、资料等方面的客户要求。客户需求决定了产品的各种要素，是产品和解决方案规划的源泉，也是客户与公司沟通的重要载体，是市场信息的重要体现。对于华为公司来说，客户需求决定了产品和解决方案竞争力。[1]

究其原因，华为人在满足客户需求时不能仅仅从纯粹技术层面，而是要综合考虑运营商的运营目标、网络现状、投资预算、市场竞争环境、困难、压力和挑战等因素，然后再优化客户的需求的方案。华为由此总结了十六字方针——"去粗取精、去伪存真、由此及彼、由表及里"——来分析、理解和满足客户的实际需求。

具体的做法是，"华为IPD（集成产品开发，Integrated Product Development，简称IPD）有专门的需求洞察与商业构想流程，并且

---

[1] 华为管理专栏. 客户需求导向和需求管理［EB/OL］. 2021-10-24. https：//www.shangyexinzhi.com/article/4295814.html.

强调用'场景化''案例化'的方式去理解客户需求,主动深挖客户背后的'痛点'和问题。"[1]

所谓场景,是指客户的产品场景,同时也是华为的满足客户产品需求的场景,即华为用技术满足客户的现实需求。

我们以特尔福特(Telfort)为例。在华为拓展荷兰市场时,由于华为的知名度不高,其市场拓展异常缓慢。在当时,华为在接触客户的过程中发现,特尔福特这个荷兰四家最小的运营商之一,也在试图摆脱自己的困境。

特尔福特也在准备组建 3G 网络,给客户提供更加优质的网络。但是特尔福特由于实力较弱,机房的空间过于狭窄,增加第二台机柜根本就不可能。

在没有其他办法的情况下,特尔福特积极主动找到诺基亚这个设备供应商,让其研发小型的机柜满足自己的特殊需求。

诺基亚直接就拒绝了特尔福特的合作请求,其拒绝的原因有二:第一,研发市场较小的小型机柜,其成本过高,没有过多的必要。第二,特尔福特的产品合作标的太小。

遭到诺基亚拒绝的特尔福特并不甘心就此被困死,其高层把目光转向该地区的市场冠军——爱立信,期望爱立信能够研发小型机柜。

---

[1] 华为管理专栏. 客户需求导向和需求管理 [EB/OL]. 2021-10-24. https://www.shangyexinzhi.com/article/4295814.html.

为了说服爱立信，特尔福特向爱立信承诺，当爱立信研发小型机柜满足特尔福特的需求后，特尔福特抛弃全网的诺基亚设备，转而购买爱立信的产品。让特尔福特没有想到的是，尽管提出如此承诺，爱立信也直接拒绝特尔福特的要求。

特尔福特积极主动的策略却并未取得半点效果，反而四处碰壁，不得不搁浅此种决策。当华为欧洲拓展团队得知此信息后，特此登门拜访了特尔福特高层。此刻，特尔福特濒临破产，犹如困兽。

在别无他法的前提下，特尔福特高层接纳华为的解决方案——"分布式基站"。所谓"分布式基站"，是指将基站的室内部分分成室内和室外部分，如同分体式空调。

华为提出分布式基站解决方案，就是针对像特尔福特这样的微型运营商空间狭窄的问题，甚至可以把机柜体积小到 DVD 机的大小，而把基站的大部分功能放置在室外。

面对华为的分布式基站解决方案，特尔福特高层有些疑惑地问道："基站说分就分，说合就合吗？"

华为给出肯定的答案："我们可以做到。"

经过 8 个月的奋战，华为"分布式基站"解决方案解决了特尔福特的空间狭窄的需求问题。从这个角度来看，华为在成就客户的同时也是在成就自己。在当时，华为在欧洲的市场拓展并不顺利。然而，正是通过给特尔福特提供解决方案后，华为才开始赢得欧洲客户的进一步认可。正是华为根据产品适配各种场景，按客户需求规划产品,把细分市场对应产品和解决方案的场景一个一个地列出来,通过对应案例深度分析客户需求问题,一个场景就聚焦一个案例,深度打开。在其中,洞察场景化需求,华为人将其分成三个阶段。

第一阶段,建立场景视图,确定典型业务场景。为了更好地弄清楚客户的需求,华为产品管理部通常会联合研发、市场等部门组织一个"需求洞察团队",在与标杆客户的合作中,通过站点、机房、营业厅等多个场景,与用户沟通,了解客户的有效诉求,由此构建客户的业务场景全视图。然后,再分析客户或者潜在客户所面临的问题,以此理解最典型特征的场景,再结合华为产品自身的解决方案能力,聚焦客户的需求。

第二阶段,识别客户有效"痛点",找到关键需求。对于客户的有效需求,必须对其有一个清晰的判断,尤其是有效识别的客户关键需求。对此,华为的做法是,通常以客户场景中的关键用户、关键事件为突破口,以此总结客户需求场景背后的关键需求和场景的对应关系,有效地识别客户需求的真伪。

第三阶段,构想解决方案,明确竞争力构筑点和商业设计。结合前期识别出来的关键需求,站在客户场景角度构建解决方案,明确解决方案设计思路和竞争力构筑点,对形成的解决方案构想,可以通过原型和样机去验证实际的可能性,找到解决方案给客户带来价值的同时,进行相应的解决方案商业设计,建立商业变现思路。[1]

事实证明，但凡一个企业想要永续经营、基业长青，就必须以客户为中心。遗憾的是，在镀金时代的当下，一些企业家总是在制造和炒作概念，一大堆诸如"产品周期说"、商业模式、战略管理、绩效考核、团队建设、管理创新与技术创新等概念横空而出。当我们分析这些商业概念时发现，一旦背离"以客户为中心"，那些所谓的商业概念都荡然无存，无疑是空中楼阁。

正是基于对商业本质的理解，任正非才把一切战略都"以客户为中心"。面对客户问题，任正非居然用了"宗教般的虔诚"的词语；无数次地用"唯一""只能"这样的话反复定义华为"以客户为中心"的价值主张。

在这个主张中，"人、组织链条、业务流程、研发、产品、文化，都被注入了生命——面向客户生，否则便死。在这里真实代替幻想，执行超越创造，绩效高于过程，没有什么东西、什么人能够摆脱一个烙印：客户需求导向"。

回望华为30多年的发展历程，任正非从未动摇过华为一贯的以客户为中心的价值观。针对外界诸多不确定性，任正非说道："为更好地服务客户，我们把指挥所建到听得到炮声的地方，把计划预算核算权力、销售决策权力授予一线，让听得见炮声的人来

---

[1] 华为管理专栏. 客户需求导向和需求管理［EB/OL］. 2021-10-24. https://www.shangyexinzhi.com/article/4295814.html.

决策。打不打仗，后方决定；怎么打仗，前方说了算。由前方指挥后方，而不是后方指挥前方。机关是支持、服务和监管的中心，而不是中央管控中心。"

对此，任正非非常明确，到底谁来呼唤炮火，那就是那些能够听得见炮声的人来决策技术创新。这样的优势只有一个，因为听得见炮火的人知道客户的需求，从而尽可能地满足客户要求，成就客户的理想，同时也就成就华为自己。

当识别出客户的有效需求后，华为快速响应客户的有效需求，其中包括收集、分析与决策、研发实现等有效需求，华为为此建立了一套较为科学的需求管理流程：

第一，需求业务团队。在华为需求管理业务中，需求管理团队（Requirement Management Team，RMT）和需求分析团队（Requirement Analysis Team，RAT）是其重要的核心角色。

（1）需求管理团队。所谓需求管理团队，是指需求决策的责任团队，主要业务活动包括：需求动态排序与决策、需求承诺管理、重要需求实现进展及风险跟踪管理、需求变更沟通等。[1]

在决策客户有效需求时，决策依据主要还是需求自身的潜在商业价值。其团队核心成员，包括：产品管理代表、开发代表、系统工程师、市场代表、营销支持代表、技术服务代表、首席质量

---

[1] 华为管理专栏. 客户需求导向和需求管理［EB/OL］. 2021-10-24. https://www.shangyexinzhi.com/article/4295814.html.

与运营官。

（2）需求分析团队。需求分析团队（Requirement Analysis Team，RAT）主要的职责是担负产品领域内需求的商业价值分析，即对收到的原始需求进行专业分析，包括理解、过滤、分类、排序等，必要时进行市场调研，最终给出需求的评估建议，包括需求收益、工作量大小、实现难度、是否接纳等，并依据需求价值优先级进行排序[1]，是给需求管理团队作出有效决策的核心支撑团队，主要成员包括：产品管理代表、需求管理工程师、开发代表、系统工程师、市场代表、服务技术代表。

第二，需求管理流程。在需求管理流程中，其组成分为需求收集、分析、分发、实现和验证五个步骤，详情见图4-2。

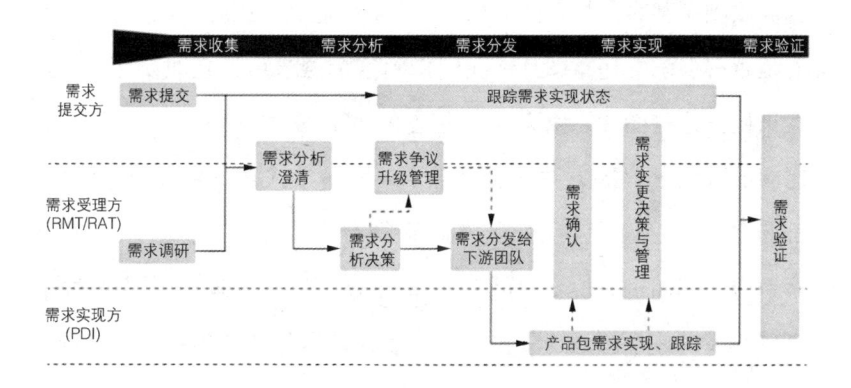

资料来源：商业新知网。

图4-2 需求管理流程图

---

[1] 华为管理专栏. 客户需求导向和需求管理［EB/OL］. 2021-10-24. https：//www.shangyexinzhi.com/article/4295814.html.

（1）需求收集阶段。在客户需求收集中，需要多种渠道和方法，例如场景化洞察方法、客户拜访、协议标准、法律法规、入网认证、展览会议、第三方报告、标书分析、技术演进、运营维护等。

例如，在《华为独树一帜，不是因为华为的技术，而是华为能够真正成就客户》一文中，自媒体"镭师兄"就介绍了一个关于需求的案例："在某局点的交流中，我发现'我们认为的客户需求'可能只是最表面的功能诉求：平安城市场景中，交警会拍摄到很多疑似违章图片，这些疑似违章图片在人工审核后，一部分被确认为真正的违章图片，另一部分则作为废片，放入废片库。这些废片基本上就没人去看了，过了保存周期就删除掉。前段时间，我们收到了某客户局点的需求：希望华为能够对废片再次检查，看看是否有遗漏的违章图片。我们接到这个需求后，立即设计 AI 方案来检查这些图片，因为这个也是 AI 可以发力的领域。经过一段时间的推动，解决方案终于落地了，成功接入客户的系统，大家都非常高兴。但是，我们其实高兴得有点太早了，第三天早晨，客户将我们叫过去说：'你们这个需求还可以，发现了很多被遗漏到废片库的违章图片，其实我想了解的是为什么会出现这种情况。这些图片中，哪些是因为审核人员的能力导致的（我们要强化培训），哪些是有人打招呼的（我们要堵上这些人为漏洞），哪些是系统误拍的（例如某些摄像头总是误拍，就要维修），等等，我需要根据不同原因做出不同的管理优化措施，提升系统和人员的效率，这才是我的要求。'听到客户说的这些内容，我感觉自己的认知被颠覆了：'我们所做的一切，仅仅是客户的诉求，但不是客户的需求，更不是客户的痛点。'"[1]

从这个案例不难看出，关于客户有效需求的收集，华为非常强调与客户之间的有效互动。2002年，任正非就指出："产品经理更要多和客户交流。我们过去的产品经理为什么进步很快？就是因为和客户大量交流。不和客户交流就会落后。所以我认为产品经理要勇敢地走到前线去，经常和客户吃吃饭，多和客户沟通，了解客户的需求是什么。如果你不清楚客户的需求是什么，你花了很多精力，辛辛苦苦把系统做好，人家却不需要，你就得加班加点地修改，浪费了时间。就好比你烧了黄金珍珠饭给客户送过去，人家不吃，他们需要的是大米饭，你回过头又重新烧了大米饭，时间就浪费了！所以还是要重视客户需求，真正了解客户需求。"

在任正非看来，不按照需求来创新，就可能被客户边缘化。2014年，在《任总在解决方案重装旅第一期学员座谈会上的讲话》中，任正非告诫华为人说道："将来战争越来越复杂，特别是服务，也会越来越复杂。我们通过研发提供全世界最优质的产品，通过制造生产出最高质量的产品，还必须有优质的交付，从合同

---

[1] 镭师兄. 华为独树一帜，不是因为华为的技术，而是华为能够真正成就客户 [EB/OL]. 2020-09-04. https://baijiahao.baidu.com/s?id=1676910575762558461&wfr=spider&for=pc.

获取到交付、售后服务。我们赚了客户的钱，就要提高服务质量，如果服务做不好，最终就要被客户边缘化。"

（2）分析阶段。当客户的需求提交后，需求分析团队（Requirement Analysis Team，RAT）会就原始需求与需求提出人和客户进行澄清，还原和确认客户的真实业务场景和"痛点"，并进一步细化需求描述。在正确理解客户需求的基础上完成需求价值评估、需求实现方案设计、开发可行性分析。完成分析的需求（此时称为初始需求IR）会提交给RMT进行基于需求价值的决策。RMT例行召集会议，审视RAT完成分析并给出初步建议的需求，负责决策需求是否接纳，并根据产品节奏和研发管道给出预计的需求交付时间。需求决策是需求管理中最重要的环节，其核心是对需求排序，需求排序主要关注客户重要程度、需求对客户的价值、市场格局、普遍适用性、技术准备度、需求实现的成本、开发管道资源等因素，常用的排序方法是PDC排序方法。[1]

在需求分析方面，日本东京理工大学教授狩野纪昭（Noriaki Kano）提出卡诺（KANO）模型。狩野纪昭教授通过卡诺模型为工具，对用户需求分类和优先排序，以此来分析用户需求。

根据不同类型的质量特性与顾客满意度之间的关系，狩野纪

---

[1] 华为管理专栏. 客户需求导向和需求管理［EB/OL］. 2021-10-24. https://www.shangyexinzhi.com/article/4295814.html.

昭教授把产品服务的质量特性分为五类：

（1）兴奋（魅力）型需求。即用户意想不到的需求，如果不提供此需求，用户满意度不会降低，但当提供此需求，用户满意度会有很大提升。（2）期望（一元）型需求。当提供此需求，用户满意度会提升，当不提供此需求，用户满意度会降低。（3）基本（必备）型需求。当优化此需求，用户满意度不会提升，当不提供此需求，用户满意度会大幅降低。（4）无差异需求。无论提供或不提供此需求，用户满意度都不会有改变，用户根本不在意。（5）反向需求。用户根本没有此需求，提供后用户满意度反而会下降。为了更明显地表述这5类需求，将其放在一张坐标图中，该图体现了每一类需求的特性。横坐标为提供程度，纵坐标为满意程度，见图4-3。[1]

通过调研分析，狩野纪昭教授计算出上述5项功能的更好-更差（Better-Worse）系数，由此构建了卡诺模型的四分位图，见图4-4。

根据5项功能的更好-更差系数值，将散点图划分为四个象限。(1) 第一象限。当更好系数值高，更差系数绝对值也很高。当产品提供此功能，用户满意度会提升，当不提供此功能，用户满意度就会降低。(2) 第二象限。当更好系数值高，更差系数绝对值低。

---

[1] [日] 狩野纪昭，梁红霞译，范青译. 品质进化——可持续增长之路 [J]. 品质，2006（02）：108-114.

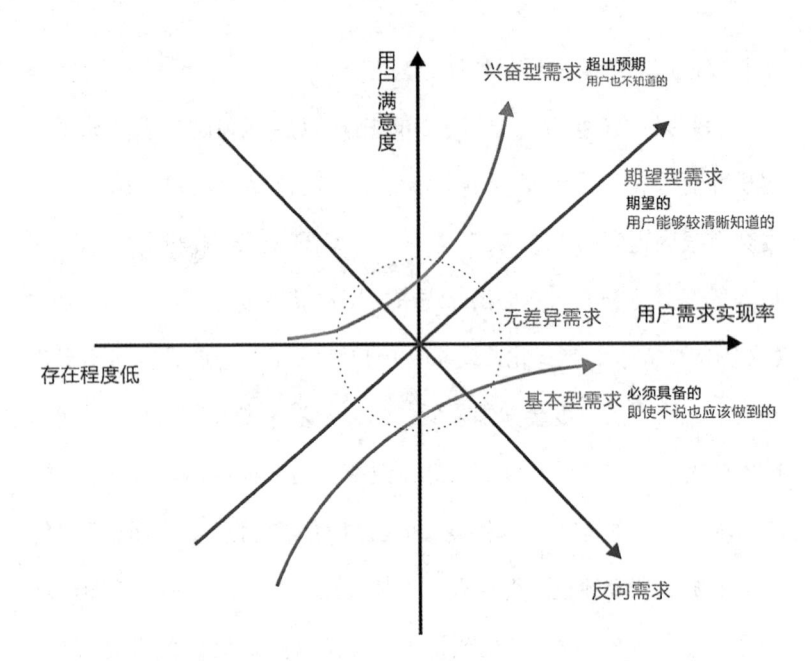

图 4-3　用户需求对用户满意的影响

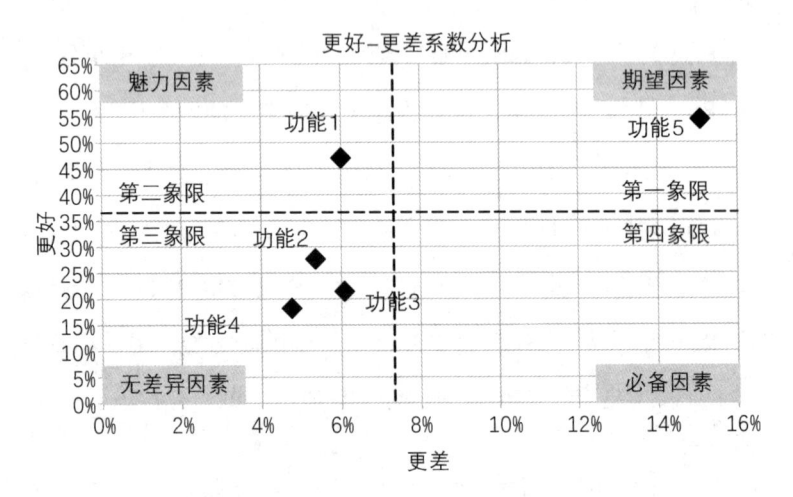

图 4-4　卡诺模型的四分位图

当产品不提供此功能，用户满意度不会降低，但当产品提供此功能，用户满意度会有很大提升。(3) 第三象限。当更好系数值低，更差系数绝对值也低。即无论提供或不提供这些功能，用户满意度都不会有改变，这些功能点是用户并不在意的功能。(4) 第四象限。当更好系数值低，更差系数绝对值高。即当产品提供此功能，用户满意度不会提升，当不提供此功能，用户满意度会大幅降低[1]。

事实证明，一款好的产品，往往能够反映人性最本质的需求，即"站在用户的角度说，就是判断产品有没有解决用户的痛点问题、满足用户的需求。现在市场上的产品多样化、差异化明显，如果你的产品没有人需要的话，再多的广告、再多的市场营销策略，都是无用功。只有用户需要你的东西和服务，才会愿意为你的产品买单。"

自媒体"蝌蚪互娱"在《循序渐进的增长黑客指南：找到产品和市场的最佳契合点 PMF》一文中认为产品和市场的最佳契合点是"产品-市场匹配"（Product-Market Fit，简称 PMF）。

为了分析产品和市场的关系，蝌蚪互娱专门利用了精益画布解读了产品商业模式设计的过程与 PMF 的过程路径对比，见图 4-5。

---

[1] [日] 狩野纪昭，梁红霞译，范青译. 品质进化——可持续增长之路 [J]. 品质，2006 (02)：108-114.

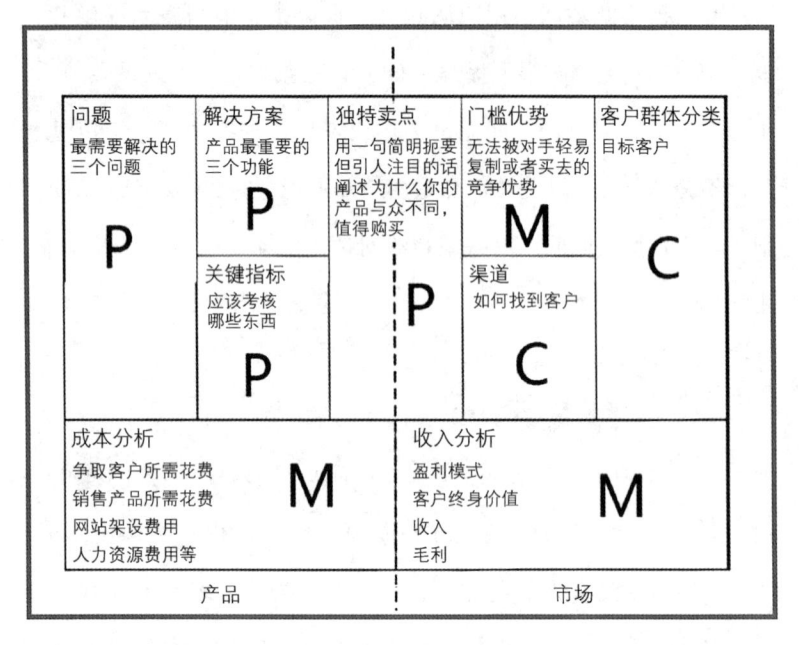

问题	解决方案	独特卖点	门槛优势	客户群体分类
最需要解决的三个问题	产品最重要的三个功能	用一句简明扼要但引人注目的话阐述为什么你的产品与众不同，值得购买	无法被对手轻易复制或者买去的竞争优势	目标客户
P	P	P	M	C
	关键指标 应该考核哪些东西		渠道 如何找到客户	
	P		C	
成本分析 争取客户所花费 销售产品所花费 网站架设费用 人力资源费用等			收入分析 盈利模式 客户终身价值 收入 毛利	
	M		M	
产品			市场	

图4-5 精益画布产品&市场

蝌蚪互娱提出，精益画布左侧产品商业模式的设计过程，其实就是设置一个CPS（客户Customer，问题Problem，解决方案Solution）假设。如果我们要找到PMF，那么意味着我们必须验证这些假设：（1）顾客（Customer）：你是否明确你的产品的目标客户；（2）问题（Problem）：你的目标客户可能遇到了你认为存在的问题/痛点/需求；（3）解决方案（Solution）：你的目标客户会使用你的产品解决方案并会为此付费。简而言之，精益画布的CPS假设说明了，如果有足够多的用户愿意为你的解决方案付费，那么你的PMF就算是找到了，即"产品-

市场"匹配了。[1]

对此,时任 IRB 主任的汪涛在 2018 年产品组合与生命周期管理部长角色认知会议中指出:"产品管理既要善于采纳客户需求,也要善于拒绝需求。十六字方针'去粗取精、去伪存真、由此及彼、由表及里'很好地概括了需求取舍的精髓。需求管理最难的事情是说'不',对于不在主航道的需求要敢于说'不',在资源受限的情况要对优先级相对较低的需求说'不'。产品管理要从行业趋势、技术准备度、方案准备度、产品准备度等方面对行业和客户进行洞察,同时,要和客户进行深入沟通,主动管理客户的需求。通过为客户创造价值,引导客户到产业发展的主流方向上,这样才能够在拒绝需求的情况下还让客户满意。"

关于对客户需求的决策,任正非在 2014 年就强调:"我们以客户为中心,帮助客户商业成功,但也不能无条件去满足客户需求。第一,不能满足客户不合理的需求,内控建设是公司建立长久的安全系统,和业务建设一样,也要瞄准未来多产'粮食',但是不会容忍你们用非法手段增产。审计不能干预到流程中去,你做你的事,他查他的,只要你本人没有做错事,总是能讲清楚的。如果使用不法手段生产'粮食',就会给公司带来不安全因素,欲速则不达。第二,客户需求是合理的,但要求急单优先发货,那

---

[1] 蝌蚪互娱. 循序渐进的增长黑客指南:找到产品和市场的最佳契合点 PMF[EB/OL]. 2018-09-14. http://www.woshipm.com/it/1409863.html.

就得多付钱。因为整个公司流程都改变了，多收飞机运费还不够，生产线也进行了调整，加班加点，这个钱也要付。因此在满足客户需求中，我们强调合同场景、概算、项目的计划性和可行性。"

（3）分发阶段。一旦需求决策拍板，需求就即将开始开发。在此阶段，主要目标是根据客户需求实现节奏的不同，保证已接纳的需求被恰当地分配到最合适的产品中。接纳后的需求一般分为紧急需求、短期需求、中长期需求。紧急需求以变更管理的方式进入正在开发的产品版本，短期需求纳入产品规划，中长期需求作为路标的输入跟踪管理。[1]

（4）实现阶段。在实现需求的过程中，一些具有重大价值和影响的需求，尤其是复杂度较高的需求，通常会与客户澄清需求实现的解决方案，避免客户在解决方案上的理解偏差。在实际解决的过程中，需求是随时发生变化的，这就需要对需求的变更进行及时、有效的管理，特别是对客户之前所做的承诺需求。

（5）验证阶段。需求验证通常涵盖需求确认和需求验证。在验证过程中，具体的就是各种评审和测试等，始终贯穿在整个需求管理流程过程中。通过确认和验证后，只有在各个环节中得到准确理解的实现结果，才是有效的需求。

---

[1] 华为管理专栏. 客户需求导向和需求管理[EB/OL]. 2021-10-24. https://www.shangyexinzhi.com/article/4295814.html.

02 把客户需求导向优先于技术导向

20世纪90年代,摩托罗拉研发的铱星电话可谓是雄心勃勃,却忽视用户需求最终把自己拍死在沙滩上,这样的教训让任正非警醒。2002年,在以《静水潜流,围绕客户需求持续进行优化和改进》的内部讲话中,任正非说道:"我们认为,要研究新技术,但是不能技术唯上,而是要研究客户需求,根据客户需求来做产品,技术只是工具。"

对于技术驱动型公司,对技术的崇拜是无可否认的,但是因为过于崇拜技术,导致一些技术驱动型公司远离市场,结果消失在用户的视野中。纵观华为,同样也走过一段创新弯路。任正非在内部讲话中坦言:"对技术的崇拜不要到宗教的程度。我曾经分析过华为技术、朗讯(Lucent)可能失败的原因,得出的结论是不能走产品技术发展的道路,而要走客户需求发展的道路。"

在任正非看来,只有把客户需求导向优先于技术导向,才是上上之策。任正非在内部讲话中告诫华为人说道:"价值客户、价值国家、主流产品的格局是实现持续增长的最重要因素,各产品线、各片区、各地区部都要合理调配人力资源。一方面把资源优先配置到价值客户、价值国家和主流产品,另一方面对于明显增长乏力的产品和区域,要把资源调整到聚焦价值客户价值国家和主流产品上来。改变在价值客户、价值国家和主流产品上的竞争格局,以支持持续增长。"

2002年10月,对于不景气的通信设备市场来说,联通CDMA二期招标可谓该年度中国电信行业的第一采购大单,因为仅二期招标总协议价格就达到100多亿元。对于处于低迷状态的国内外电信设备商来说,这不啻一棵救命稻草。国内外设备供应商对此期望很高,它们都跃跃欲试,摩拳擦掌。

由于电信行业自身调整,以及联通上市等重大事宜,让招标工作一再拖延,这对国内不少设备供应商的年度盈利带来不小的麻烦。

随着联通A股上市,其CDMA网二期招标突然加速。时任联通新时空新任总经理的张云高介绍:"招标已取得突破性进展。"

联通暗地布局二期工程后,其竞争策略也在悄悄发生变化,一方面业务扩张向纵深发展,另一方面则更看重集团用户。

在此次招标过程中,已有包括北电网络、摩托罗拉、朗讯、爱立信、贝尔三星、中兴,六家厂商签下合同。但让业界震惊的是,来自深圳的华为却意外落标。

众所周知,华为作为国内电信设备供应商的领头羊,在错过联通CDMA一期招标后,华为全力进行CDMA1X研发,但终因价格因素未能中标。

当华为在中国联通CDMA项目招标中落选后,华为痛定思痛,在反省此次教训中发现,其失败的关键在于,产品开发的战略思路不正确。在以往，产品开发都通常是由技术驱动，研发什么就制造、销售什么。

如今，其趋势已经变化了，很多新技术的不断问世，早已大大地超越了用户的现实需求，甚至一些超前太多的技术，一旦用户不能接受，企业就会因此付出大量的沉没成本，甚至可能导致企业破产。

基于此，作为华为来说，其研发战略必须从技术驱动转变为市场驱动，其宗旨是以新的技术手段满足客户需求。

在华为看来，创新的动力源自客户的需求，在创新实践中必须坚持以客户导向。具体的体现是，从最初阶段的研发就考虑到市场，甚至考虑到后期的客户如何维护等问题。

华为为此建立了一套具有特色的"战略与市场营销"体系，理解、分析客户需求，并基于客户需求确定产品投资计划和开发计划，确保以客户需求来驱动华为公司战略的实施。

尽管有些项目已立项，在开发过程的各个阶段中，都必须基于客户需求决定是否继续开发或停止或加快或放缓。

为了更好地做好技术创新，从 2000 年开始，华为变革了集成产品的开发。这样的做法打破以前由研发部门独立完成的产品开发模式，变成跨部门的团队运作。即任何产品一经立项，就成立一个由市场、开发、服务、制造、财务、采购、质量等人员组成的团队。该团队对产品整个开发过程进行管理和决策，做到产品一推到市场，就能满足客户的性能需要。

当然，华为通过服务、制造、财务、采购等流程后端部门的提前加入，在产品设计阶段，由于充分地考虑了可安装、可维护、可制造的需求，以及成本和投资回报，使得市场驱动的研发战略拥有了制度和机制的保障。

在华为看来，这样做不仅是适应市场，不是单纯地就技术而论技术的研发，而是为了客户需求的价值创新，而不是搞盲目出新。

华为在研发中，坚持市场驱动创新。2009年，《客户世界》记者刘玉、杨伊宁以"有关数据显示：华为公司在国内呼叫中心领域交换和软件应用占有率位居第一，您如何评价过去这些年华为在中国呼叫中心市场的整体表现？哪些是华为带给中国呼叫中心市场的独特价值"为提纲，采访了时任华为软件公司IPCC产品线总监王强。

面对此问题，王强回顾了华为的创新原则。王强说道：

华为从20世纪90年代中期做排队机开始，到现在已有10多年呼叫中心的经验，我认为正是华为以客户为中心的战略能使我们向前走得更加稳健。无论是客户还是华为，追求的都不是最先进的技术，而是最适合自己的方案。

在这10多年里，我们创新推出虚拟呼叫中心、网络呼叫中心、基于SLA的分层路由、外呼检测技术、工作流智能路由选择……华为IPCC平台有100多项专利技术，这些不是我们闭门造车在实验室里做出来的,而是这十多年坚持不断聚焦客户,并为客户提供差异化服务的自然结果。

一直以来,华为都是呼叫中心一体化设计和集成理念的倡导者和实践者,为此我们在前期也承受了业界很大的压力,而到今天几乎所有的原厂都在提一体化。我们掌握了整个方案的架构和几乎所有部件的自主知识产权,十几年来,坚持在这个一体化思路和架构下散一层土夯实一层。我们认为这是华为能为客户提供差异化服务的根本所在。与通过并购、整合后的一体化不同,我们十年来都由统一和连续的团队设计和开发,所以华为能做到真正的控制与资源分离,即上层的由软件负责的逻辑与下层由硬件承载的资源是完全分离的。这为保护客户投资及呼叫中心后续平滑演进到下一代技术提供了有力的保障。

我们提出 IPCC 三统一,即 All in ONE box,All in ONE solution,All in ONE suit(一体化解决方案),即我们一体化策略的进一步发展,我们希望不管是传统交换还是 SIP,不管是呼入还是呼出,不管是虚拟呼叫中心还是网络呼叫中心,也不管是呼叫中心运营或运维工具,都能在一体化的解决方案中,端到端提供出来。[1]

在王强看来,华为始终坚持以客户为中心,特别是针对运营

---

[1] 刘玉,杨伊宁. 华为:以客户为中心 以创新为导向 [J]. 客户世界,2009(02).

商的需求，华为提供更有特点和竞争力的产品和服务。为此，任正非在内部讲话中告诫华为人说道："顾客的利益所在，就是我们生存与发展最根本的利益所在。我们要以服务来定队伍建设的宗旨，以顾客满意度作为衡量一切工作的准绳。"

在任正非看来，华为的技术创新，归根结底是满足客户需求。众所周知，华为在通信领域占有绝对的市场领先，基于这样的基础，华为的呼叫中心产品基本覆盖了中国通信运营商的客服机构。

在接受《客户世界》记者刘玉、杨伊宁的采访时，华为软件公司 IPCC 产品线总监王强回答了业界关心的问题——华为呼叫中心产品线在通信领域取得完胜的最大原因是什么？如何在通信领域之外拓展这样的优势？

王强说道：

> 华为能在通信运营商领域取得现在的成绩，我想根本的原因还是华为对于这个领域的独特理解，针对运营商的需求提供更有特点和竞争力的产品和服务，归结起来有三点：电信级、一体化、可定制。
>
> 华为接触中心平台的 DNA 是电信级的，其实电信级并非大个头，而是系统的高稳定性、高可靠性、易扩展性和可维护性。这主要源于华为对电信网络现状与演进的理解，源于华为拥有固定、移动和 IP 三个网络方面的综合实力。华为有数以千计的核心平台开发测试人员，几十种极端环境（如超

大话务量、温差、湿度、盐碱度、缺氧等），磨砺出的是电信级的高品质。麦加朝圣10KM内密集200万移动用户，大部分为国际漫游，整齐划一的用户行为，形成连日多波话务尖峰，网络受不均衡冲击，系统容易雪崩。使用华为方案STC连续四年征服HAJJ期间话务高峰，告别系统每逢朝圣就瘫痪历史。正是继承了这样的DNA，我们在某移动运营商单点实测BHCC1200K，每天平均呼叫量为600万次，一套系统支撑着2 000多座席和近8 000路IVR。一体化我前面谈过了，可定制体现在两个层面，一个是定制化服务，通过全国10多个本地定制开发中心对客户提供贴身二次开发服务，支撑客户更精细运营其客服系统，另一个是定制化路标，即通过华为MKT、行销、开发部门对客户价值需求的深度分析，将客户需求去粗存精、去伪存真、由表及里、由此及彼"定制提炼"出来，成为我们产品和方案的路标。

在行业市场，我们对这三个方面能力进行了解耦，原来它们相互过于紧密了，同时我们也对市场和客户进行了细分，对于不同区域和层级的客户我们将应用不同的能力或其组合去拓展。比如，对于中小企业客户我们考虑更多是如何让他们用更低的价格购买到真正电信级的产品，对于大企业和行业价值客户，我们则更多考虑如何通过定制能力帮助我们的客户取得差异化的竞争力和商业成功。

还有一点非常重要，我们将集成商、代理商作为我们伙伴的同时，也将大家当作我们最重要的客户之一。原来基于 API 等传统方式的二次开发和集成方式我们还将继续完善，比如提供更方便的单机测试模拟开发环境。而我们现在做的更重要事情是，将原来紧耦合的部件进行解耦，将我们对接触中心 10 多年的理解封装还原为一个个的原子业务，通过不断沉淀，确保系统原子业务、业务组件、基础服务的稳定、功能强大。这样当客户有新的业务需求时，不需要像原来一样全部进行修改。只要通过工作流和规则引擎的组合，只需要基于底层的系统基础服务、原子业务、业务组件构建新的功能业务即可。这样 ISV 和 SI 可以有更多精力去关注其本身的业务系统开发，而可以不用更多关注呼叫中心下层的东西。[1]

在王强看来，电信级、一体化、可定制是满足客户需求的具体措施，特别是随着技术的发展，呼叫中心的技术核心也在发生根本性的变化，从原先强调通信功能，进而转向关注管理软件的应用和咨询，这样的趋势促使华为不得不向客户需求贴近。王强解释说道：

> 呼叫中心是一个企业信息的集散地和沟通的大枢纽。多种媒体的信息（如语音、短信、网络、视频等），在各个业务流程的驱动下在这里交互。它与电信网络、企业 IT/OA 网络、

---

[1] 刘玉，杨伊宁. 华为：以客户为中心　以创新为导向 [J]. 客户世界，2009 (02).

互联网连接，提供不同网络中 P2P（人与人）、P2M（人与机器）、M2M（机器到机器）的沟通手段，支撑起企业与客户的交流。大部分的呼叫中心要能 7×24、一年 365 天稳定高效运行，也要能即时与业务流程互动，根据企业运作要求应需而变。我们深刻地认识和理解到接触中心是稳定可靠与开放灵活的矛盾统一体，全面管理与精细运营的效率均衡器，在这一认识的指导下，华为将更加聚焦客户，不断求变创新。所有的管理软件的应用和咨询只有和客户的真实业务流程紧密结合，能真正帮助客户提升运营和运维能力，才有价值。

  我举个例子：我们在 2006 年并购了一个 BI（商业智能）厂家，实现了智能分析工具在接触中心的应用。我们知道 BI 及数据仓库是一个比较厚重的体系，华为通过两年不断做嵌入式 BI，把这个应用做得与接触中心结合得非常紧密。很多银行 INBOUND（入站）服务中心或外包呼叫中心运营人员每天的第一件事情就是看 IVR（交互式语音应答）报表，为什么？是因为看是不是有更多的人选择 IVR 流程办理业务，我的成本是不是又下降了一些，今天 IVR 要做哪些调整以适应现在的营销策略。而我们在招商银行，在很多移动 10086，都实现了 My IVR，就是我自己的 IVR。我们可以通过 BI 分析工具，可以通过 IVR 的轨迹跟踪，把客户最常用的 IVR 节点分析出来，并设置到一级菜单里面去。客户自己也可以设置，比如说对我自己，查询余额都是非常重要的，往往要放在第一个菜单。

我在去年（2008年）CTI论坛上发言中也讲了一个概念，即CALL CENTER AS A SERVICE（呼叫中心即服务），随着FMC（固定移动融合）和ALL IP（全IP）时代的到来，像用水和用电一样使用呼叫中心能力将成为现实。华为软件公司在云计算和移动互联网方面都投入了很大力量，华为已在一些有条件的客户和外包园区去进行包括HOSTING（主机托管）、RS（远程支持）在内的多种商业模式的尝试，并在不断完善类似SOHO座席等技术方案，以确保华为在这个领域的优势。[1]

在王强看来，华为的技术创新一旦背离客户需求，那么必然遭遇像摩托罗拉一样的命运。究其原因，客户需求和技术创新必须双轮驱动。2015年，任正非在"变革战略预备队第三期誓师典礼上"的讲话中谈道："以客户需求为中心做产品，以技术创新为中心做未来架构性的平台——现在我们是两个轮子在创新，一个是科学家的创新，他们关注技术，愿意怎么想就怎么想，但是他们不能左右应用。技术是否要投入使用，什么时候投入使用，我们要靠另一个轮子Marketing（市场营销）。Marketing不断地在听客户的声音，包括今天的需求、明天的需求、未来战略的需求，才能确定我们掌握的技术该怎么用，以及投入市场的准确时间。"

---

[1] 刘玉，杨伊宁. 华为：以客户为中心 以创新为导向 [J]. 客户世界，2009（02）.

在这个讲话中，任正非明确地指出，客户需求和技术创新双轮驱动才是华为最好的创新指导思想。早在 2011 年的内部讲话中，任正非就曾讲道："公司要从工程师创新走向科学家与工程师一同创新——我们不仅要以客户为中心，研究合适的产品与服务，而且要面对未来的技术方向加大投入，对平台核心加强投入，一定要占领战略的制高地。要不惜在芯片、平台软件等方面冒较大的风险。在最核心的方面，更要不惜代价，不怕牺牲。我们要从电子技术人才的引进，走向引进一部分基础理论的人才，要有耐心培育他们成熟。也要理解、珍惜一些我们常人难以理解的奇才。总之我们要从技术进步，逐步走向理论突破。"

在任正非看来，客户需求是技术创新的指导思想，只有满足客户需求的创新才是有价值的创新。因此，客户需求和技术创新双轮驱动的基础，还是满足客户需求。

纵观倒下的诸多世界级企业，倘若说这些企业缺乏技术创新，那是不客观的，只不过，这些企业的创新没有"以客户为中心"。不管是摩托罗拉、柯达，还是诺基亚等，它们都是非常迷恋技术的，只不过由于自身的官僚体系，导致了自己的创新政策与客户越走越远。

为了吸取这些企业的教训，在创新时，华为基于客户的持续创新。在通信领域的技术和服务发生翻天覆地变化的今天，如何引领未来无线通信尖端技术的发展的问题就摆在华为面前，这问题也是业内各个企业关注的重要问题。

为了支撑无线业务的持续增长，华为开启了专利和标准的两种模式竞争。在任正非看来，专利和标准是华为基于客户技术创新的一个载体，同时也是通信产业最高层次的战略竞争，是一个企业核心竞争力的具体体现，这两种模式竞争决定着通信产业的发展方向乃至话语权。当华为5G标准被采纳后，这可能是一个让中国新兴强者寻求超越的时代。

公开资料显示，截至2014年2月，华为在中国、美国、欧洲等国家和地区申请的专利超过6万多件。在无线通信领域国际标准中拥有2 000多件基本专利；LTE领域有超过800多件基本专利，占全球该领域的15%，位列全球第一；UMTS领域拥有基本专利占全球总数的6%；GSM领域拥有基本专利占全球总数的3%。[1] 根据《华为投资控股有限公司 2022年年度报告》中披露的数据显示，截至2022年底，华为在全球共持有有效授权专利超过12万件。[2]

尽管取得如此多的专利业绩，但是华为始终以围绕客户需求的持续创新为基础。当然，正是这样的创新思想，促使华为创造了许多LTE行业的标准和架构，引领了一个又一个技术潮流。

在创新实践中，华为在创新时并不提倡一个空泛的概念，必须是基于客户的持续创新。在华为创始人任正非看来，华为要想

---

[1] 杨艳秋.华为：用不断创新为客户创造价值[J].中国品牌，2014（02）：42-43.
[2] 华为投资控股有限公司 2022年年度报告[R].2023-03-31.

生存和发展，就必须创造利润。利润哪里来？只有客户才能创造利润。因此，不管是产品的核心技术，还是外观设计的创新，必须以客户为导向。只有满足用户的需求，实现技术商品化，才能为客户创造价值。

2014年2月，根据《中国品牌》提供的数据显示，在过去3年中，华为有466项LTE核心专利提案获得通过，占比20%多，为业界领先，显著改变了专利版图，展示了强大的标准与概念领导能力，标志着在3GPP的系统架构和网络设备技术研究和标准制定中，华为正主导着LTE、LTE-A、EPC标准的制定和发展。华为还在100多家各种标准组织中担任主席、副主席、董事、各子工作组组长、报告人、技术编辑等至少90个职务。华为在这个时代将实现从跟随者到领跑者的华丽转身，问鼎天下的雄心已不可遏制。[1]

在客户需求上，华为始终以此来进行技术创新，当无人超市吸引中国无数人的目光时，早在2011年，华为就已经开始自己的数字化战略创新了。

在物流方面，华为启动了数字化平台。35个工作人员就可以操作偌大的华为深圳物流中心。这些工作人员主要负责贴条形码和抽查产品质量。

迈过物流中心右端的一道红外线测试门，就意味到了"无人

---

[1] 杨艳秋. 华为：用不断创新为客户创造价值 [J]. 中国品牌, 2014 (02): 42-43.

区"库房了。当产品高度、重量,以及条形码经过红外线测试都合格后,自动传输带将其带入库房,其后由机器分门别类地码放在各自应在的货架里,最终按照先进先出的原则被送出库房。

这样的数字化物流,其自动化程度和远程射频技术相当高。在华为上海研究所展厅里的高端产品及其数字化技术一样不低。

在华为上海研究所的展厅里,华为工程师手里拿着一部华为生产的 MediaPad 平板电脑为前来采访的《经济日报》的记者黄鑫讲解说道:"展区里的图片、视频等都要通过这个来控制。"

在上海研究所展厅里,主要展示华为无线产品,许多前沿的华为无线领域技术在此展厅里无处不在。

当《经济日报》记者黄鑫来到一处闪着红点的电子地图前,华为工程师介绍说道:"这是 Traffic 地图。以前,运营商的工程师经常要带着机器去路测,看各个地方的信号如何,既辛苦也不准确,现在我们推出这种 Traffic 地图,可以通过基站来自动获取周围的信号信息,目前国内的运营商都在用这个产品。"

据华为工程师介绍,移动宽带解决方案 Single RAN 是业内领先的家庭用网关设备,仅仅一套就可以支持 200 万用户同时看高清电影。当然,该设备的每一项技术都包含了迎合客户需求而定制的因素。

时任华为技术有限公司副总裁、首席法务官宋柳平说道:"华为的自主创新是站在巨人的肩膀上,基于客户需求的开放式创新。"

早在 2008 年，华为终结了飞利浦垄断长达 10 年的"霸主"地位，一举成为世界专利年度"申请数量"（非核准）最多的公司。

这离不开华为巨额的研发投入。事实上，由于华为注重研发，长期研发投入是必然的，甚至将每年不少于 10% 的销售收入投入研发，将研发经费的 10% 投入新技术预研，持续构建产品和解决方案的竞争优势。

基于此，在创新上，华为更强调企业的创新必须以满足客户需求为前提。比如，华为曾在 NGN（下一代交换机）市场上过分强调单纯的技术指标而遭到冷遇。华为创始人任正非痛定思痛，及时调整追赶，以客户为中心，认真倾听客户需求，经过不懈努力和改进，终于重新赢得了客户信任，承建了世界上最大的 NGN 网——中国移动 T 网等项目。截至 2011 年 11 月 14 日，华为该项产品系列在全球市场上占有率达 32%，处在第一位。[1] 正因为以客户为导向的创新，在展厅的蓝色大地球仪上，华为的八片花瓣 LOGO 在地球仪上四处开花。

对于任何一个企业来说，完善的研发管理是指导企业创新的一个重要举措，这样的理论指导也同样适用于华为。为此，任正非多次强调，研发管理规范了华为的技术创新流程，保证了"以

---

[1] 黄鑫，徐涵. 华为：服务好客户就是成就自己 [N]. 经济日报，2011-11-14.

客户需求为导向"的技术创新，让华为的技术创新做到在准确理解客户需求之后，再将客户的需求准确传递，然后根据市场需求，准确进行创新取舍评判，并且保证了人力、能力的全面支持。[1]

这样的总结似乎看起来很容易，但是做起来却异常艰难。究其原因，对于任何企业来说，打造完善的研发管理体系，不是单凭一腔热血就能一蹴而就的，必须是建立在持久的投入，以及包容基础之上的。

例如，1998年，由于华为交换机用户板设计不合理，直接导致对全网100多万块用户板进行整改；2000年，又由于华为光网络设备的电源问题，华为从网上回收、替换了20多万块电路板，直接造成的经济损失就高达十几亿元……所有这些错误都会要求系统的设计和研发全部推倒重来，之前的努力付诸东流。

华为高层因此下定决心，完善华为的研发管理体系。1998年，华为与IBM合作的名为"IT策略与规划"项目正式启动。该项目的内容是规划和设计华为未来3~5年需要开展的业务流程和所需的IT支持系统，包括集成产品开发、集成供应链、IT系统重整和财务四统一等8个项目。

这样的改变，使得华为形成了从立项到开发，到将产品推向

---

[1] 杨艳秋. 华为：用不断创新为客户创造价值[J]. 中国品牌，2014（02）：42-43.

市场，再到量产的项目管理，都实现了公司范围内的跨部门协作。此举为华为在技术研发和产品上的成功打下了坚实的基础。正因为创新，华为在与行业巨头企业的竞争中活了下来，而也正因为规范化流程管理，让华为的创新之路越走越远。

第 5 章
基于存在的基础上去创新

由于资源——资金、人才、技术积累等限制,这就要求在创新时,要尽可能地切合企业的实际发展。在内部讲话中,任正非就提过华为曾在创新的道路上,盲目地学习与跟随西方公司,有过很多教训。所以任正非告诫华为人,华为长期坚持的战略,是基于"鲜花插在牛粪上"战略,不是离开传统去盲目创新,而是基于原有的存在去开放,去创新。鲜花长好后,又成为新的牛粪。华为要永远基于存在的基础上去创新。[1]

可能读者不明白华为基于存在的基础上去创新是什么,在第二期品管圈活动汇报暨颁奖大会上,任正非基于存在的基础上去创新做了详细的介绍:

大家也很明确,华为的通信产品技术事实上好过西门子,

---

[1] 中国企业家编辑部. 任正非总结华为成功哲学:跳芭蕾的女孩都有一双粗腿 [J]. 中国企业家,2014(10).

但是为什么西门子没有我们这么多的销售人员,却有跟我们相差不大的销售额?他们的产品稳定,问题少呀,而华为公司的产品不够稳定,而且中央研究部不大愿意参加QCC活动呀。什么叫作客户满意度?客户的基本需求是什么?客户的想法是什么?他把客户的想法未经科学归纳就变成了产品,而对客户的基本需求不予理会,产品自然做不稳定。他盲目地自以为是创新,他认为做点新东西就是创新,我不同意这个看法。

我刚才看了"向日葵"圈,他们就是创新呀,因为把一个不正确的东西,把它不正确率大幅度下降了。他们付出了巨大努力,找到了里面的规律,就是创新。特别是我们研发系统,一个项目经理上台以后,生怕别人分享他的成果,因此就说所有这个产品的所有东西都是他这个项目组研究的。那我就给中央研究部的干部说一句话,像这样的人不能享受创业与创新奖,不能因为创业、创新就给他提升晋级,而且他不能做项目经理,他实在幼稚可笑。

华为公司拥有的资源,你至少要利用到70%以上才算创新。每一个新项目下来,就应当是拼积木,只有最后那一点点才是不一样的,大多数基础都是一样的。由于一些人不共享资源地创新,导致我们很多产品进行了大量的重复劳动,根本就不能按期投产,而且投产以后不稳定。

上一次我看了中央研究部有一个组织奖,这一次看来还有一个 BOM 清单（中试水晶）组得奖，所以我想，我们很快要开展什么叫作核心竞争力、什么叫作创业、什么叫作创新的大讨论。我希望每个人都要发言，特别是你们做了小改进的。你光看他搞了一个新东西那不是创新。

我刚才讲了研发系统，有些项目研发的时候连一个简单东西都自己开发，成本很高，他不是创新，他是消耗、浪费了公司的宝贵资源。一个大公司，最体现降低成本的措施就是资源共享。人家已经开发的一个东西我照搬过来装进去就行了，因为没有技术保密问题，也没有专利问题，装进去就行了，然后再适当做一些优化，这样才是真正的创新。那种满脑子大创新的人实在是幼稚可笑的，是没有希望的。

我们非常多的高级干部都在说空话，说话都不落到实处，"上有好者，下必甚焉"，因此产生了更大一批说大话、空话的干部。现在我们就开始考核这些说大话、空话的干部，实践这把尺子，一定能让他们扎扎实实干下去，我相信我们的淘汰机制一定能建立起来。

在这个讲话中，任正非始终在强调创新要坚持传统，基于原有的存在去开放，去创新，而不是去盲目创新。在任正非看来，企业的竞争实质不仅仅是专利技术的竞争，同时还是具体情况具体分析的创新。

任正非是这样解释的："我一贯主张'鲜花是要插在牛粪上'。

我从来不主张凭空创造出一个东西、好高骛远地去规划一个未来看不见的情景，我认为要踩在现有的基础上前进……世界总有人去创造物理性的转变，创造以后，我们再去确定路线。我们坚持在牛粪上去长出鲜花来，那就是一步一步地延伸。我们以通信电源为起步，逐步地扩展开。我们不指望天上掉下林妹妹。"

01　对研究与创新的约束是有边界的

在创新这条路上，华为可谓是毫不吝啬的。早在2008年，华为实际上就已经超越了飞利浦，成为世界专利年度申请数量最多的公司。与任正非比肩的联想控股董事长柳传志，都公开坦诚自己非常佩服任正非。柳传志曾说道："很多人老拿我跟任正非比，其实我特别佩服任正非，他敢往上走，敢于把力量集中起来，去突破制高点。"

众所周知，大笔投入研发是华为一直沿袭的战略。仅仅在2016年，华为研发投入达到110亿美元。根据2016年年报显示，华为2016年实现全球销售收入5 216亿元人民币，同比增长32%；净利润371亿元人民币。此外，年报还透露，华为2016年研发投入110亿元美元，合计人民币763.91亿元，投入比例达到14.6%。这也是华为年度研发投入首次超过百亿美元，成为年报的一大亮点。

据公开资料统计数据显示，2006—2016 年，华为累计投入 498 亿美元进行研发创新，18 万员工中研发人员占比高达 45%。全球设立了 15 个研究院/所、36 个联合创新中心，见图 5-1。

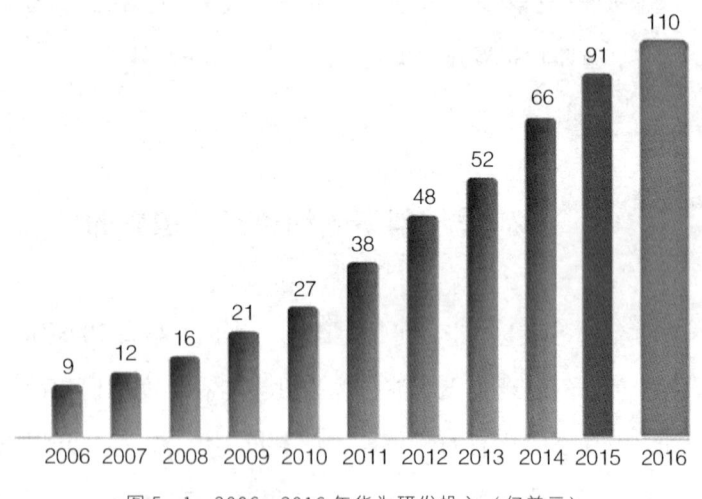

图 5-1 2006—2016 年华为研发投入（亿美元）

从这组数据可以看到，华为在研发投入上一直都在增加，甚至一直坚持"每年拿出销售收入的 10%作为研发收入"，在实际的投入上，远高于 10%的销售额，见图 5-2。

从营收上来分析，华为的增长数据非常健康，从全球 500 强来看，华为的增长也不俗。面对巨额投入，一些媒体记者就质疑华为研发投入如此之多，到底值不值。其答案当然是肯定的。

时任华为轮值 CEO 徐直军在接受媒体采访时坦言："华为没一个领域的研发投资比别人大，智能终端跟苹果三星比少得可怜，

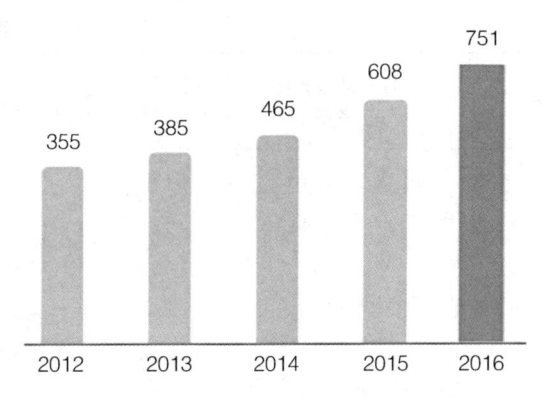

图 5-2 华为 2012—2016 年销售收入（亿美元）

无线领域跟爱立信比也少，在路由器领域跟思科比也少得可怜。但是总数加起来很大。不能把 to B 研发投资说成 to C 的，把 to C 的研发投资说成 to B 的。"

在全球高科技行业的顶尖公司中，将 2016 财年的收入规模和各个公司的研发投入规模相比，可见华为的研发之路依然漫长，见表 5-1。

表 5-1 2016 财年的收入规模和各个公司的研发投入规模

公　司	2016 财年营收（亿美元）	2016 财年研发费用（亿美元）	研发占比
苹果	2 170	100	4.60%
三星	1 810	140	7.73%
谷歌	883	120	13.59%
微软	853.2	119	13.95%
国际商业机器公司	799.19	50	6.26%

续 表

公　　司	2016 财年营收（亿美元）	2016 财年研发费用（亿美元）	研发占比
华为	751	110	14.65%
英特尔	594	121	20.37%
思科	492	62	12.60%
甲骨文	370	58	15.68%
脸书	276.38	48	17.58%
高通	236	55	23.31%
腾讯	220	1.4	0.60%
亚马逊网络服务	100/1 360		
阿里云/阿里集团	1.5/146.52	2.2	1.50%

在表 5-1 中，华为的研发投入还是靠前的。但是任正非对研发投入的原则却是，推动一切有价值的创新。

在任正非看来，漫无边际的技术创新有可能会误导华为公司的研发战略。2014 年，任正非在内部讲话中再次定义了华为的研发方向："我们对研究与创新的约束是有边界的。只能聚焦在主航道上，或者略略宽一些。产品创新一定要围绕商业需要。对于产品的创新是有约束的，不准胡乱创新。贝尔实验室为什么最后垮了，电子显微镜是贝尔实验室发明的，但它的本职是做通信的，它为了满足科学家的个人愿望就发明了这个电子显微镜。发明后成果丢到外面划不来，于是就成立了电子显微镜的组织作为商业面的承载。所以无边界的技术创新有可能会误导公司战略。我们说做产品的创新不能无边界，研究与创新放得宽一点但也不能无边界。我们要成就的是华为的梦想，不是人类梦想。所以我们的创新应该是有边界的，不是无边界的。"

在任正非看来，研发部门绝对不能拿"看似富裕"的研发资金去漫无目的地创新。究其原因，华为并不醉心于对最好、最新技术的追求，而是立足为客户提供最有性价比的产品。

任正非之所以坚持这个原则，是因为华为在这方面吃过亏。时任副总裁的宋柳平在接受媒体采访时回忆称，华为最初对"创新的根本内涵"理解也是模糊的，以至于华为早期在追求"纯粹技术创新"文化引导下，开发的交换机和传输设备遭到了运营商的大量退货和维修要求，因为这些产品过度强调了自主创新，而忽视了通信行业客户的一个基本需求趋势："对已成熟技术的继承，是提高产品稳定性和降低成本的关键。"

从那以后，任正非就开始倡导"继承式创新"。在创新中，倡导创新，却反对盲目创新，即经过理性的借鉴、仿造、拼装都可以被视为创新。即使作为华为中央研究院这样的研发组织，也必须贯彻一个创新战略要求——"新开发量高于30%不叫创新，叫浪费！（任正非语）"

在这样的指导下，研发人员研发一个产品时，尽可能地减少自己的发明创造，首先着眼于以往产品的技术成果，以及对外部资源进行合作、交换或购买。

例如，1997年，天津电信的工作人员提到过一个"学生在校园里打电话很困难"的问题,任正非当时紧急指示:"这是个金点子,立即响应。"

在任正非的指导下,华为员工用两个月就推出了201校园卡,得到客户的高度认可(学生是固定电话重度消费者),其后,该产品很快推向全国。

实际上,201校园卡只是在交换机原本就有的200卡号功能上进行"一点点"的技术创新,最终却获得了40%的市场份额。

02 坚持为世界创造价值

在华为的创新战略上,尽管任正非强烈认同"不进行创新的公司必然灭亡"的战略思维,但是却不片面地强调"自主创新"。在任正非看来,创新尽可能地"善于站在巨人的肩膀上",在继承他人优秀成果基础上以此来开展华为持续的创新。

2006年,任正非在内部讲话中谈道:"不要狭隘地强调自主知识产权,不能狭隘地只用自主开发的套片,要让世界科学技术为我所用;一切要以市场成功来评价。"

正是基于这样的战略思维,如今的华为才取得令人瞩目的业绩。遥想当初,华为仅仅是千千万万个小小的民营高科技企业之一,而今的华为早已成长为一个真正意义上的全球性跨国企业。

当然,华为之所以能够取得如此优异的业绩,是因为任正非的"敢于打破自己的既有优势,形成新的优势"的创新思维。

2012年,任正非在惠州运营商网络BG战略务虚会上的讲话及主要讨论发言时说道:

> 我们会不会被时代抛弃?我们要不要被时代抛弃?这是个很重要的问题。无线电通信是马可尼发明的,蜂窝通信是摩托罗拉发明的,光传输是朗讯发明的,数码相机是柯达发明的……历史上很多东西,往往创始者最后变成了失败者。这些巨头的倒下,说穿了是没有预测到未来,或者是预测到了未来,但舍不得放弃既得利益,没有勇气革自己的命。大公司有自己的优势,但大公司如果不能适应这个时代,瞬间就灰飞烟灭了。
>
> 走向新时代的延长线可能不是直线,可能要出现弯曲,就像光也会弯曲一样。过去经济学的一些经典理论,到这个新时代可能也会发生变化,过去的成功模式也要出现弯曲了。在这个拐点的时代,我们怎么去适应?大家要知道,我们公司过去在几次重大战略上可都是犯过错误的:我们曾经是否定宽带的,后来才追赶上来;包括软交换也是重新追赶上来的。华为公司现在这么大的规模,在这个时代的快速变化中,如果我们没有勇气去拥抱未来,是很危险的。

在任正非看来,要想打败竞争对手,作为中国高科技代表的华为,应该渐变,但是不要妄谈颠覆性,尤其是站在巨人的肩膀上前进，不要过分狭隘地自主创新。

任正非在 2013 运营商网络 BG 战略务虚会上的讲话及主要讨论发言时说道："作为大企业，首先还是要延续性创新，继续发挥好自己的优势。不要动不动就使用社会时髦语言'颠覆'，小公司容易颠覆性创新，但作为大公司不要轻言颠覆性创新。公司现在也对颠覆性创新积极关注、响应，实际是让自己做好准备，一旦真正出现机会，我们要扑上去抓住机会。"

在任正非看来，对于华为这样的大型企业来说，渐进创新才是最佳的策略。2015 年，任正非在战略务虚会上的讲话时说道："互联网总是说颠覆性创新，我们要坚持为世界创造价值，为价值而创新。我们还是以关注未来 5 至 10 年的社会需求为主，多数人不要关注太远。我们大多数产品还是重视延续性创新，这条路坚决走；同时允许有一小部分新生力量去从事颠覆性创新，探索性地'胡说八道'，想怎么颠覆都可以，但是要有边界。这种颠覆性创新是开放的，延续性创新可以去不断吸收能量，直到将来颠覆性创新长成大树苗，也可以反向吸收延续性创新的能量。"

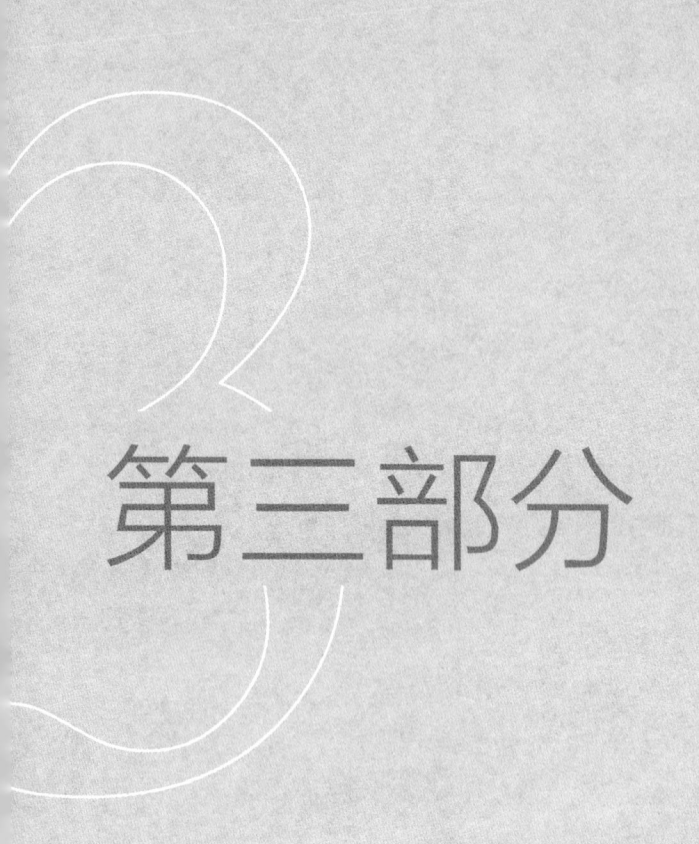

第三部分

CHAPTER THREE

人才管理：人力资源要让"遍地英雄下夕烟"

别的公司是"以人为本",我们是"以奋斗者为本"。我们不通过垄断,扩大市场是靠战斗抢回来的,所以我们分给的是奋斗者。我们的政策是开放的,只有团结越来越多的人,才会做越来越大的饼。只要你努力,分到的饼只会增大不会减小,不会因为别人进来两个月,就把你的饼抢走了。我们如果是这样的开放心态,还会做强!

我们有雄心壮志,也想潇洒走一回,这都是好的,但还是要踏踏实实。华为公司要开放,是要经得起批评的,外面有一些书写华为不好,我们也很赞赏。如果光听好话,终有一天会被麻醉而垮掉,只有知道哪里不好,才会去推动改进。我们要团结一切可以团结的力量,因为一群农民独自去参加现代武器战争是不行的,华为公司从来不提"原装的革命者",英雄不问出处,遍地英雄下夕烟!

——华为创始人　任正非

第6章
宽容"歪瓜裂枣"的奇思异想

大量的事实证明,卓越的人才都不是完美的人,都有其自身的缺点。对此,任正非常把华为中的"歪才""怪才"比喻为"歪瓜裂枣",即那些绩效不错,但在某些方面不遵从公司规章的人,尤其是一些技术专家,都有着特别的个性和习惯。笔者把该理论总结为"歪瓜裂枣"效应。

对于"歪瓜裂枣"效应,任正非是这样解释的,所谓"歪瓜",是指长得不圆的西瓜。所谓"裂枣"是指表面平滑但有裂痕的大枣。"歪瓜裂枣"虽然外表丑陋,但它们反而比正常的西瓜和枣更甜。鉴于此,任正非说道:"公司要宽容'歪瓜裂枣'的奇思异想,以前一说'歪瓜裂枣',就把'裂'写成劣等的'劣'。你们搞错了,枣是裂的最甜,瓜是歪的最甜,他们虽然不被大家看好,但我们从战略眼光上看好这些人。今天我们重新看王国维、李鸿章,实际上他们就是历史的'歪瓜裂枣'。我们要理解这些'歪瓜裂枣',并支持他们,他们可能超前了时代,令人不可理解。

你怎么知道他们就不是这个时代的凡·高，这个时代的贝多芬，未来的谷歌？"

在任正非看来，在华为的经营中，不仅需要理解"歪瓜裂枣"，更要肯定他们对企业的贡献。2015年3月，任正非在华为公司战略务虚会上发表讲话："对英雄也要不求全责备，要接受有缺点的美。我曾在汶川抗震救灾的文件上批示'只要过了汶川救灾线，尿了裤子的也是英雄'。一共427名，都发了金牌。有一点点成绩就是英雄，将来才有千军万马上战场。"

不仅如此，任正非还在薪酬包制度上给予"歪瓜裂枣"相对应的业绩支持："就是要把落后的人挤出去，'减人、增产、涨工资'。今年调整了中基层的薪酬结构，明年开始对高级干部、高级专家的薪酬改革。大数据流量的现实问题将摆在时代面前，两年后，就要开始冲锋了，我们有一支嗷嗷叫的队伍，该我们夺取胜利！"

01　挖掘各种异类人才的爆发点

对于人才的偏好和选拔，每个企业有自己的一套系统。1997年，中国人民大学的六位教授被任正非请来当作自己的"军师"，让其起草《华为基本法》。在起草过程中，其中一位教授曾经问任正非："人才是不是华为的核心竞争力？"

任正非的回答出乎此位教授的意料："人才不是华为的核心竞争力，对人才进行管理的能力才是企业的核心竞争力。"

任正非认为，那些创造伟大辉煌战绩的人才也必须在其合适的平台上才能发挥其应有的潜力。事实证明，千里马被饿死，一个重要的方面就是识马者没有包容和容忍千里马的试错态度，而这恰恰是中国企业所缺少的。这就是中国为什么出不了美国休斯飞机公司创始人霍华德·休斯（Howard Hughes）、苹果创始人史蒂夫·乔布斯这样的伟大企业家的原因。

数据显示，世界上成千上万的伟大科学家、艺术家、思想家、企业家……他们都有一些让主流社会难以理解的极端怪癖，如乔布斯和休斯不洗澡。这样的问题同样困扰过任正非，面对这种类型的一些技术型人才，任正非却选择了包容。在任正非的观点中，有一个观点叫作"灰度理论"，即反对"非黑即白"的用人观。任正非十分清楚，有文化洁癖的人，尤其有道德洁癖的人是做不了企业领袖的，因此任正非多次告诫华为人说："我们不是培养和尚、牧师，我们是一支商业部队，华为要容得下各种异类人。"

鉴于此，任正非在内部讲话中经常强调，在对待华为人才的问题上，华为不要对英雄过于求全责备，要接受有缺点的美。任正非反思说道："中国缺少创新、没有原创，主要原因是不尊重知识产权，没有严格的知识产权保护制度，加上社会文化没有包容精神，不鼓励试错，不包容有个性，甚至是有一些极端怪癖的人，如苹果的乔布斯、休斯飞机制造创始人休斯都是个性张扬、行事反叛的人，在中国现有文化背景下肯定难以冒出来，因为我们包容不了乔布斯，中国出不了乔布斯，这就导致谁也不愿进行原创，都热衷于抄袭。"

在接受《环球时报》采访时，任正非也表达了接受和包容员工缺点的内容。任正非说道："希望社会要宽容，人都是有缺点的，他自己会改进的，不必大家这么费心去帮他寻找。乔布斯、比尔·盖茨……都有缺点，宽容使他们伟大。一个人完美多累啊，他在非战略机会点上，消耗太多的战略竞争力量。孩子应该是优点突出、缺点突出，他才能找到自己的爆发点。"

正是因为包容，休斯声名远扬，比肩美国首位总统乔治·华盛顿（George Washington）、美国第16任总统亚伯拉罕·林肯（Abraham Lincoln）。美国人把休斯视为英雄，不仅霍华德·休斯是美国少有的几个享有世界声望的富豪，更为重要的是霍华德·休斯对世界航空业的贡献。好莱坞甚至把霍华德·休斯作为钢铁侠的原型搬上荧幕，美国漫画界元老级人物斯坦·李（Stan Lee）亲口承认钢铁侠的原型就是美国的知名企业家、导演制片人、飞行家霍华德·休斯。

除了霍华德·休斯，史蒂夫·乔布斯的影响力也很大。然而，可能让读者不知道的是，早年的史蒂夫·乔布斯却是一个名副其实的吸毒者，浑身充满异味，甚至成为苹果"教父"之后，史蒂夫·乔布斯依然经常不洗澡，个性乖张，行事反叛……尽管如此，以移民为核心的美国文化给了史蒂夫·乔布斯最大的包容，乃至于欣赏。

与美国文化不同的是，在中国文化与社会的土壤中，却很难去宽容、包容这样的问题人才，即使在企业管理中，这样的人才往往被边缘化，这就是中国难以产生乔布斯这样伟大的人物的一个原因。在美国文化中，尤其是硅谷文化中，其癫狂的程度被媒体追捧为近乎是疯子，甚至一些美国媒体对一些异端人才的评价是：如果他成功，人类便成功。

在《华为的冬天》一文中，任正非写道："你的部门有什么危机，你的科室有什么危机，你的流程有什么危机。还能改进吗？还能改进吗？还能提高人均效益吗？……既没犯过错误，又没有改进的干部可以就地免职。"

面对企业生存，任正非对华为的高层要求很高，在《华为的冬天》一文中，任正非写道："区别一个干部是不是好干部，标准有四个：第一，有没有敬业精神，对工作是否认真，改进了，还能改进吗？还能再改进吗？这就是你的工作敬业精神。第二，有没有献身精神，不要斤斤计较，我们的价值评价体系不可能做到绝对公平……献身精神是考核干部的一个很重要因素。第三点和第四点，就是要有责任心和使命感。如果没有责任心和使命感，为什么还想要当干部。如果还有一点责任心和使命感，赶快改进，否则最终还是要被免下去。"

至于对高级干部较为严格，任正非就曾解释过："我们对高级干部实行严要求，不对一般干部实施严要求。因为都实施严要求，我们管理成本就太高了。因为管他也要花钱的，不打粮食的事我们要少干。因此我们对不同级别的干部有不同的要求。"

相较于高级干部，任正非直言对普通员工较为宽容。在《我的父亲母亲》一文中，任正非写道："我主持华为工作后，我们对待员工，包括辞职的员工都是宽松的，我们只选拔有敬业精神、献身精神、有责任心、使命感的员工进入干部队伍，只对高级干部严格要求。这也是亲历亲见了父母的思想改造的过程，而形成了我宽容的品格。"

在华为的竞争力体系中，任正非倡导，不仅要宽容员工的缺点，还必须不拘一格用人才。2016年1月，任正非在华为内部市场工作大会上讲话时表示，华为要不拘一格用人才，让胜利的旗帜高高飘扬。

任正非讲道："我们要对各级优秀干部循环赋能，要在责任结果的基础上，大力选拔干部，内生成长永远是我们主要的干部路线。我们要用开放的心胸，引进各种优秀人才，要敢于在他们能发挥作用的方面使用他们。我们要不拘一格地选拔使用一切优秀分子，不要问他从哪里来，不要问他有何种经历，只要他们适合攻击'上甘岭'（各部门、各专业、各类工作……不要误解了只有合同获取才是上甘岭）。我们对人才不要求全责备，求全责备优秀人才就选不上来，'完人'也许做不出大贡献。除了道德遵从委员会可以一票否决干部外，对工作中的差错，要宽容，不抢答的干部不一定是好干部。看风使舵，跟人、站队，容易产生机会主义。

选拔各级干部要实行少数服从多数的表决制，向上级团队报告应是本团队的集体意见，应告知上级团队每一个人。私下与上级团队沟通的内容，以纪要形式再在上、下两级团队中沟通。对破格提拔的，推荐人要在两年内承担连带责任。即使道德遵从委员会的一票否决，但否决期只有六个月，六个月以后可以重新提名，已改正，不再否决，就可以使用。不要随意否定一个冲锋的干部。我们一定要促使千军万马上战场。"

02　按能力选拔干部

在华为的人才提拔中，从不论资排辈，只要能够攻击和拿下"上甘岭"，即使是年轻的一线员工，也能够当将军。孟晚舟在清华大学的一次演讲中说道："现在的华为，60%的部门经理是85后，41%的国家总经理是80后，我们还有80后的地区部总裁。"

孟晚舟坦言，"在华为，3年，从士兵到将军，不是神话。宰相必起于州郡，猛将必发于卒伍。华为在实战中选拔人才，通过训战结合培养人才。华为的英雄都是在泥坑中摸爬滚打打出来的。华为不论资排辈，所以华为的英雄'倍'出不是一辈子的辈，而是加倍的'倍'！"在华为，孟晚舟不仅是一个从一线员工到高层经理的真实案例，同时也是20.7万华为人集体奋斗的缩影。

公开资料显示，在华为的早期发展阶段，郑宝用和李一男是任正非非常器重的两个人才。他们两个加盟华为时，郑宝用是清华大学的在读博士，而李一男是华中理工大学的研二学生。尽管如此，任正非还是给予了郑宝用和李一男足够的信任，正如华为人所言，"不拘一格降人才"。

在这里，我们介绍一下郑宝用的工号就不难理解。在华为，任正非的工号是0001，而郑宝用经过多年的努力，其华为工号为0002。

来自华中科技大学的高才生的李一男加盟华为后，两天即被提拔为工程师，两周后升为高级工程师。经过半年多的考核，李一男由于工作表现出色，被任命为华为最核心的中央研发部副总经理。

两年后，李一男因为在C&C08机等项目上做出了突出的贡献，李一男被任命为华为中央研发部总裁，公司总工程师。那一年，李一男年仅25岁。

在后来，尽管李一男这位技术天才与华为之间发生了诸多故事和牵绊，但回忆起当年，李一男不无感叹地说道："在华为有的是信任、挑战、机遇和分享胜利的喜悦。"这正是任正非给这家公司灌输的一种价值观——"胜则举杯相庆，败则拼死相救"。

任正非在实战中提拔郑宝用和李一男等诸将帅，是因为华为的所有干部都必须在一线工作实践过，真正地做到"猛将必发于卒伍"。在华为某年的新年献词中，任正非指出："要从各级组织中选拔一些敢于坚持原则、善于坚持原则的员工，在行使弹劾、否决权中，有成功经验的员工，通过后备队的培养、筛选，走上各级管理岗位。……现代化作战要训战结合，干部要以基层实践经验为任职资格，'宰相必起于州郡，猛将必发于卒伍'。"

在华为公司，实践是干部选拔的最高标准。任正非因此认为，坚持从有成功实践经验的人中选拔干部是保证华为生存与发展的重要因素。

任正非强调："我们强调要从有成功经验的人中选拔、培养，反对纸上空谈。当然有些成功经验是很小的，但也是成功的。有成功经验，就表明管理者有一定的方法论，以及领导能力，他们经过培养，容易吸收公司的管理方法。"

任正非解释说："为什么要选拔成功经验的人呢？不管大项目成功、小项目成功，他们总有一个适用的方法论，他们已不是仅仅拥有知识，而是知识已经转换成为能力。这些人再被培养后，又善于总结与自我批评，那么他们就会再有一点进步，贡献就会再大一分。"

这就是华为坚持从成功的实践中选拔干部的原因。当然正是华为坚持"猛将必发于卒伍，宰相必起于州郡"的理念，引导优秀华为人不畏艰险、不谋私利，走上最需要的地方，才使得华为一路过关斩将。

不仅如此，在华为的干部选拔中，一定要强调责任结果导向。任正非在内部讲话中阐述说："在责任结果导向的基础上，再按能力来选拔干部。第二，强调要有基层实践经验，没有基层实践经验的机关人员，应叫职员，不能直接选拔为管理干部。如果要当行政干部，必须补好基层实践经验这堂课，否则只能是参谋。虽然西方在很多价值观的评价上不一定正确，但是西方的很多管理方法都是正确的，我们公司只要把住价值观这道关，西方的很多管理模型我们是可以用的。"

任正非补充说道："内部合理化的目标，就是激发组织活力，让队伍去冲锋、增长；猛将必发于卒伍，宰相必起于州郡，干部一定要有成功实践经验。"

在任正非看来，华为要想基业长青和永续经营，就需要让员工从基层做起，特别是那些高管，必须从基层提拔上来。在《致新员工书》中，任正非屡次提及员工从基层做起的讲话。

2015年2月，任正非再次修订了华为《致新员工书》，再次引起了研究者和企业家们的广泛关注。自从1994年末《致新员工书》诞生以来，其后任正非多次进行修订，但是不论如何修订，《致新员工书》都是华为人必须信守的准则，甚至被誉为"华为圣经"。

在最新修订的《致新员工书》中，任正非坦言："实践改造了，也造就了一代华为人。'您想做专家吗？一律从基层做起'，已经在公司深入人心。一切凭实际能力与责任心定位，对您个人的评价以及应得到的回报主要取决于您的贡献度。在华为，您给公司添上一块砖，公司给您提供走向成功的阶梯。希望您接受命运的挑战，不屈不挠地前进，您也许会碰得头破血流，但不经磨难，何以成才！在华为改变自己命运的方法，只有两个：第一，努力奋斗；第二，做出良好的贡献。"

在任正非看来，对于任何一个华为人来说，改变命运只有两个方法：努力奋斗和做出贡献。在奋斗和做出贡献的路径中，在基层锻炼也就非常重要。因此，任正非告诫新员工称，华为永远不会提拔一个没有基层工作经验的人来做管理者。作为新员工，必须不怕做小角色，才有可能做大角，实践是提高的基础。

在《致新员工书》中，任正非讲道："公司永远不会提拔一个没有基层经验的人做高层管理者。遵循循序渐进的原则，每一个环节对您的人生都有巨大的意义，您要十分认真地去对待现在手中的任何一件工作，十分认真地走好职业生涯的每一个台阶。您要尊重您的直接领导，尽管您也有能力，甚至更强，否则将来您的部下也不会尊重您。长江后浪总在推前浪。要有系统、有分析地提出您的建议，您是一个有文化者，草率地提议，对您是不负责任，也浪费了别人的时间。特别是新来者，不要下车伊始，动不动就哇啦哇啦。要深入、透彻地分析，找出一个环节的问题，找到解决的办法，踏踏实实地、一点一点地去做，不要哗众取宠。"

在华为，但凡机关干部，都必须到海外去锻炼。同时还必须长期地、身先士卒地待在国外，完成全项目的工作之后，才能返回华为总部。

任正非说道："我们一定要在监控有效的条件下，尽力精简机关。在同等条件下，机关干部是越少越好，当然不能少到一个也没有。因此我们一定坚定不移地要把一部分机关干部派到直接产生增值的岗位上去。"

任正非坦言："不懂战争的人指挥战争，这一定是高成本。总部机关的干部一定要对自己服务的业务有成功的实践经验，并具有快速准确、任劳任怨的服务精神与服务能力。机关的职员也一定要有服务业务的实践经验。"

任正非的理由是："公司总部一定要从管控中心，转变成服务中心、支持中心，机关要精简副职及总编制，副职以下干部要转成职业经理人。拥有决策权的正职，必须来自一线，而且经常转换。以后总部不再从机关副职中选拔正职。公司强调干部的选拔，一定要有基层成功经验。什么叫指挥中心建在听得见炮响的地方，就是在这个项目或战役上的指挥调控权在前线，机关起服务作用，炮弹运不到就要处分机关的责任人，而不是推诿前方报表的问题。"

据华为人介绍，在华为，只有最优秀的人才，才有可能被外派到基层。当然，被选中的员工也可以选择不去，但是这样可能失去一个历练的舞台。时任华为、LTETDD产品线副总裁邱恒就非常认可华为的做法："去，就是给你一个舞台，让你有机会学习、成长；年底绩效好，还可以多认股，多分红，为什么不去呢？"

这样的观点得到了时任轮值CEO郭平的赞同，郭平坦言："在华为只有最优秀的人才能被外派到基层。"这与日本企业不同的是，日本企业通常都讲究论资排辈，往往等上七八年可能都还轮不到升迁，但是，在华为就不同。在华为奋斗10年的员工，却已是一个统管四千名研发工程师的中阶主管了。

任正非把这样的升迁管理哲学叫作"少将连长"。华为国际咨询委员会资深顾问田涛曾经高度评价了华为的这种做法："华为的领导班子，都是一路从基层打拼上来的，只要有战功，30岁当少将，管几十亿美元的合同，都是很常见的事。"

田涛分析认为，"能者多劳，多劳者多得"是华为的企业精神。在田涛看来，尽管任正非大量导入了IBM、GE、惠普等西方公司的管理制度，但是却对华尔街的金融体系不以为然。在任正非眼中，搞金融的人光靠数字游戏就能赚到大笔财富，真正卷起袖子苦干的人却只能赚取微薄的工资，这是全世界最不合理的事。所以任正非坚决不让华为上市，宁可选择把利润分享给员工。因此，任正非很务实地把最优秀的人才外派到基层，使其晋升为"少将连长"。

当新华社记者赵东辉、李斌、刘诗平、蔡国兆、彭勇、何雨欣在华为总部以"华为有没有弱点？"为提纲采访了任正非时，任正非毫不避讳地回答说："有。华为公司3年前应该快垮了。为什么？因为大家有钱了，怕苦了。我们往海外派人都派不出去。大家都想在北京买房、陪小孩，都想在好地方待。我们就琢磨：为什么不提升一线作战的人的待遇呢？我们确定非洲'将军'的标准与上海、北京的标准不一样,年轻人在非洲很快就当上'将军'。你在非洲干,就朝着这个非洲'将军'的标准,达到了就是'将军',就可以拿(到)'将军'的钱。现在我们的非洲员工根本不想回来。"

第 7 章
允许异见,就是战略储备

在华为内部,任正非一直都倡导允许异见。例如,余承东自从 2010 年出任华为消费者 BG CEO 后,其行事相对较为高调,但又出言不逊,惹得内外风波不断。

几乎就在同时,华为手机几乎全线失败,风头正盛的小米把华为手机挤压得喘不过气来,余承东不堪忍受地坦言:"我的痛苦来自反对声,很多不同的异议,很多噪声,压力非常大。"

在华为内部,余承东曾一度被"禁言",甚至差点被"下课"。面对余承东的种种非议,任正非却表现出极强的宽容度。在任正非看来,只有容得下各种异类人,允许黑天鹅在咖啡杯中飞起来,华为才有明天。任正非补充说道:"允许异见,就是战略储备!我对自己的批判远比我自己的决定要多。"

言外之意就是:"你们不要老盯着别人的不足,更不要来逼我做开掉余承东。"任正非的决策显然是正确的,后来的余承东把华为消费者业务做得风生水起。如果没有任正非当初的力排众议的支持和包容，除了余承东下课被贴上"失败者"标签之外，华为手机业务的增长速度恐怕没那么快。

数据显示，2020年，根据凯纳利思发布的2020年二季度全球手机市场份额数据显示，华为凭借19.6%的份额超过三星排名成为世界第一，三星以18.9%的份额排名第二，苹果份额为15.8排名第三，小米份额为10.1%排名第四，欧珀以9.1的份额超过维沃回到第五，见表7-1。

表7-1 2020年第二季度全球手机市场份额

厂商	2020年第二季度出货量（百万台）	2020年第二季度市场份额	2019年第二季度出货量（百万台）	2019年第二季度市场份额	年度增长率
华为	55.8	19.6%	58.7	18.7%	-5%
三星	53.7	18.9%	76.9	23.2%	-30%
苹果	45.1	15.8%	36.0	10.8%	+25%
小米	28.8	10.1%	32.1	9.7%	-10%
欧珀	25.8	9.1%	30.6	9.2%	-16%
其他厂商	75.5	26.5%	97.5	29.4%	-23%
合计	284.7	100.0%	331.8	100.0%	-14%

数据来源：凯纳利思。

纵观全球手机市场份额数据，更值得一提的是，早在2020年4月份，华为就已经首次反超三星，成功登顶全球手机市场份额第一的位置。根据国际权威市场调研机构康百世的数据显示，2020年4月全球智能手机出货量为6937万台，同比减少41%。其中，三星手机的市场占有率约为 19.1%，华为则达到了 21.4%。不可否认的是，华为手机取得如此大的销量，源于之前的技术研发和对失败的宽容，以及对所谓"问题"干部的提拔。2016 年，任正非在内部讲话中讲道：

> 华为过去是一个封闭的人才金字塔结构，我们已炸开金字塔尖，开放地吸取"宇宙"能量、加强与全世界科学家的对话与合作，支持同方向科学家的研究，积极地参加各种国际产业与标准组织，各种学术讨论，多与能人喝喝咖啡，从思想的火花中，感知发展方向。有了巨大势能的积累、释放，才有厚积薄发。
>
> 内部对不确定性的研究、验证，正实行多路径、多梯次的进攻，密集弹药，饱和攻击。蓝军也要实体化。并且，不以成败论英雄。从失败中提取成功的因子，总结、肯定、表扬，使探索持续不断。对未来的探索本来就没有"失败"这个名词。不完美的英雄，也是英雄。
>
> 鼓舞人们不断地献身科学，不断地探索，使"失败"的人才、经验继续留在我们的队伍里，我们会更成熟。我们要理解"歪瓜裂枣"，允许黑天鹅在我们的咖啡杯中飞起来。创新本来就有可能成功，也有可能失败。我们也要敢于拥抱颠覆。鸡蛋从外向内打破是煎蛋、从里面打破飞出来的是孔雀。
>
> 现在的时代，科技进步太快，不确定性越来越多，我们也会从沉浸在产品开发的确定性工作中，加大对不确定性研

究的投入，追赶时代的脚步。我们鼓励我们几十个能力中心的科学家，数万专家与工程师加强交流，思想碰撞，一杯咖啡吸收别人的火花与能量，把战略技术研讨会变成一个"罗马广场"，一个开放的科技讨论平台，让思想的火花燃成熊熊大火。公司要具有理想，就要具有在局部范围内抛弃利益计算的精神，否则重大创新是很难规划出来的。固守成规是最容易的选择，但也会失去大的机会。

我们不仅仅是以内生为主，外引也要更强。我们的俄罗斯数学家，他们更乐意做更长期、挑战很大的项目，与我们勤奋的中国人结合起来；日本科学家的精细、法国数学家的浪漫，意大利科学家的忘我工作，英国、比利时科学家领导世界的能力。[1]

在任正非看来，面对问题人才，华为需要打破常规，坚持奋斗文化，坚持包容各种优秀人才，同时还用这些优秀人才去培养更优秀的人才，由此保证了华为长久的发展。

01　干部的选拔要以李云龙、赵刚为标杆

在华为的干部体系中，任正非坦言，干部的选拔要以李云龙、

---

[1]　任正非. 任正非：越是前途不确定，越需要创造［N］. 科技日报，2016-08-02.

赵刚为标杆。任正非在内部讲话中讲道:"公司人力资源机制正在改革,优化干部晋升制和淘汰制,推行专家循环制和淘汰制,建立稳定的职员体系。所有变革都要谋定而后动,一切向'打仗'靠拢。"

具体的做法是:"优化干部晋升制,坚持淘汰制。在主官、主管类干部管理机制上,我们要加强对责任结果的考核,贯彻淘汰机制,高级干部要服从公司安排,不能自己设计人生;中基层干部允许发挥个人聪明才智,找到自己的突破口;行政干部升官快、拿钱多,但是被淘汰的风险也大。我们的末位淘汰应集中在主官、主管上。我们公司大多数员工都受过高等教育,谁不能当'将军'?我们不允许有庸官,兵熊熊一个,将熊熊一窝。"

任正非说道:"我们的干部选拔要以李云龙、赵刚为标杆。各级主官均要从主战部队中的主战人员中选拔,有战功、有持续贡献能力、有自我约束本事的。直至以后的轮值董事长、接班人,均从主战人员中成长。我们不是上市公司,上市公司关心财务报表。因此,有CFO接班的可能,我们公司不会。担负保障和协调任务的干部,走赵刚路线,和平时期多担责,战时司令员说了算。我们在管理中也如此,主官有垂直到底的管理协调权力。支持保障与协调的干部,用纬线的协调机制,确保主官的意志实现。"

任正非提及的李云龙,就是电视剧《亮剑》中的"独立团"团长,李云龙缺点很明显,屡次被降职,但很善于打仗。任正非在内部讲话中说道:"精英我们不要理解为仅仅是金字塔塔尖的一部分，而是存在于每个阶层、每个类别。有工作的地方，就有精英。做面条有面条精英，还有焊接精英、咖啡精英、支付精英、签证精英、仓库精英……我们的政策要覆盖激励所有精英，形成组织合力，千军万马搞好质量，提高效率，增加效益。"

为了有效地激活人才，任正非的方法是："我们要精减非主航道、非战略机会点项目的编制。要千军万马去抢夺战略机会窗开启时期的胜利。我们要的是胜利，不是过程。各主战场的部门，不要排斥其他项目调整进入的骨干，不要（找）借口（认为）他们的专业不合适。"

任正非告诫华为人说道："颠覆往往都是外行干的，年轻人从事的工作往往与他所学的专业无关，颠覆旧中国的是两个医生。在一些战役关键时刻，战略预备队也打光了，常常是卫生兵、炊事员、理发员、警卫员、通信兵……组成的杂牌部队投入进去，是赢得胜利的最后一根稻草。各级主管要有全局观，让干部循环流动起来，你不放一些优秀干部走入主战场，让他们失去立功的机会，结果比他们更年轻的人升为将领，他们会真心拥护你吗？你辖区的新生力量没有了晋升机会，他们会拥护你吗？你以为扣住人你就会成功吗？君不知二十多年来，华为走出去多少优秀青年，留下我们这些'傻子'，他们不走有我们这些'傻瓜'的机会吗？他们把胜利的光荣让给了我们，我们不是受到家人表扬了吗？我们既然胸怀世界，就要敢于气吞山河，团结一切你不愿团结的人，反对过你而且又反对了的人，也包括反错了的人。"

在华为，作为任正非干将的余承东同样坚持不拘一格广纳天下英才，余承东在"华为消费者业务 2018 年 CEO 新年致辞"中说道："不拘一格广纳天下英才，用最优秀的人才队伍构筑各领域核心能力，营造匹配消费者业务特点的'开放、包容、平等、高效'的文化氛围。"

余承东坦言，"这几年我们的产品竞争力已得到明显提升，将来想要更上一个台阶，我们必须围绕零售、渠道、品牌、技术创新、生态、用户经营、云服务、人工智能、流程 IT、精细运营等各领域持续构筑体系化能力。我们将继续高度重视、构筑智能终端安全与隐私保护方面的能力，做行业领先者。"

余承东认为，做行业领先者，就需要队伍建设，这是能力构筑的关键。余承东说道："我们要用世界上一切优势的资源，一切先进的工具和方法，以及一切优秀的人，成为领先者。用人上，精兵战略是我们不变的方向，聚焦结果导向，干得好的给予快速提拔，不合适的人员坚决淘汰，用优秀的人吸引更多优秀的人，队伍组织越来越精悍。带兵打仗的干部要有学习能力和开拓能力，对行业有深刻理解洞察，把握好作战方向。管理上，必须责任清晰、减少汇报层级，同时不断完善流程 IT 支撑体系，保障流程运作简洁、业务高效运营。人才吸引上，我们强调人才工程是一把手工程，各级主管要开放胸怀、提升格局视野，充分认识到人才争夺的重要性和紧迫性，对组建优秀团队和构筑核心能力当责。面向关键领域，我们要在人才高地布局能力中心，重点引入顶尖人才，要让'业务明白人'去判断人才的专业价值。终端这几年的高速发展，也得益于公司各兄弟部门每年输送上千名管理者、专家至终端全球各个领域建功立业。英雄不问出处，我们再次诚挚欢迎大家来到这里，挑战全新赛道，实现自我价值的再次飞跃！我们将在华为共同价值观基础上、进一步加强匹配2C业务特点的文化氛围建设。在荣耀单台提成激励变革牵引下，围绕'导向冲锋、多打粮食'进一步简化管理、简化考核，去除形式主义，文化氛围更简洁高效。尊重差异、开放包容的导向将更多被提倡，要让有个性且实实在在做出贡献的人留得下来，让每位在这里工作的人感受到关怀与尊重，人尽其才。"

02 从"蓝军"优秀干部中选拔"红军"司令

几年前，华为刻意倡导和配置反对的声音，甚至在组织体系上构建唱反调的蓝军，而且从蓝军的优秀干部中选拔红军司令。没有能力打垮华为的人，说明他的职位已到天花板。只有找得到华为死穴的人，上来后才能改进组织。

任正非在一次向其汇报无线业务的会议上说："我特别支持无线产品线成立'蓝军'组织。要想升官，先到'蓝军'去，不把'红军'打败就不要升司令。'红军'的司令如果没有'蓝军'经历，也不要再提拔了。你都不知道如何打败华为，说明你已到天花板了。"

在华为,作为竞争者角色的"蓝军"其实并不是一个新的组织,早在多年前就有这个部门了。华为的"蓝军"部门最早由华为前高级副总裁郑宝用负责。在华为,"红军"代表着现行的战略发展模式,"蓝军"代表主要竞争对手或创新型的战略发展模式。"蓝军"的主要任务是唱反调,虚拟各种对抗性声音,模拟各种可能发生的信号,甚至提出一些危言耸听的警告。他们通过这样的自我批判,为公司董事会提供决策建议,从而保证华为一直走在正确的道路上。[1]

资料显示,"蓝军参谋部"的主要职责包括:

  从不同的视角观察公司的战略与技术发展,进行逆向思维,审视、论证"红军"战略/产品/解决方案的漏洞或问题;模拟对手的策略,指出"红军"的漏洞或问题;

  建立"红蓝军"的对抗体制和运作平台,在公司高层团队的组织下,采用辩论、模拟实践、战术推演等方式,对当前的战略思想进行反向分析和批判性辩论,在技术层面寻求差异化的颠覆性技术和产品。[2]

在华为的发展过程中,"蓝军"做出过重大贡献。2008年,当

---

[1] 马晓芳. 揭秘华为"红蓝军" 任正非誓言"反攻美国"[N]. 第一财经日报,2013-11-26.
[2] 田涛,吴春波. 下一个倒下的会不会是华为[M]. 北京:中信出版社,2012:244.

华为计划将子公司——华为终端——出售给贝恩资本时，"蓝军"通过多渠道调研发现，终端是非常重要的，还提出了云计算结合终端的"云管端"战略，有效地避免了华为出售终端业务。后来华为终端取得了巨大的业绩。

2017年5月，据捷孚凯（GfK）集团发布的2017年4月中国智能手机零售监测报告数据显示，2017年4月，中国智能手机销量达到3 552万台。其中，华为的销量高达808.3万台，市场份额为22.8%。欧珀、维沃紧随其后，分列第二、第三位，市场份额分别为16.5%、15.9%，见表7-2。

表7-2 2017年4月中国智能手机零售前10名

排　名	企业名称	销量（千台）	市场份额	增长率
1	华为	8 083	22.8%	1.8%
2	欧珀	5 871	16.5%	-0.6%
3	维沃	5 646	15.9%	-0.1%
4	苹果	4 127	11.6%	0.6%
5	小米	3 967	11.2%	1.0%
6	魅族	1 259	3.5%	-0.4%
7	金立	1 239	3.5%	0.0%
8	三星	833	2.3%	-0.3%
9	乐视	487	1.4%	0.2%
10	联想	480	1.4%	-0.2%

综观这个榜单，华为最为耀眼，以22.8%的份额占比成为唯一十位数破"2"的手机品牌企业。华为消费者业务取得出色的业

绩，离不开任正非的允许异见，在华为，类似的事情还有很多。

从制度上，华为给"蓝军"以及"蓝军"所代表的反对声音更多宽容。按照规定，要从"蓝军"的优秀干部中选拔"红军"司令，任正非说："我们在华为内部，要创造一种保护机制，一定要让'蓝军'有地位。'蓝军'可能胡说八道，有一些疯子，敢想敢说敢干，博弈之后要给他们一些宽容，你怎么知道他们不能走出一条路来呢？"

第四部分

CHAPTER FOUR

危机管理：居安思危，下一个倒下的会不会是华为

公司所有员工是否考虑过，如果有一天，公司销售额下滑、利润下滑甚至会破产，我们怎么办？我们公司的太平时间太长了，在和平时期升的官太多了，这也许就是我们的灾难。泰坦尼克号也是在一片欢呼声中出的海。而且我相信，这一天一定会到来。面对这样的未来，我们怎样来处理，我们是不是思考过。我们好多员工盲目自豪，盲目乐观，如果想过的人太少，也许就快来临了。居安思危，不是危言耸听。

——华为创始人　任正非

第 8 章
华为的冬天

在中国企业界,华为是一个特性独立的案例。当华为业绩最好的时候,任正非却在思考"万一哪一天冬天来了怎么办"。在任正非看来,只有时刻居安思危,才能让华为生存和发展下去。

在华为的发展过程中,任正非多次提及华为的危机。2001年,任正非在企业内刊上发表了《华为的冬天》。据公开的资料显示,2000年的华为,其销售额达220亿元,利润29亿元,居中国电子百强首位。

其后,任正非在《北国之春》一文中再次把华为解决危机管理的问题聚光在媒体的头版头条中。在公开的任正非内部讲话中,危机被提及很多次,而"创新"和"变革"却很少提及。

01　把寒气传递给每个人

2022年8月22日下午,华为内部论坛上线了《整个公司的经营方针要从追求规模转向追求利润和现金流》一文,再一次把华为危机暴露在人们关注的视野中。

可能读者会问,该文为什么能够刷爆网络呢?

原因有几点:第一,华为创始人任正非在文中提到,全球经济将面临衰退、消费能力下降的情况,华为应改变思路和经营方针,从追求规模转向追求利润和现金流,保证渡过未来三年的危机。

任正非写道:"我们要看到公司面临的困难以及未来的困难,未来十年应该是一个非常痛苦的历史时期,全球经济会持续衰退。现在由于战争的影响以及美国继续封锁打压的原因,全世界的经济在未来 3 到 5 年内都不可能转好,加上疫情影响,全球应该没有一个地区是亮点。那么消费能力会有很大幅度下降,对我们产生的不仅是供应的压力,而且还有市场的压力。在这样的情况下,华为对未来过于乐观的预期情绪要降下来,2023 年甚至到 2025 年,一定要把活下来作为最主要的纲领。活下来,有质量地活下来,这个口号很好,每个业务都要去认真执行。如果按计划在 2025 年我们会有一点点希望,那么我们要先想办法度过这三年艰难时期,生存基点要调整到以现金流和真实利润为中心,不能再仅以销售收入为目标。我们的生命喘息期就是 2023 年和 2024 年,这两年我们能不能突围,现在还不敢肯定,所以每个口都不要再讲故事,一定要讲实现,尤其在进行业务预判时,不要再抱幻想,讲故事骗公司,损失要从你们的粮食包中扣除,首先要活下来,活下来就有未来。"

鉴于此，华为要把活下来作为最主要纲领，边缘业务全线收缩和关闭，把寒气传递给每个人。任正非补充说道："目前我们要活下来，不是为了理想而奋斗，军团比赛就是年底比奖金，因为奖金不是公司给的，是军团自己挣来的利润，而且还交给公司一部分，如果挣不到粮食，我们要敢于不发奖金，因为员工的基本收入可以开支生活必需品。当然有些战略业务短期内创造不出价值，我们可以通过评定的方式来确定，但很多业绩差的边缘业务一定要砍掉，这就是调整巩固充实提高。"

第二，华为 2022 年上半年经营业绩，尤其是终端业务同期下滑。2022 年 8 月 12 日，华为官网发布了华为 2022 年上半年经营业绩。数据显示，华为在 2022 年上半年实现销售收入 3 016 亿元人民币，净利润率 5.0%。其中，运营商业务收入为 1 427 亿元人民币，企业业务收入为 547 亿元人民币，终端业务收入为 1 013 亿元人民币。2021 年上半年，华为运营商业务收入为 1 369 亿元人民币，企业业务收入为 429 亿元人民币，消费者业务收入为 1 357 亿元人民币。从三大主营业务的数据来看，华为运营商以及企业业务收入分别增长 4% 和 27%，但终端业务下滑 25%，拖累总体营收同比下滑 5 个百分点。

第三，企业倒闭潮。数据显示：（1）根据清华大学的统计数据显示：2022 年上半年全国一共有 46 万家公司宣布倒闭，一共有 310 万左右的个体工商户注销。2022 年第二季度全国 31 个大城市城镇调查失业率创下历史新高，16—24 岁的年轻人的失业率创下历史新高。

（2）根据天眼查数据显示：2020年第一季度，中国有46万家公司倒闭，包括运营执照被取消的，以及自我宣布停止营业的公司，还包括26 000家从事出口的企业。

（3）根据《中国经济形势全景图报告》数据显示：2022年上半年，中国规模以上工业企业利润同比增速为1.0%。其中，国有控股企业、私营企业、股份制企业、外商及港澳台投资企业的工业企业利润总额同比增速分别为10.2%、-3.3%、6.7%和-13.9%，见图8-1。

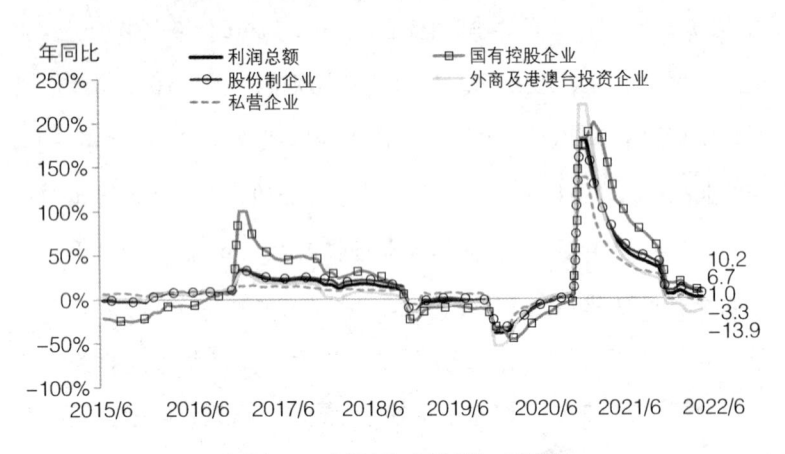

资料来源：国家统计局，图胜科技，国研网。

图8-1 工业企业利润同比增速

鉴于上述三个原因，华为2022年上半年经营业绩下滑，催化了一些关注者的忧虑，那么华为的第五次危机真的来了吗？对此，华为常务董事、终端BG CEO、智能汽车解决方案BU CEO、智能终端与智能汽车部件 IRB 主任余承东就回应说道:"任总一直是有很强危机感的企业家,始终居安思危、拒绝惰怠。这次对华为公司内部的讲话,是在三年多时间里连续经历美国四轮极端严苛制裁的背景下,加上外部环境的俄乌战争和疫情管控的影响,公司经营的困难风险,智能汽车业务还处于投资期巨额亏损,终端(消费者)业务面临极端困难的背景下的讲话,提醒各级主管减少盲目投资与扩张,重视利润与现金流,改善经营质量,让企业活下来。"

作为老华为人的余承东,其视角真实客观,可信度更高。梳理中外企业家时发现,作为科学企业家,其危机意识更浓厚。除了任正非,索尼创始人井深大也一直把危机感植入索尼公司的知识创造场所中,甚至时刻在内部指导中敲着警钟。20 世纪 60 年代,索尼发展势如破竹——1958 年 12 月,索尼股票在东京证券交易所上市;1960 年,索尼推出了世界上第一台晶体管电视机 TV-8-301;1961 年,索尼在美国发行 200 万股普通股票,成为二战后第一家在美国公开发行股票的日本公司,同年,盛田昭夫成立索尼设计中心,由大贺典雄主持;1962 年,索尼香港有限公司成立;1963 年,索尼推出世界上第一台晶体管录像机⋯⋯

1961 年,井深大却忧心忡忡地写道:"在 15 年前索尼公司刚刚起步的时候,除了我们的身体和精神以外,还拥有些什么?除了不屈不挠的意志、索尼精神和集体的力量以外,我们还有哪些财产?在这种情况下,'人与人的和谐''团结、协作'像泉水一样喷涌着。但在现在气派的建筑物中，我们却任这些曾经的精神慢慢沉睡，这是何等的悲哀，何等的可怕！我在感受到恐惧的同时，还体会到了深刻的道理。更感受到了我肩上的责任。"

1967 年，从欧洲考察回来的井深大不满地说："前段时间，我花了一个月时间去了一次欧洲。在欧洲的一个强烈感受就是，每个国家都有着一种'老大国'的感觉，感受不到一丝年轻的气息……而回国后，当我看到索尼的现状时，竟强烈地感到索尼也与欧洲各国一样，呈现着一种衰老的感觉。"

大量事实证明，谁能在残酷的市场丛林中活下来？唯有惶者。这样的命题已经被企业家们证明了无数次。究其原因，企业家们相信，唯一能够确定的，就是未来的不确定性。

2000 年，华为以"农村包围城市"的战略，经过 13 年的努力，终于扬眉吐气地出现在中国本土市场的 C 位——凭借 220 亿元的营业收入，纯利润 29 亿元的业绩，站在中国电子行业的第一梯队的队伍里，位列全国电子百强企业首位。更值得关注的是，华为的发展势头迅猛无比，剑指全球市场。

此刻，骄傲的姿态已经写在众多华为人的脸上，他们中有的怡然自得，有的喜上眉梢……与之存在天壤之别的是，作为华为创始人的任正非却忧心忡忡。2001 年 3 月，他在华为的内刊上发表了《华为的冬天》一文，给"踌躇满志"的华为人泼了一盆冷水。

在文中，任正非写道："公司所有员工是否考虑过，如果有一天，公司销售额下滑、利润下滑甚至会破产，我们怎么办？居安思危，不是危言耸听。十年来我天天思考的都是失败，对成功视而不见，也没有什么荣誉感、自豪感，只有危机感。也许是这样才存活了十年。我们大家要一起来想，怎样才能活下去，也许才能存活得久一些。失败这一天是一定会到来，大家要准备迎接，这是我从不动摇的看法，这是历史规律。目前情况下，我认为我们公司从上到下，还没有真正认识到危机，那么当危机来临的时刻，我们可能是措手不及的。我们是不是已经麻木，是不是头脑里已经没有危机这根弦了，是不是已经没有自我批判能力或者已经很少了。那么，如果四面出现危机时，我们可能是真没有办法了。如果我们现在不能研究出危机的应对方法和措施来，我们就不可能持续活下去。大家知道，有一家世界一流的公司，确实了不起，但去年说下来就下来，眨眼之间这个公司就几乎崩溃了。当然，他们有很好的基础研究，有良好的技术储备，他们还能东山再起。最多这两年衰退一下，过两年又会世界领先。而华为有什么呢？我们没有人家雄厚的基础，如果华为再没有良好的管理，那么真正崩溃后，将来就会一无所有，再也不能复活。"

这样的开篇，让中国诸多的企业家们目瞪口呆，以至于有人质疑任正非撰写此文的真正"动机"：有人认为这是任正非为IT行业敲响的警钟，也有人说任正非是"作秀"，还有人猜测是华为在为人事变动制造舆论。

不管如何，时至今日，"动机论"已经成为如烟过往，无人再提。但是《华为的冬天》这篇力透纸背的文字棒喝了正在陷入沾沾自喜的、沉醉业绩的华为人，既是召唤华为人需要再接再厉，同时也给通信行业敲响了警钟，毕竟互联网大泡沫破裂即将影响通信行业，只不过需要时间而已，这样的滞后效应已经箭在弦上。

任正非写道："网络股的暴跌，必将对二三年后的建设预期产生影响，那时制造业就惯性进入了收缩。眼前的繁荣是前几年网络股大涨的惯性结果。记住一句话：'物极必反。'这一场网络设备供应的冬天，也会像它热得人们不理解一样，冷得出奇。没有预见，没有预防，就会冻死。那时，谁有棉衣，谁就活下来了。"

接下来的危机印证了任正非对行业危机预言的深远洞见，《华为的冬天》也由此广为流传，"冬天"超越季节，成为危机的代名词。

2001年，在樱花盛开春光明媚的时节，任正非和他的团队前往日本。他们此行不是感受日本异国春天的气息，也不是欣赏漫山遍野的樱花，而是为了学习日本度过冬天的经验。任正非回国后写道："有人将企业比作一条船，松下电工就把自己的企业比作是冰海里的一条船。在松下电工，我们看到不论是办公室，还是会议室，或是通道的墙上，随处都能看到一幅张贴画，画上是一条即将撞上冰山的巨轮，下面写着：'能挽救这条船的，唯有你。'其危机意识可见一斑。在华为公司，我们的冬天意识是否那么强烈？是否传递到基层？是否人人行动起来了？华为还未处在冬天的位置，在秋末冬初，能认真向别人学习，加快工作效率的整体提高，改进流程的合理性与有效性，裁并不必要的机构，精简富余的员工，加强员工的自我培训和素质提高。居安思危，也许冬天来临之前，我们已做好了棉袄。华为成长在全球信息产业发展最快的时期，特别是中国从一个落后网改造成为世界级先进网，迅速发展的大潮流中，华为像一片树叶，有幸掉到了这个潮流的大船上，是躺在大船上随波逐流到今天，本身并没有经历惊涛骇浪、洪水泛滥、大堤崩溃等危机的考验。因此，华为的成功应该是机遇大于其素质与本领。什么叫成功？是像日本那些企业那样，经九死一生还能好好地活着，这才是真正的成功。华为没有成功，只是在成长。"

其后，在无数个"冬天"中，华为从谷底反弹，一步一个脚印，行军在从中国本土市场冠军到世界冠军的路上。

2008年，华为先是超越北电网络（Nortel Networks），成功跨入全球前五大电信设备供应商。其后，华为先后赶超阿尔卡特朗讯、诺基亚西门子、爱立信，最后击败了"会当凌绝顶，一览众山小"的霸主思科。2017年6月，德罗洛集团（Dell'Oro Group）发布一份报告数据显示，2017年第一季度，凭借自己第一季度的不凡表现，华为在核心路由器市场打破20多年来思科独占其市场份额的局面，一跃成为全球核心路由器市场冠军。

02　活下来、有质量地活下来

华为登顶世界第一后，前所未有的"冬天"随即而至。2019

年5月17日，美国商务部正式将华为列入"实体清单"，禁止美国企业向华为出售相关技术和产品。

客观地讲，2001年的"冬天"，任正非更多的是唤起全体华为人的"生于忧患而死于安乐"的危机意识，但是此次"冬天"却异常寒冷。2019年6月18日，任正非在与美国电脑科学家尼古拉斯·尼葛洛庞帝（Nicholas Negroponte）的对话中说道："没有想到美国政府打击华为的战略决心如此之大、如此之坚定；同时，也没有想到美国政府对华为的战役打击面如此之宽广，不仅仅是美国的零部件不能供应华为，还不让华为参加很多国际组织，不能跟大学加强合作。但是，这些东西阻挠不了华为前进的步伐。没有想到他们的战斗部的'弹头'打击如此精准，处处都打在华为的要害点上，数千个点的修复是需要时间的。我们之前没有预测到有这么严重，是做了一些准备，就像那架'烂飞机'一样，只保护了心脏，保护了油箱，没有保护其他次要部件。未来几年公司可能会减产，销售收入会比计划下降300亿美元，今年和明年的销售收入预计都在1 000亿美元左右……"

任正非的判断再次得到印证——2022年3月28日，华为轮值董事长郭平在"轮值董事长致辞"中介绍了华为2021年的营业收入："2021年，公司整体经营情况符合预期，财务稳健。公司实现销售收入人民币6 368亿元，运营商业务表现稳定，企业业务稳健增长，终端业务快速发展新产业。实现利润人民币1 137亿元，净利润率达17.9%；经营现金流增长69.4%，现金存量充足；资产负债率从 62.3% 下降到 57.8%，资本结构得到进一步改善。公司通过简化管理、充分运用数字化技术，持续提升内部运营效率，销管费用同比降低 93 亿元人民币。"

华为营业收入的减少，意味着华为现阶段仍旧陷入"三九严冬"之中。2021 年 12 月 31 日，华为轮值董事长郭平在"前行不辍，未来可期——2022 年新年致辞"中坦言华为当下依旧严峻的处境："2022 年我们仍然面临着一系列挑战，我们将和全球伙伴们紧密合作、不懈努力，共克时艰。在新的一年里，我们要多产粮食，做强根基，持续投入未来，通过为客户及伙伴创造价值，'活下来、有质量地活下来'。"

自从 2021 年之后，华为高层管理人员的讲话中，"活下来、有质量地活下来"成为高频词，这可以解读为华为自身瓶颈的突围，同时也预示着华为的"春天"已经不远，如果进展顺利，那么可能即将来临。

第一，华为已经度过艰难的严冬岁月。2020 年 3 月 31 日，华为轮值董事长徐直军在接受媒体采访时说道："2019 年是最挑战的一年。但我们仍然有接近半年（5 月 16 日前）的快速增长。我们有大量储备来应对客户需求。2020 年华为公司将是最艰难的一年。因为全年都处于实体清单下。我们的储备也快用完了。是全面检验我们供应连续性能否发挥的重要一年。当然新冠疫情是没有预想到的情况。其带来的全球经济衰退和经济动荡是我们 2020 年没有预测到的新挑战。由于疫情还在发展当中，我们在确保员工安全情况下，尽量满足用户需求。还没有时间预测 2020 年的发展情况。2020 年我们力争活下来，明年还能发布财报。"

华为 2020 年、2021 年的财报也印证了徐直军的观点。根据《华为投资控股有限公司 2020 年年度报告》数据显示："2020 年，在面临新冠疫情严峻挑战的情况下，华为全球化的供应链体系同时还承受了巨大的外部压力。华为聚焦 ICT 基础设施和智能终端，持续投入，以创新的 ICT 技术持续为客户创造价值，助力全球科技抗疫、经济发展和社会进步，全年实现收入人民币 8 913.68 亿元，同比增长 3.8%。其中，运营商业务 3 026.21 亿元，企业业务 1 003.39 亿元，消费者业务 4 829.16 亿元，其他 54.92 亿元。"见图 8-2。

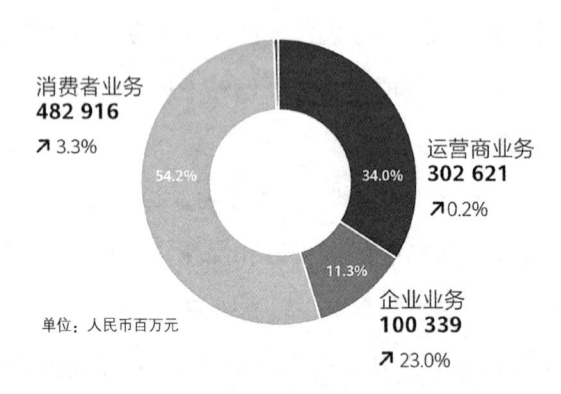

图 8-2 华为 2020 年业务板块营业收入

2021 年 8 月 6 日，华为发布 2021 年上半年财报。2021 年上半年，华为实现销售收入 3 204 亿元人民币，净利润率 9.8%。其中，运营商业务收入 1 369 亿元人民币，企业业务收入 429 亿元人民币，消费者业务收入 1 357 亿元人民币。

对于 2021 年上半年的业绩表现，华为轮值董事长徐直军说道："我们明确了公司未来五年的战略目标，即通过为客户及伙伴创造价值，活下来，有质量地活下来。展望全年，尽管消费者业务因为受到外部影响收入下降，但我们有信心，运营商业务和企业业务仍将实现稳健增长。"

2021 年 10 月 29 日，华为发布了 2021 年前三季度财报。财报显示，华为前三季度公司实现销售收入 4 510 亿元人民币，净利润率 10.2%。

华为轮值董事长郭平回应称："整体经营结果符合预期，ToC 业务受到较大影响，ToB 业务表现稳定。我们将继续加强技术创新、研发投入和人才吸引，不断提升运营效率，我们有信心能够为客户和社会持续创造价值。"

2022 年 3 月 28 日，在华为 2021 年年度报告发布会上，华为首席财务官孟晚舟介绍了 2021 财年华为的营业收入："我先向大家介绍华为公司 2021 年的经营业绩。我这次的主题是：稳健经营，投入未来。我们的轮值董事长郭平先生在 2022 年初发表了新年致辞，在新年致辞中，他已经提到 2021 年华为公司的整体经营情况是符合预期的，2021 年经过审计师审计以后，我们实现了收入 6 368 亿元人民币。在此，我非常感谢客户、伙伴，还有我们的消费者对华为公司一直以来的信任和支持。去年（2021 年），我们实现了净利润 1 137 亿元人民币，相比于上年同期上升了 75.9%，经营性现金流597亿元人民币，同比上一年提升了69.4%。同时，我们也看到整个公司的资产负债率出现了非常好的变化。目前的资产负债率是57.8%，相比上一年下降了4.5个PCT。我们从这个概要的财务数据中可以看到，华为公司的整体财务状况出现了非常好的变化，同时整个财务的韧性也在持续地加强。"见表8-1。

表8-1 华为2021财年营业收入

	2021		2020	2019	2018	2017
	(美元百万元)	(人民币百万元)	(人民币百万元)			
销售收入	99 887	636 807	891 368	858 833	721 202	603 621
营业利润	19 044	121 412	72 501	77 835	73 287	56 384
营业利润率	19.1%	19.1%	8.1%	9.1%	10.2%	9.3%
净利润	17 837	113 718	64 649	62 656	59 345	47 455
经营活动现金流	9 360	59 670	35 218	91 384	74 659	96 336
现金与短期投资	65 304	416 334	357 366	371 040	265 857	199 943
运营资本	59 122	376 923	299 062	257 638	170 864	118 503
总资产	154 184	982 971	876 854	858 661	665 792	505 225
总借款	27 465	175 100	141 811	112 162	69 941	39 925
所有者权益	65 040	414 652	330 408	295 537	233 065	175 616
资产负债率	57.8%	57.8%	62.3%	65.6%	65.0%	65.2%

注：美元金额折算采用2021年期末汇率，即1美元兑6.375 3元人民币。

在消费者业务、运营商业务、企业业务板块的收入，孟晚舟介绍说道："下面我们看一下2021年我们的收入在整个业务侧的分布情况。在运营商领域，我们实现了销售收入 2 815 亿元人民币，海外的收入占比超过了 50%。总体而言，我们认为，运营商业务的市场占有率是符合预期的，收入规模也符合预期。同时，我们可以看看企业业务，企业业务在 2021 年实现了销售收入 1 024 亿元人民币，尤其是我们的新兴业务，比如华为云、数字能源增长是非常靓丽的，这两块业务的收入增长都已经超过了 30%。还有就是大家熟悉的华为消费者业务，在 2021 年，整个消费者业务领域实现了 2 434 亿元人民币的收入规模。当然，在手机、平板、PC 这三个受限的业务领域里，我们的收入出现了下滑，但是与此同时，穿戴设备、大屏等几类业务也出现了非常明显的增长，增长率超过了 30%。这是我们三块业务整体的分布情况。"见图 8－3。

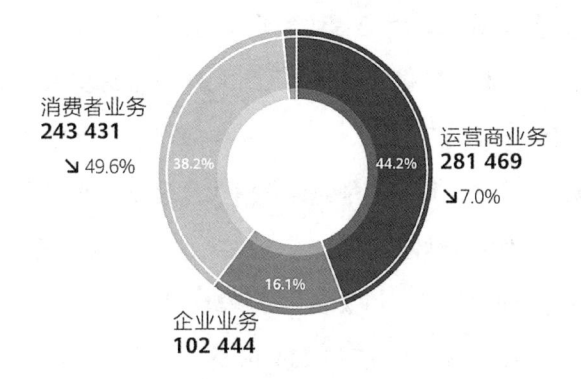

图 8－3　华为 2021 财年运营商业务、企业业务、消费者业务收入占比（单位：人民币百万元）

在区域市场，中国本土市场贡献了 64.9% 的营业收入，见图 8－4。

亚太
53 675
↘16.7%

美洲
29 225
↘26.3%

8.4%
4.6%

中国
413 299
↘30.9%

64.9%

20.6%

欧洲中东非洲
131 467
↘27.3%

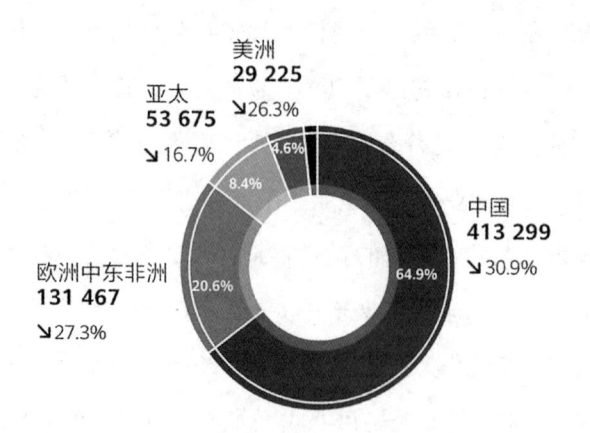

图8-4 华为2021财年区域板块的营业收入占比（单位：人民币百万元）

在中国市场，华为运营商业务受益于中国本土市场5G建设持续深入，发展较为稳健；企业业务在行业数字化与智能化转型加速推进下，健康成长；消费者业务坚持高品质，向场景化、生态化发展，为消费者提供极优体验，由此实现销售收入人民币4 132.99亿元。

在欧洲中东非洲地区，华为运营商业务受益于5G网络基础设施建设，经营保持稳健；企业业务借助行业数字化、智能化转型加速的势头，快速增长；消费者业务积极拓展HMS生态和融合产品，由此实现销售收入人民币1 314.67亿元。

在亚太地区市场，华为运营商业务受益于5G网络建设和行业应用进展加快，经营保持稳健；企业业务受益于企业数字化、智能化转型深入和加速，健康成长；消费者业务HMS生态创新快速发展，在智慧全场景有效增长，由此实现销售收入人民币536.75

亿元。

在美洲地区市场，华为运营商业务受益于5G网络新建和客户投资加大，稳健增长；企业业务通过引领行业数字化、智能化发展，实现稳步增长；消费者业务HMS生态拓展健康发展，在智慧全场景有效增长，由此实现销售收入人民币292.25亿元。见表8-2。

表8-2 华为2021财年区域板块的营业收入

（人民币百万元）	2021年	2020年	同比变动
中国	413 299	597 983	-30.9%
欧洲中东非洲	131 467	180 819	-27.3%
亚太	53 675	64 466	-16.7%
美洲	29 225	39 664	-26.3%
其他	9 141	8 436	8.4%
合计	636 807	891 368	-28.6%

第二，华为创始人任正非之女、首席财务官（Chief financial officer，简称CFO，又称"财务总监"）孟晚舟艰难归国。2021年9月25日22时，经过中国政府的不懈努力，孟晚舟乘坐的中国政府包机——中国国际航空临时执行CA552航班，徐徐降落在深圳宝安国际机场。这意味着华为在"孟晚舟被引渡案件"上取得阶段性胜利。

孟晚舟的成功返航，让亿万中国人备受鼓舞，也引发了国际社会的高度关注。与孟晚舟经历类似的阿尔斯通集团的前高管弗雷德里克·皮耶鲁奇更是感受颇深。2013年,弗雷德里克·皮耶鲁奇在美国机场被美国联邦调查局逮捕,并被起诉入狱。之后,美国司法部指控皮耶鲁齐涉嫌商业贿赂,并对阿尔斯通处以7.72亿美元罚款,阿尔斯通的电力业务最终被行业内的主要竞争对手美国通用电气公司收购。

相比深受牢狱之灾的弗雷德里克·皮耶鲁奇和被肢解的阿尔斯通集团,华为可谓是开启了一个先例。弗雷德里克·皮耶鲁奇直言:"在孟晚舟事件中,中国明显取得了阶段性胜利,但这仍不是事件的最终结果。华为仍在接受美国商务部的调查,华为相关的案件还没有最终解决。孟晚舟事件的另一大区别是,就她的情况而言,她是无罪的,这一点很重要。鉴于孟晚舟无罪,中国和华为还有谈判的空间。当然,孟晚舟的情况相当独特,她签署了一个延期的起诉协议,但她没有罪名,她只是承认了一些事实。孟晚舟的无罪释放是一个胜利,也是(面对美国长臂管辖)的巨大进步,因为对于美国来说,同意以这种方式解决孟晚舟事件是相当不寻常的。"

不仅如此,在华为公司董事会和监事会的重大人员变动中,归来的孟晚舟进入轮值董事长序列。

根据华为官网信息显示:2022年3月29日,部分董事辞任公司董事职务。候补董事李建国、彭博按规则依次递补为董事。目前董事会共计13人,比此前董事会(17人)少了4人(其中6人当选新监事会成员：郭平、丁耘、陈黎芳、李英涛、彭中阳、姚福海，2人递补进董事会：李建国、彭博）。

目前董事会成员包括：董事长：梁华。副董事长/轮值董事长：徐直军、胡厚崑、孟晚舟。常务董事：汪涛、余承东。董事：徐文伟、何庭波、任正非、陶景文、阎力大、李建国、彭博。

按照华为赛马相马的接班人筛选逻辑，孟晚舟已经事实上进入了华为接班人最后的角逐。在之前，对于孟晚舟是否接班，任正非在接受媒体采访时澄清："孟晚舟永生永世不可能做接班人，因为她没有技术背景，我不能完全从父亲的角度看儿女的发展轨迹。"

2019年4月13日，任正非在被问及："如果以后她（孟晚舟）被释放出来，在公司的角色是什么？"任正非回答称："原来干什么工作，继续干什么工作。"

针对此次重大人员变动，华为发言人表示，公司致力于优化和完善内部治理架构，以使公司基业长青，此次监事会换届是公司治理按章程有序推进的一项工作。华为公司监事会是公司最高监督机构，代表股东行使监督权。监事会的定位是对公司的生存发展和命运负责，其基本职权包括领导管理、业务审视和战略前瞻。

据悉，华为轮值董事长由3名副董事长担任，在当值期间是公司最高领导，轮值期为六个月。除孟晚舟外，目前华为另两位副董事长兼轮值董事长是徐直军、胡厚崑。郭平不再担任华为轮值董事长，转任华为监事会主席。

第三，华为供应链正在完善。当华为被美国列入实体清单后，也在继续地进行战略性自救：(1) 坚持供应链合规，重构"去美国化"供应链。按照目前美国对华政策的态势，美国对华为的打压或将加剧，长远来看，华为需要建立一条"去美国化"的芯片供应链势在必行，否则脖子永远捏在别人手里。(2) "在供应链方面，我们坚定不移拥抱全球化。如果美国公司愿意卖给我们零部件，我们会尽量想办法在系统中使用。"任正非在接受采访时高调地拥抱全球化，原因是："美国商务部的禁令并非'铁板一块'，彻底切断了华为采购芯片的途径，操作上仍留有弹性。"

第四，持续战略投入，构建未来能力。根据"华为2021年年度报告"披露的数据显示，2021年，研发费用支出为人民币1 427亿元，约占全年收入的22.4%。近十年累计投入的研发费用超过人民币8 450亿元。2021年，从事研究与开发的人员约10.7万名，约占公司总人数的54.8%。截至2021年底，华为在全球共持有有效授权专利4.5万余族（超过11万件）。90%以上专利为发明专利。华为在中国国家知识产权局和欧洲专利局2021年度专利授权量均排名第一，在美国专利商标局2021年度专利授权量位居第五。在第三方专业机构发布的专利全景报告中，华为在5G、Wi-Fi 6、H.266等多个主流标准领域居于行业领先地位。获得华为知识产权许可的厂商已经从传统通信行业扩展到智能汽车、智能家居、物联网等新兴行业。

对于华为的研发，孟晚舟介绍："对华为而言，客户的价值优先于股东的利益；研发的投资不受利润的约束。这是我们一贯坚持的做法。华为年收入的10%固定投入研发领域，这一条是写进了华为公司的基本法的。在这里我给大家展示了从2012年到2021年近十年研发投入的数据。我们可以看到，在2013年，研发投入占整个收入规模的占比为13.2%。一路走到2021年，研发投入占整个收入规模的占比已经达到了22.4%。这也是我们在研发领域投入的一个历史高位。欧盟2021年工业研发投入积分牌显示，华为的研发投入的排名已经在全球第二位。华为公司始终认为以收入作为基线进行研发投入，是我们真正能够持续为客户提供价值的一个基本保障。所以，无论我们的利润高低，我们都始终坚持这一点。我们不会站在股东的角度去管理利润，而是站在客户的角度去关注我们未来的可持续性和创新性。"

在之前，任正非也介绍华为的研发投入："科技发展正处在一个饱和曲线的平顶端，付出巨大的努力，并不能有对等的收益，反而给追赶者减少了追赶的困难。例如，我们每年投入研发经费是200亿美元，但收益只有研发投入的40%，60%的蜡烛在黑暗的探索之路燃尽了。我们仍无怨无悔地努力攀登，也像欧、美、日、俄等国领先公司一样，像蜡烛燃烧自己，也照亮别人。"

持续战略投入具体表现在：（1）华为"聚焦核心、放开周边，坚定战略投入，保持长期竞争力；加大'鸿蒙+欧拉'投入，打造数字世界基础软件的根，为世界提供第二种选择；加大数字能源根技术投入，发展清洁能源与推动传统能源数字化双轮驱动……仅靠节衣缩食实现不了高质量生存，坚持战略投入，强大自身才有未来。"

（2）开放吸纳全球优秀人才，充分激发内部人才潜力。在人才吸纳方面，郭平介绍："开展顶尖竞赛，广纳天下英才，补齐和提升软件、算法、算力等关键领域人才；我们鼓励有志者投身科学、探索不确定性问题，也激励优秀人才上一线、解决具体技术和商业问题，在激励政策上以责任结果为导向，但不以成败论英雄；营造开放的思想氛围，促进多基因文化，既要用好行业老专家，也要培养优秀年轻人，管理者和专家要主动和新员工多喝咖啡，帮助他们开阔眼界；我们要优化专家委员会运作，让专家在一线作战中拥有决策权，在作战中产生价值。也要保持专业人员队伍的相对稳定，让积极肯干的老员工持续发光发热。我们通过为客户创造价值获取合理回报，给一流的人才以一流待遇，持续创新突破，为社会多做贡献。"

2021年9月28日，任正非在《敞开胸怀，解放思想，敢于吸引全世界最优秀人才》一文中写道："这几年华为的招聘一直在进步，在国内坚持舀到最上层的那瓢油。现在要关注'高鼻子'人才的获取，要把在美国欧洲留学或工作过的各国优秀人才，吸引来中国工作。"

任正非的讲话并非空谈大论，而是付诸行动。2021年9月28日，英国广播公司（British Broadcasting Corporation，缩写BBC）新闻前高管加文·艾伦（Gavin Allen）在领英上高调宣布，自己已经入职华为，并在领英上发布了在华为公司门口的自拍照。

领英简历信息显示，2004 年起加入 BBC 到 2021 年 9 月离职，加文·艾伦在 BBC 工作时长达 17 年。在 BBC 工作期间，加文·艾伦担任过多档 BBC 新闻节目的负责人，硕士毕业于剑桥大学历史系的艾伦于 2020 年完成了哈佛大学肯尼迪学院的学习项目。

值得一提的是，在加文·艾伦就职华为时，媒体还披露了另外一个海外人才也加入华为的信息。2021 年 9 月 1 日，法国高等科学研究所（Institut des Hautes Études Scientifiques，简称 IHES）在官网上宣布，法国数学家、菲尔兹奖得主洛朗·拉福格（Laurent Lafforgue）正式加入华为技术法国公司。

第五，为客户创造价值，多产粮食。(1) 解决客户需求，为客户创造价值。据郭平介绍：“华为与全球运营商、政企客户、伙伴共同构建绿色、极简、智能的 ICT 基础设施，助力全行业数字化转型；聚焦关键行业，将 ICT 技术与行业场景深度融合，携手伙伴满足客户差异化需求，共创行业价值；智能终端坚持高品质、做强长板，向场景化、生态化发展，为消费者提供极优体验；数字能源产业，融合数字技术和电力电子技术，发展清源与能源数字化，共建绿色美好未来；华为云携手合作伙伴和开发者，为客户提供稳定可靠、安全可信、持续创新的云服务；智能汽车解决方案业务聚焦 ICT 技术，做好增量部件供应商，帮助车企造好车、卖好车。通过持续为客户创造价值，我们有信心多产粮食、度过困难时期，就像海涅的诗句一样：冬天来了，春天还会远吗？"

在《整个公司的经营方针要从追求规模转向追求利润和现金流》文章中，任正非说道："聚焦价值市场价值客户，把主要力量用于正态分布曲线中间的一段，一部分国家我们在市场上就彻底放弃了。我们也有肥肉市场，把原来啃骨头的人员调去啃肥肉。"

（2）坚持合作共赢，构建开放生态，与伙伴一起成长。据郭平介绍："围绕欧拉打造数字基础设施的软件生态，基于鸿蒙打造面向跨多终端环境下的生态系统，坚持开源、开放，让所有软件开发人员都来使用、贡献和受益，共同构建万物互联的智能世界；建设线上的开发者社区、线下的创新中心，打造满足客户需求的场景化解决方案，支持开发者持续为消费者提供创新体验；继续推动并维护全球统一技术标准；以长远眼光激励和支持渠道伙伴；积极支持与发展全球优质供应商，同舟共济，携手前行。只有我们的客户、伙伴获得了成功，才会有华为的成功。"

（3）一手拿枪，一手拿镐；艰苦奋斗，自力更生，华为重启南泥湾精神。针对美国一轮又一轮的疯狂制裁，华为已经做好永远被制裁的准备。当被媒体问及华为是否被移出实体清单时，2021年4月12日，华为轮值董事长徐直军在华为全球分析师大会上回应说道："华为对从实体清单中摘出来不抱任何幻想，将长期在实体清单之下工作和生活，现在所有战略目的都是为了确保华为在长期实体清单之下生存发展。"

从徐直军的表态来看，华为已经做好了最坏的打算，同时也在积极地解决生存和战略补洞的问题。

关于"南泥湾"计划，2021年2月9日，任正非在太原智能矿山创新实验室揭牌仪式后接受媒体采访说道："我对华为公司生存的信心更大了，而不是更小，因为我们有了更多克服困难的手段。2020年我们的销售收入和利润都实现了正增长。欢迎你有机会去参观一下宁波港，看看深圳的机场，以及迪拜机场、德国汽车工厂等，都因为我们提供了5G服务而产生了巨大进步。现在我们还是在继续获得大量客户的信任。我们开展了'南泥湾'计划，外国记者可能对'南泥湾'这个名词不够了解，这个名词实际上就是指生产自救。"

2021年11月3日，作为华为"罗马广场"的心声社区上传了一段名为"没有退路就是胜利之路——军团组建成立大会"的宣传视频。

视频内容显示，2021年10月29日，华为在松山湖园区举行军团组建成立大会，华为创始人兼CEO任正非、董事长梁华、副董事长兼轮值董事长郭平、副董事长兼轮值董事长徐直军、副董事长兼轮值董事长胡厚崑、华为常务董事兼消费者业务CEO兼华为智能汽车解决方案BU CEO余承东、常务董事兼运营商BG总裁丁耘等高层管理人员出席。

任正非和华为高层管理人员为即将出征的、300余名来自煤矿军团、智慧公路军团、海关和港口军团、智能光伏军团和数据中心能源军团的将士壮行。任正非满含热泪地说道："和平是打出来的。我们要用艰苦奋斗，英勇牺牲，打出一个未来30年的和平环境，让任何人都不敢再欺负我们。我们在为自己，也在为国家。为国舍命，日月同光；凤凰涅槃，人天共仰。历史会记住你们的，等我们同饮庆功酒那一天，于无声处听惊雷。"

2022年3月30日，华为公司在深圳华为坂田基地K区举行第二批军团组建成立大会。第二批十个军团是：电力数字化军团、政务一网通军团、机场与轨道军团、互动媒体军团、运动健康军团、显示新核军团、园区军团、广域网络军团、数据中心底座军团与数字站点军团。

任正非在成立大会上说："雨不打花花不红。我们不能只有天上有云，但不下雨，或者下雨，不落在花上，客户感知不到……所以，我们采取军团化的改革，就是缩短客户需求和解决方案、产品开发维护之间的联结，打通快速简洁的传递过程，减少传递中的物耗和损耗，对于当前国际风云变幻，在我们面临着越来越严苛的打压的时候，我们公司要稳住阵脚，要积极地调整队形，坚定地为客户创造价值，不能动摇，所以要采取灵活机动的战略战术。"

2022年5月26日，华为公司在深圳坂田基地A区举行第三批军团/系统部组建成立大会，宣布成立第三批五个军团/系统部——数字金融军团、站点能源军团、机器视觉军团、制造行业数字化系统部和公共事业系统部。

任正非在大会上表示："军团要重视各自商业模式的探索与建

立,军团是一个精干的集团组织,市场和服务是全球化的,我们要构建共生共赢的伙伴体系,卷入众多合作伙伴的千军万马,服务好千行百业。"加上华为前两批组建的十五个军团,目前华为已经有二十大军团及系统部。

华为在内部组建"军团"的模式颇为新颖,据任正非所说,此举是借鉴谷歌公司,属于"小军团"战术,编制不大,但战斗力极强,"扑上去,杀出一条血路"。具体来说,华为"军团"模式是把基础研究的科学家、技术专家、产品专家、工程专家、销售专家交付与服务专家全部汇集于一个部门,以工程开发人员为真正轴心,针对单个场景(比如,煤矿、智能光伏、智慧公路等)进行技术专攻,有利于打破现有公司各部门边界,在短时间内快速集结资源,穿插作战,提升效率,做深做透一个领域,从而实现业务高速增长。

任正非所言非虚,要想在竞争中取得优势,就必须拥有完备的战略储备,否则,"和平环境"是妥协不出来的,尤其是在当前华为发展的关键时期,作为担负冲锋突围重任的煤矿军团、智慧公路军团、海关和港口军团、智能光伏军团和数据中心能源军团,其使命不言而喻:一是给华为的生存和发展提供源源不断的现金流。二是给华为在5G技术的场景应用落地,探索新的盈利赛道。三是削弱对消费者业务,尤其是手机业务营业收入的依赖。四是战略转型和调整,进行有效的整合,集中有效的资源,对新的战略高地再次发起冲击,以"范弗利特弹药量"对目标进行"饱和式攻击"(所谓"范弗里特消耗",是指不计成本地投入庞大的弹药量进行密集轰炸和炮击,对敌实施压制和毁灭性的打击,意在迅速高效歼灭敌有生力量,使其难以组织有效的防御,最大限度地减少我方人员的伤亡),真正地打造一个 30 年和平的环境,为自己,也在为国家,突破他国对中国企业的技术封锁。

正如任正非所言:"只要我们不断地发现问题,不断地探索,不断地自我批判,不断地建设与改进,总会有出路的。就如松下电工昭示的救冰海沉船的唯有本企业员工一样,能救华为的,也只有华为自己的员工。从来就没有什么救世主,也没有神仙皇帝,要创造美好的明天,全靠我们自己。冬天总会过去,春天一定来到。我们乘着冬天,养精蓄锐,加强内部的改造,我们和日本企业一道,渡过这严冬。我们定会迎来残雪消融,溪流淙淙,华为的春天也一定会来临。"

第9章
谁有棉衣，谁就活下来

华为被美国列入实体清单后，依旧保持稳定的业绩，离不开任正非的"居安思危"。一直以来，"居安思危"都是任正非在内部讲话中极为重要的一个部分，不论是《华为的红旗还能打多久》《华为的冬天》，还是《华为要做追上特斯拉的大乌龟》……强烈的危机感一直贯穿其中。而这种危机感的产生，就使得华为内部激发活力，不断迎接挑战，缓解各种各样外部不利因素的影响，最后完全生存下来。[1]

在中国伟大的企业家中，任正非是一个忧患意识较重的企业家，在华为的发展过程中，任正非浓浓的危机意识渗透在华为的经营管理中。正是任正非强烈的危机感让华为在行业竞争中闯过数不胜数的险滩和暗礁；正是任正非浓浓的危机意识，打造了华

---

[1] 梁薇薇. 华为放弃美国被唱衰：是匹饱富乌龟精神的"狼"[N]. 中国产经新闻报，2014-01-16.

为，从一家深圳小企业蜕变为世界网络设备供应商；正是"华为没有成功，只有成长"的居安思危思维，使之成为华为变革的推动力。对此，任正非说："因为优秀，所以死亡。创业难，守业难，知难不难。高科技企业以往的成功，往往是失败之母，在这瞬息万变的信息社会，唯有惶者才能生存。"

01　华为总会有冬天，准备好棉衣，比不准备好

在华为的成长过程中，无处不在地体现任正非的"危机意识"。研究专家晓忆撰文指出："危机意识是一种领导者积聚能量的内心动力，更是一种超前的战略思维，它驱动着整个组织保持对外界刺激的敏感性，保持了一种警惕和临界状态，从而激发了华为这家大公司的活力。"

杨杜教授在接受媒体采访时坦言："任正非不断提到华为的冬天，不断提到竞争，危机意识成为优秀企业家的基因。正如微软的比尔·盖茨，三星的李健熙。"

在杨杜看来，华为的成功主要源于任正非的冬天危机。在《北国之春》一文中，任正非是这样开头的：

> 我曾数百次听过《北国之春》，每一次都热泪盈眶，都为

其朴实无华的歌词所震撼。《北国之春》原作者的创作之意是歌颂创业者和奋斗者的，而不是当今青年人误认为的一首情歌。

在樱花盛开春光明媚的时节，我们踏上了日本的国土。此次东瀛之行，我们不是来感受异国春天的气息，欣赏漫山遍野的樱花，而是为了来学习度过冬天的经验。

一踏上日本国土，给我的第一印象还是与十年前一样宁静、祥和、清洁、富裕与舒适。从偏远的农村，到繁华的大城市，街道还是那样整洁，所到之处还是那样井然有序；人还是那样慈祥、和善、彬彬有礼，脚步还是那样匆匆；从拉面店的服务员，到乡村小旅馆的老太太，从大公司的上班族，到……所有人都这么平和、乐观和敬业，他们是如此珍惜自己的工作，如此珍惜为他人服务的机会，工作似乎是他们最高的享受，没有任何躁动、不满与怨气。在我看来，日本仍然是十年前的日本，日本人还是十年前的日本人。

但谁能想到，这十年间日本经受了战后最严寒和最漫长的冬天。正因为现在的所见所闻，是建立在这么长时间的低增长时期的基础上，这使我感受尤深。日本绝大多数企业，近八年没有增加过工资，但社会治安仍然比北欧还好，真是让人赞叹。日本一旦重新起飞，这样的基础一定让它一飞冲天。华为若连续遭遇两个冬天，就不知道华为人是否还会平静，沉着应对，克服困难，期盼春天。

日本从20世纪90年代初起，连续十年低增长、零增长、负增长……这个冬天太长了。日本企业是如何度过来的，他们遇到了什么困难，有些什么经验，能给我们什么启示？

这是我们赴日访问的目的所在。

华为经历了十年高速发展，能不能长期持续发展，会不会遭遇低增长，甚至是长时间的低增长；企业的结构与管理上存在什么问题；员工在和平时期快速晋升，能否经受得起冬天的严寒；快速发展中的现金流会不会中断，如在江河凝固时，有涓涓细流，不致使企业处于完全停滞……这些都是企业领导人应预先研究的。

华为总会有冬天，准备好棉衣，比不准备好。我们该如何应对华为的冬天？这是我们在日本时时思索和讨论的话题。

2004年10月19日，任正非出访考察日本，归国后任正非总结了此次考察的目的。正如任正非所言，此次赴日考察并非为了感受异国春天的气息，欣赏漫山遍野的樱花，而是为了来学习日本度过冬天的经验，即便是今日今时仍然具有很大的现实意义。

在内部讲话中，危机是任正非提过频率最高的词语。任正非坦言："历史给予华为机会，我们要防微杜渐，居安思危，才能长治久安。如果我们为当前的繁荣、发展所迷惑，看不见各种潜伏着的危机，我们就会像在冷水中不知大难将至的青蛙一样，最后在水深火热中魂归西天。"

当华为取得较好业绩时，清醒的任正非告诫华为人说："华为没有成功，只有成长。"任正非的理由是："由于资金的不平衡，公司一次又一次地面临危机，一次又一次被推到危险的边缘。是谁挽救了公司，是什么神暗中保佑？是集体奋斗之神，是数千员工及家属之魂，托起的气场保佑了公司。尤其是在市场部'胜则举杯相庆，败则拼死相救'的工作原则感召下，多少英雄儿女放弃科学家梦，一批又一批奔赴前线。"

02　没有预见，没有预防，就会冻死

纵观华为的发展之中，危机意识始终融入华为的经营管理之中，杨杜教授分析说："任正非富有远见，2001年，他发表华为冬天的讲话时，就意识到华为不能只靠单一、纵深的产品打开市场，华为必须由单一通信产品如交换机、路由器向整个IT网络产品供应商转变；在深圳周边的一些电子厂商专注于产品竞争时，华为确认'以客户价值为核心'的增长方式，大手笔投入研发，专注于科技研发和技术领先，改变了华为后来的竞争态势和方向；20世纪90年代末，大多数中国企业在国内市场上进行蓝海竞争的时候，任正非已将华为发展视角放到海外，全面推动华为的国际化。经过十多年的奋斗，华为如今实现了跨国公司版图。华为的转型和领导者的素质有直接关系。"

在杨杜看来，华为的成功转型与任正非的领导素质有着直接关系。在华为科级以上干部大会上，任正非做了名为《2001十大管理工作要点》的报告，其讲话内容被加题为"《华为的冬天》在各大企业管理者中间广泛传播"。许多企业的领军人物如创维的黄宏生、联想的杨元庆以及东软的刘积仁在读到此文后纷纷认为"这篇文章说出了所有干企业的人的感受"。任正非在此文中指出，繁荣的背后是萧条，我们在春天与夏天要念着冬天的问题。居安思危，不是危言耸听。这是总裁与员工共同准备冬天的经典范例。[1]

在该文中，任正非坦言："华为的危机，以及萎缩、破产是一定会到来的。"他说："现在是春天吧，但冬天已经不远了，我们在春天与夏天要念着冬天的问题。IT业的冬天对别的公司来说不一定是冬天，而对华为可能是冬天。华为的冬天可能来得更冷一些。我们还太嫩，我们公司经过十年的顺利发展没有经历过挫折，不经过挫折就不知道如何走向正确道路。磨难是一笔财富，而我们没有经过磨难，这是我们最大的弱点。我们完全没有适应不发展的心理准备与技能准备。"

"危机的到来是不知不觉的，我认为所有的员工都不能站在自己的角度立场想问题。如果说你们没有宽广的胸怀，就不可能正

---

[1] 蓝维维. 从任正非的《华为的冬天》看企业人文管理[N]. 南方都市报，2002-01-28.

确对待变革。如果你不能正确对待变革，抵制变革，公司就会死亡。在这个过程中，大家一方面要努力地提升自己，一方面要与同志们团结好，提高组织效率，并把自己的好干部送到别的部门去，使自己部下有提升的机会。你减少了编制，避免了裁员、压缩。在改革过程中，很多变革总会触动某些员工的一些利益和矛盾，希望大家不要发牢骚，说怪话，特别是我们的干部要自律，不要传播小道消息。"

在任正非看来，只有居安思危，才能避免温水煮青蛙致死的悲剧。任正非在署名文章《一江春水向东流》中这样写道：

> 我不知道我们的路能走多好，这需要全体员工的拥护，以及客户和合作伙伴的理解与支持。我相信由于我的不聪明，引出来的集体奋斗与集体智慧，若能为公司的强大、为祖国、为世界做出一点贡献，二十多年的辛苦就值得了。
>
> 我知识的底蕴不够，也并不够聪明，但我容得了优秀的员工与我一起工作，与他们在一起，我也被熏陶得优秀了。他们出类拔萃，夹着我前进，我又没有什么退路，不得不被"绑"着，"架"着往前走，不小心就让他们抬到了峨眉山顶。
>
> 我也体会到团结合作的力量。这些年来进步最大的是我，从一个"土民"，被精英们抬成了一个体面的小老头。因为我的性格像海绵一样，善于吸取他们的营养，总结他们的精华，而且大胆地开放输出。

那些人中精英，在时代的大潮中，更会被众人团结合作抬到喜马拉雅山顶。希腊大力神的母亲是大地，他只要一靠在大地上就力大无穷。我们的大地就是众人和制度，相信制度的力量，会使他们团结合作把公司抬到金顶的。

作为轮值CEO，他们不再是只关注内部的建设与运作，同时，也要放眼外部，放眼世界，要自己适应外部环境的运作，趋利避害。我们伸出头去，看见我们现在是处在一个多变的世界，风暴与骄阳，和煦的春光与万丈深渊……并存着。

任正非还写道：

我们无法准确预测未来，仍要大胆拥抱未来。面对潮起潮落，即使公司大幅度萎缩，我们不仅要淡定，也要矢志不移地继续推动组织朝向长期价值贡献的方向去改革。要改革，更要开放。要去除成功的惰性与思维的惯性对队伍的影响，也不能躺在过去荣耀的延长线上，只要我们能不断地激活队伍，我们就有希望。

历史的灾难经常是周而复始的，人们的贪婪，从未因灾难改进过，过高的杠杆比，推动经济的泡沫化，总会破灭。我们唯有把握更清晰的方向，更努力地工作，任何投机总会要还账的。

经济越来越不可控，如果金融危机的进一步延伸爆炸，货币急剧贬值，外部社会动荡，我们会独善其身吗？我们有能力挽救自己吗？我们行驶的航船，员工会像韩国人卖掉金首饰救国家一样，给我们集资买油吗？历史没有终结，繁荣会永恒吗？

我们既要有信心，也不要盲目相信未来，历史的灾难，都是我们的前车之鉴。我们对未来的无知是无法解决的问题，但我们可以通过归纳找到方向，并使自己处在合理组织结构及优良的进取状态，以此来预防未来。死亡是会到来的，这是历史规律，我们的责任是应不断延长我们的生命。

千古兴亡多少事，一江春水向东流，流过太平洋，流过印度洋……不回头。

由此可见，任正非浓厚的危机意识，不仅保证了华为没有遭遇滑铁卢，同时也是基于对华为未来的战略思考。合众资源企业管理顾问机构董事长刘承元博士在接受媒体采访时高度评价了任正非的危机意识："任正非在决策中的危机意识绝非泛泛而谈的危机意识，而是基于对未来先见和洞察之上的战略思考。任正非在最新的2012实验室谈话中，指出华为的优势是管道，终端基本不存在优势，就是一种危机意识的体现。他同时指出在华为技术平台的构建中，芯片和终端操作系统是技术创新头脑风暴的焦点。这是华为审时度势的一个战略选择。"

"对华为来说，要与国际超一流企业共舞，没有核心技术不行，否则就将受制于人，所以要做芯片；没有广泛的客户支持也不行，有市场才是硬道理，所以要做终端。尽管我们还不能断定华为一定能够通过新的思维模式打破现在的局面，但是华为开始尝试挑战这种局面本身就是一种巨大的进步。"

　　刘承元博士的评价是非常客观的，该观点得到了韬睿惠悦人力资本咨询华南区总经理高原博士的高度认可，高原博士曾在华为人力资源体系任职多年，对任正非的危机意识有近距离的感受。高原博士说："任正非的危机感随着企业发展的不同阶段，呈现不同的层次。在华为刚创立，公司规模比较小的时候，任正非说，我每天考虑的是华为如何活下去。所有的经营都围绕这个展开，聚焦于人才、产品、资金链等问题。华为做大之后，任正非反复倡导打造开放、包容、公共的平台。他在 2012 年最近的谈话里提到华为不能闭门搞研发，一定要开放、吸收别人的优势，只做自己核心的产品和技术，创新围绕人类的价值来开展。"

　　在多年前，华为刚刚跻身中国大陆地区电子百强首位时，可能一些经营者看到这样的业绩，绝对会举杯相庆。然而，任正非却嗅到华为的冬天。在喜人业绩的时刻，任正非带领华为人开拓海外市场。正是这样的危机意识，使得 10 年后的华为，其海外收入已占总销售收入的 75%，位于世界通信业的第二位。取得这样的业绩时，此刻的任正非同样充满忧患意识："华为公司若不想消亡，就一定要有世界领先的概念。我们只有瞄准业界最佳才有生存的余地。"

　　不可否认，华为之所以能够在动荡的市场环境中，能够漂亮地实现对竞争对手的弯道超越，是因为在任正非的超前的危机意识下，还没有爆发危机时，已经提前做好准备。任正非说道："华为二十几年都只做一件事，就是坚持管道战略。人只要把仅有的一点优势发挥好了就行了，咬定青山不放松，一步一步就叫步步高。"

对此，万通控股董事长冯仑告诫企业家说："民营企业领导应该深刻地理解死亡，不要回避这件事，在活着的时候，做好公司制度的继承安排，也做好个人身后事的安排。这样，任何时候，车祸、疾病什么的都不能使你的企业和家人受到不必要的困扰。作为一个民营企业领导人，你每天都要有危机意识，要清楚地知道你快不行的时候谁会来救你。只有每天不断把这个问题想好，才能够给自己的企业架设一个安全的未来通途。"

在冯仑看来，危机意识是保证企业生存和发展的有效手段。正因为如此，在华为的发展中，在任正非的管理视野中总是充满冬天。在第一阶段的八年冬天里，华为的销售收入从152亿元人民币到125.6亿美元，华为的增长势头较为迅猛；即使在国际通信市场上，华为与世界上最大的通信设备供应商们同台竞技，也毫不逊色。

在这样的背景下，有利于华为的大好形势，任正非却再一次警告华为人说冬天要来了："冬天也是可爱的，并不是可恨的。我们如果不经过一个冬天，我们的队伍一直飘飘然是非常危险的，华为千万不能骄傲。所以，冬天并不可怕。我们是能够渡得过去的。"

可以这样说，任正非居安思危的危机意识是中国企业家的、不可多得的典范。这样的忧虑足以说明任正非对华为发展的忧患，因为任正非认为，华为的第五次危机随时可能到来，华为的红旗到底能打多久无疑是横亘在任正非面前的不得不思考的问题。

第五部分

CHAPTER FIVE

全球化拓展：以知识产权为武器攻占170个国家

今天我们的勇士又要出征了,我们已经拥有170个国家武装到牙齿的铁的队伍,我们的流程IT已经能支持到单兵作战。每年我们仍会继续投入上百亿美元,改善产品与作战条件。我们要从使用"汉阳造"到驾驶"航母"的现代作战方式转变。我们除了在传统增量市场大量培养将军,创造成绩,多生产粮食外。在新的机会领域,我们也要努力成长。

——华为创始人 任正非

第10章
华为国际化最初的冲动只是想过冬

1993年,历经艰难的华为,跃升上了一个新台阶。同年,华为销售额首次突破4亿元(4.1亿元),比1992年的1亿多元增加了近三倍。

取得这样的战绩,任正非在"年终总结会"上掩面而泣。任正非说道:"我们活下来了。"试想一下,一个铁骨铮铮的硬汉子,在讲话中不断地抹泪哽咽,这意味着为了初创期华为的生存和发展,任正非经历了太多的挫折和磨难。

任正非的"活下来",绝非感叹,而是陷入深深的忧虑。此时,华为自己研发的交换机产品依旧没有办法攻下各地电信局,只能清洗各种事业、企业内部客户这样的盐碱地市场,以谋求生存。

究其原因,中国的通信市场被"七国八制"(所谓"七国八制",是指日本NEC和富士通、美国朗讯、加拿大北电、瑞典爱立信、德国西门子、比利时贝尔和法国阿尔卡特八家)垄断。

华为觊觎电信局的订单，一方面是订单的规模，其次就是较高的利润，与企事业单位订单相比，甚至达到几十倍。

在本土市场，眼看如此利润丰厚的蛋糕而不得，任正非心急如焚。原因如下：第一，在中国本土市场，跨国企业直接安营扎寨，竞争的区域就在华为的家门口。第二，通信设备关税的降低，加剧中国本土市场激烈的市场竞争。第三，资金、技术、人才都无法与跨国企业直接竞争，同时还要面对跨国企业与中国本土巨头的前后夹击。第四，既然产品在中国三、四线城市有所突破，那么海外市场中那些与中国三、四线城市类似的对产品需求稍低一点的国家市场就进入华为高层的通盘布局中。

基于此，任正非果断决策，拉开华为国际化的幕布。在任正非看来，只有国际化，华为才能活下去；只有国际化，华为才能渡过"冬天"；只有国际化，华为才能成为世界级领先企业。在求得生存和发展的战略背景下，任正非带着让"华为活下去"的期望，开始探索华为的国际化之路。

01　国际化是为了更好地度过"冬天"

关于华为的国际化起点，中外学者有着自己不同的定义：有的学者认为，华为的国际化始于 1987 年 9 月 15 日，这是华为公司核发营业执照、完成注册的日期，是华为公司生命的真正起点；有的学者认为，华为国际化始于 1994 年，这源于任正非赴美考察；有的学者认为，华为的国际化始于 1997 年，这源于任正非决定向 IBM 系统学习其供应链管理等；更有学者甚至认为，华为的国际化始于 2001 年，这源于任正非的那场著名的"风萧萧兮易水寒"的出征演讲……

在找寻华为国际化的起点问题上，面对诸多的时间和事件节点，本书没有选择 1987 年，也没有选择 2001 年，而是选择了 1994 年。

之所以选择 1994 年，一个重要的事件是，作为华为创始人的任正非，考察美国"波士顿"（Boston）、拉斯维加斯电子消费产品展览，尽管此刻的华为还没有真正意义上的国际化，但是却影响了华为日后的国际化路径。

1992 年前后，在贸工技，还是技工贸的赛道选择中，华为已经开始向技工贸转向，这是华为一个重要的战略转型节点。正如晚清名臣李鸿章所言："我朝处数千年未有之奇局，自应建数千年未有之奇业……合地球东西南朔九万里之遥胥聚于中国，此三千年一大变局也。"

在纷繁复杂的 20 世纪 90 年代，这样的变局也影响通信市场。在探讨华为转型的同时，曾经风光无限的王安电脑公司宣布破产保护，引起了任正非的关注。

为了搞清楚王安公司的倒下真相，任正非带着诸多疑问，开始自己的赴美行程。其中，寻找王安公司的破产保护真相成为此次行程的一个重点。在此次考察中，任正非把首站安排在波士顿。众所周知，波士顿创建于 1630 年，位于美国东北部大西洋沿岸，因为"波士顿倾茶事件"引起美国独立战争，至今拥有 400 多年的历史。

在波士顿考察期间，CP 公司给任正非留下非常深刻的印象。1994 年，CP 公司仅仅是美国成千上万家公司的一个小公司，却展示了美国人执着的钻研和认真精神。更让任正非如获至宝的是，CP 公司"如绅士风度一般的有条不紊、井井有条的管理"。例如，CP 公司管理井井有条，各类管理文件非常清晰、准确。

此外，"美国人踏踏实实、十分专一的认真精神，精益求精的工作作风，毫无保守的学术风气"让任正非顶礼膜拜。这为日后任正非选择 IBM 作为自己的学习老师埋下了伏笔。

20 世纪 90 年代中期，激荡的社会变革也在轰轰烈烈地展开。1994 年 12 月 17 日，位于中国香港红磡的体育馆，《摇滚中国乐势力》演唱会上的歌手张楚声嘶力竭地唱道："请上苍保佑吃完了饭的人民，保佑工人还有农民、小资产阶级、姑娘和民警……"

正如同历史学家罗兹·墨菲所言："历史时期的划分永远是所有历史学家的一个难题，历史时期的命名也同样棘手。"

此阶段的华为显然没有"感觉到撑"，这家创建于 1980 年代的初创企业，虽然历经筚路蓝缕的草创阶段，已积累不少资金、技术、骨干人才，但是居安思危的任正非却正在谋划华为下一步的未来蓝图——拓展国际化市场。

当然,任正非谋划的华为国际化战略,源于当时华为的困境。1995年,中国本土市场的通信骨干网络近乎铺设完成,这意味着中国本土电信基础设施的大规模投入战略机遇期也不复存在,有限的中国本土通信市场,留给华为的生存和发展空间已经很小。

要想寻求新的突破点,拓展国际市场就是一条非走不可的路。在内部讲话中,任正非告诫道:"华为不可能回避全球化,也不可能有寻求保护的狭隘民族主义心态。因此,华为从一开始创建就呈全开放的心态,在与西方公司的竞争中,华为学会了竞争,学会了技术与管理的进步。"

在任正非看来,与其像鸵鸟一样龟缩起来,倒不如积极进攻。任正非对当时局势的总结是:"我们的队伍太年轻,而且又生长在我们顺利发展的时期,抗风险意识与驾驭危机的能力都较弱,经不起打击……不趁着短暂的领先,尽快抢占一些市场,加大投入来巩固和延长我们的先进,势必一点点领先的优势会稍纵即逝。不努力,就会徒伤悲。我们应在该出击时就出击,我们现在还不十分危险,若3至5年之内建立不起国际化的队伍,那么中国市场一旦饱和,我们将坐以待毙!"

在国际化征途中,只有积极主动地拓展,才是上上策,一味地回避国际市场的拓展,无疑是坐井观天,极不明智。

02 "农村包围城市"的国际化路径

1996年,华为的销售额达到26亿元人民币,继续高歌猛进。确定的国际化,却面临一个棘手的问题,到底拓展哪一个国家市场作为首站?站到十字路口的华为,选择哪个市场作为打响国际化市场拓展的"第一枪"引发了激烈争论。

经过数次讨论后,华为决策层最终决定,复制中国本土市场"以农村包围城市"的战略拓展经验。这就意味着华为率先从电信发展相对较为薄弱的国家和地区市场拓展,其后再以此为根据地,最后发起对发达国家通信市场的猛攻,力争取得胜利。在这样的国际化战略指导下,以中国香港试验田为起点,此后考察俄罗斯市场,其后再到非洲市场、南美市场、中东市场等第三世界国家和地区,最终拓展欧、美、日、新加坡等发达国家和地区市场。

华为选择这样的国际化途径是合理而且是理性的,一方面源于华为优先考虑了通信设备发展较为落后的国家市场,这样的市场相对容易拓展;另外一方面,华为遵循一个由浅入深的"国际化睡莲"战略,可以作为华为"进可攻,退可守"的战略根据地。正是选择了这样的"国际化睡莲"战略,给华为在海外市场的有序拓展打下了坚实的基础。

大量事实证明,机会是给有准备的人的,华为C&C 08交换机的技术突破，让自己获得了一次练兵的机会。1996年，随着中国香港电信政策的调整，和记电讯由此获得固定电话的运营牌照，但是却必须解决一个超乎想象的难题——在90天时间内，必须完成移机不改号的改造。

和记电讯马不停蹄地向欧洲的爱立信、诺基亚供应商抛出合作橄榄枝，结果却让和记电讯异常失望。究其原因，爱立信和诺基亚回复和记电讯的内容几乎相同：（1）完成此次项目改造的时间较长，起码需要180天；（2）改造该项目的报价非常高。

吃了闭门羹的和记电讯，只能暂停与爱立信、诺基亚的合作意向。面对烫手的山芋，和记电讯高层一筹莫展，甚至打算放弃改造该项目。

正当和记电讯近乎绝望时，位于深圳的、崛起的华为，就成为和记电讯的最后一根救命稻草。此刻，财大气粗的和记电讯不再矜持，也不再傲慢和偏见，果断地派出高管与华为接洽，双方一拍即合。从天而降的机会让华为倍加珍惜，在预期的90天时间内，华为出色地完成了该项目的改造。

随后，华为开始投石问路，在俄罗斯市场建立合资企业。众所周知，20世纪90年代，"倒爷"一夜暴富的信息刺激着中国人的"荷尔蒙"，当南德集团创始人牟其中用罐头成功地换飞机的事迹被各大媒体披露后，来自中国的"国际倒爷们"如同当年欧洲人前来阿拉斯加淘金一样疯狂。

此刻的华为决策层也不例外，决定派出自己的市场突击队，期望实现自己的战略预期——"一星期能挣一辆奔驰"。就这样，华为开始驶入了俄罗斯市场的大道。

1997年，华为拓展俄罗斯市场。在之前3年间，华为积极地组织了数十个代表团访俄，前后达到数百人次。其间，华为邀请俄代表团也数次访问华为。华为之所以这样做，是因为华为在充分准备自己的市场拓展，尽管如此，华为对能否打开俄罗斯电信市场，却依然没有百分之百的把握。

在拓展国际市场的初期，也走了很多弯路。1998年，华为几乎是颗粒无收，一无所获。1999年，经过一系列拓展，华为仍然毫无进展，同样一无所获。经过多方努力，华为以此为基础建立了合资企业——贝托华为。

当普京就任俄罗斯总统后，开始全面整顿俄罗斯的宏观经济，使得俄罗斯经济"回暖"。与俄罗斯沟通几年的华为，终于抢跑其竞争者，赢得俄罗斯政府新一轮采购计划头班车的车票。

在拉丁美洲，华为也在积极布局，并且筹建了巴西地区部。1997年，华为开始拓展拉丁美洲市场，筹建了巴西地区部。1999年，华为为了更好地拓展巴西市场，在巴西创建拉美地区首个海外代表处。经过几年的拓展，华为已经开始在巴西有了突破。2004年2月，华为成功竞标巴西NGN（下一代网络）项目，价值700多万美元。按照华为人才本地化的策略，在巴西设立研发中心。2011年，华为宣称，华为将在巴西设立研究中心投资3亿美元。

2012年，华为在巴西圣保罗州的索罗卡巴市创建了拉美地区最大的配送中心，投资金额达到 6 000 万美元。其后，继续扩大在巴西的投资。2013 年，华为在巴西创建智能手机生产厂，及多个配送中心。

与此同时，华为也在清洗非洲"盐碱地"，深耕尼日利亚市场。1998 年，华为选择了拓展尼日利亚通信市场。基于当时的竞争格局，无疑给华为拓展尼日利亚通信市场增加了难度。华为不仅要与西门子、阿尔卡特、爱立信、朗讯，以及摩托罗拉同台竞争，而且只有 7% 的市场可以争夺。一旦从通信大佬手中抢占市场份额，无疑是虎口拔牙。

在拓展尼日利亚市场的初期，华为的拓展异常艰难，其收成几乎是颗粒无收。不得已，华为只能凭借自己的艰苦努力和以客户为中心，终于赢得回报。2003 年，华为成功地拿下尼日利亚移动电信网络公司（MTN）和星空通讯公司（Starcomms）两家公司，实现销售额达到 7 000 多万美元。

为了撕开欧洲市场的口子，华为积极地与英国各方沟通，最终获得英国电信的认证。在西欧国家，客户需求的改变让华为不得不改变其策略。原因是欧洲人"不差钱"，更注重产品的品质和质量。因此，只有在品质和质量上下功夫，华为才可能打开其市场。其后，华为获得了英国电信的认证。

2003 年，英国电信开始在全球范围内选择网络设备供应商，由于华为此前经过沟通和了解，英国电信颁发给华为投标的认证。据了解，该认证不针对产品，而是针对企业，总共包括质量、品质、财务、人力资源、环境、科学管理等12个维度，其中还有一项人权调查。

为了调查此事，英国电信专门调查华为的生产线以及员工宿舍。调查华为员工的加班时间、待遇，甚至是调查华为的供应商。

在调查期间，由于一个供应商的员工工资低于深圳当地的平均工资，英国电信要求华为与该供应商解除合同，否则就取消此认证。

英国电信持续调查两年之久，足以说明该认证异常严格。当华为获得英国电信颁发的认证后，欧洲市场才真正地向华为开放。

正是因为华为得到了这个认证，其后华为陆续获得澳大利亚电信、西班牙电信、沃达丰的认证。当华为获得进入欧洲的认证后，华为在欧洲市场的拓展较为顺利。

随后，华为布局东南亚市场，以巩固自己的市场地位，经过几年的国际化征伐，华为先后拓展俄罗斯、非洲、东南亚、南美、北美、欧洲市场，且已经积累了不少国际化战略经验。2004年，华为的销售额达到462亿元人民币，其中海外市场达到22.8亿美元。

此刻的华为，并没有放缓自己的国际化步伐，依旧在拓展自己的边界。当初散状的"睡莲"已经起到了根据地的作用。在东南亚，华为先后成功地拓展了泰国、越南、菲律宾等东南亚国家市场，在东南亚通信业中站稳了脚。其后，华为继续拓展新加坡、日本和马来西亚市场，以此巩固自己的市场地位。

第11章
共享价值链利益

在国际化市场的拓展中，遭遇思科的起诉，让正在国际化急行军的华为警醒。究其原因，中国企业在海外拓展市场的同时，必须解决国际化市场中可能存在的潜在知识产权保护障碍问题。

任正非在内部讲话中谈道："IPR（专利）是国际市场的入门券，没有它高科技产品就难以卖到国际市场。虽然华为每年按销售收入的10%~15%投入研究开发，在研究经费的数量级上缩小了与西方公司的差距，也在IPR上还在缩小差距。华为已有8 000多项专利申请，但相对世界几十年的积累是微不足道的。IPR投入是一项战略性投入，它不像产品开发那样可以较快地、在一两年时间内就看到其效果，它需要一个长期的、持续不断的积累过程，华为一方面加大了IPR研发的投入；另一方面华为真诚地与众多西方公司按照国际惯例达成了一些知识产权的交叉许可协议，有些还在谈判并继续达成协议的过程中。思科诉华为，只是所有这些谈判中没有取得一致意见的一例，在西方发达国家这种官司非常普遍，华为在这场诉讼中证明了自己是清白的，是讲诚信和值得客户及竞争伙伴信任和尊重的。官司已经结束了，它并不影响华为与思科继续合作。国际市场是一个法治的环境，也是一个充满官司的环境，华为有了这些宝贵的经验，今后就不会慌张失措了。华为以后主要的销售在海外。没有与西方公司达成的许可协议和由此营造的和平发展环境，这个计划就不能实现。我们是付出了少量专利许可费，但我们也因此获得了更大的产值和更快的成长。"[1]

由此可见，在初期的国际化市场拓展中，华为遭遇思科的专利诉讼，影响了日后华为的全球化战略拓展，甚至是一道较为明显的分水岭。任正非意识到，在拓展欧美市场的问题上，要想取得实质性突破，必须通过结盟或者合作的方式，任正非称其为"以土地换和平"，否则华为树敌太多。

鉴于此，任正非在内部讲话中谈道："我们把竞争对手称为友商，我们的友商是阿尔卡特、西门子、爱立信和摩托罗拉等。我们要向拉宾学习，以土地换和平。拉宾是以色列前总理，他提出了以土地换和平的概念。2000年IT泡沫破灭后，整个通信行业的发展趋于理性，未来几年的年增长率不会超过4%。华为要快速增长就意味着要从友商手里夺取份额，这就直接威胁到友商的生存

---

[1] 任正非."我们要鼓励自主创新就更要保护知识产权" [J]. 中国企业家，2006 (z1): 30-33.

和发展,可能在国际市场到处树敌,甚至遭到群起而攻之的处境。"

面对对手的集体围攻,尤其是遭遇像思科一样的对手围攻,这不仅增加了华为拓展海外市场的难度,同时华为的口碑度受损,更为严重的是,资金和研发实力相对弱小的华为,经不住如此的折腾。

面对这样的难题,华为只能有所为,有所不为。任正非说道:"华为现在还很弱小,还不足以和国际友商直接抗衡,所以我们要韬光养晦,要向拉宾学习,以土地换和平,宁愿放弃一些市场、一些利益,也要与友商合作,成为伙伴,共同创造良好的生存空间,共享价值链的利益。我们已在很多领域与友商合作,经过五六年的努力,大家已经能接受我们,所以现在国际大公司认为我们越来越趋向于是朋友。如果都认为我们是敌人的话,我们的处境是很困难的。"

战略思路的转变,让华为在欧洲市场的发展较为顺利,当华为遭遇欧盟反倾销调查时,爱立信、诺基亚等等纷纷力证华为不存在反倾销行为。

2013年5月17日,来自奥地利《经济报》的报道称,爱立信和诺基亚西门子通信两个公司在2013年5月16日发表声明,批评欧盟贸易事务委员卡雷尔·德古赫特(Karel De Gucht)拟对华为启动反倾销、反补贴调查。

在声明中,爱立信公司经理伍尔夫·皮尔森(Woolf Pearson)

发表其观点坦言:"我们不支持欧委会这种单方面的做法。"

伍尔夫·皮尔森认为,华为是爱立信与诺基亚西门子通讯两家公司重要的生意伙伴。此外,爱立信负责政府和行业关系的乌尔夫·佩尔森(Ulf Pehrsson)也公开反对此次对华为的反倾销、反补贴调查。乌尔夫·佩尔森称,委员会的任何针对这些公司的反倾销计划都可能会导致对他们施加惩罚性进口关税,这是错误的处理方式。

乌尔夫·佩尔森说道:"爱立信是自由贸易的坚定支持者,我们不认同这类单方面措施……欧盟这种针对个别中国企业的行为,面临着开启恶性循环的风险。"

当华为遭遇欧盟的"双反调查"时,按照传统的惯例,爱立信和诺基亚西门子没有通过欧盟的操作联手将华为赶出欧洲市场,却主动站出来为华为说话。这样的转变源于2005年任正非在拓展欧洲市场时的战略变化。

回顾华为的2005年,任正非在拓展欧洲市场时,摈弃了之前的价格战,以一种全新的战略视角,提出联合自己的竞争对手,一起共赢共发展区域性市场。

任正非开始这样的战略转变,其感悟源自思科以知识产权为由起诉华为时,新结盟的盟友——三康(3COM),在此次应诉中为华为赢得胜利,添加了法院的公信力。正是因为三康的辩护,华为赢得思科的诉讼官司。正因为如此,任正非提出华为的共赢竞争策略,放弃之前的竞争策略,甚至把竞争对手都称之为"友商",我为此将其阶段称为"友商时代"。

01　付出合理费用扩展市场空间

从工业革命发展开始以后,我们发现全球的增长因子就已经不仅仅是人口在驱动了,其实主要看的是技术。在工业革命之后,欧美西方国家经济体量的占比开始大幅抬升,而中国和印度这种传统的文明古国,经济体量占比明显下降。所以在清朝之前,中国的经济在全球基本上都是领先的。但是在清朝晚期,尤其是鸦片战争以后,中国的经济发展慢慢落后于海外,这是因为驱动经济增长的因素已经发生了变化。在每个人的产出水平是差不多的情况下,经济发展比拼的是人口。当技术进步加快以后,每个人的产出大幅提高,所以人口就不再成为经济增长的一个主要约束因素,技术反而是经济增长非常关键的一个变量,[1]见图11-1。

在华为,只有尊重和保护知识产权,才能良性地保证创新。在全球化市场的拓展中,尤其是解决专利问题,任正非给中国企业提供了一个解决思路。任正非的做法是通过合作或者付费的方式化解华为与竞争者之间存在的专利问题。任正非说道:"当前我

---

[1] 梁中华. 长期和短期经济分析——海通宏观分析　第1讲 [R]. 2022-08-30: 5-10.

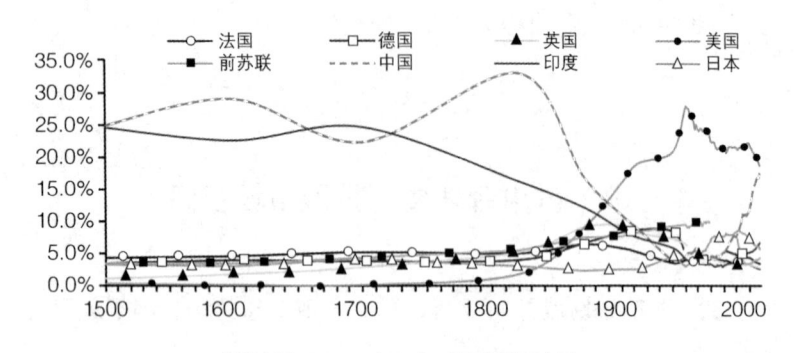

资料来源：Denison（2011），海通证券研究所。
图 11-1　1500—2000 年主要国家经济占比

们在技术上也要韬光养晦，要承认人家领先了许多，我们还在'文革'的时候，或在'文革'后百废待兴的时候，人家有些专利就已经形成了。通过谈判，付出合理费用，就扩展了市场空间，对我们是有利的，至少可以拖动巨大的制造业前进。由于技术标准的开放与透明，未来再难有一家公司，一个国家持有绝对优势的基础专利，这种关键专利的分散化，为交叉许可专利奠定了基础，相互授权使用对方的专利将更加普遍化。由于互联网的发达，使创造发明更加广泛化了更容易了。我们要在知识产权（IPR）融入国际市场俱乐部，听了总理的话，我们心中更踏实了，我们相信我们的计划一定会实现的。"[1]

在任正非看来，通过对话和支付相关的费用解决企业之间的

---

[1]　任正非．"我们要鼓励自主创新就更要保护知识产权"[J]．中国企业家，2006（z1）：30-33．

竞争，可以抑制华为在海外市场遭遇群殴的事情发生。要避免这样的事情发生，华为就不能为了拓展市场而实施焦土政策。任正非解释说道："那是别人说的焦土政策，我们从来没有这样做过。华为是小公司的时候就很开放，和别人总体都是保持友好的。为什么我们在国际市场有这么好的空间？因为我们知识产权的'核保护伞'建立起来了，这些年我们交了那么多的知识产权费给别人，当然我们也收了非常多的专利费，和那么多公司签了专利交叉许可协议，这本身就是友善、尊重别人嘛。我们现在发展速度比别人快，进入的领域比别人深，我们还要顾及世界的发展。"

对于专利授权，任正非认为，华为通过支付专利费来获得某些特定技术。例如，华为向高通支付专利费用。在华为与高通的专利谈判中，根据高通介绍，他们之前与华为签署了短期授权协议，华为每个季度将会向高通支付 1.5 亿美元的专利费用（约合人民币 10 亿元左右），而短期协议会在 2019 年 6 月底到期。在此之前的双方长期协议下，华为每个季度支付给高通的授权费为 1 亿美元。[1]

分析师认为，华为与高通的和解，华为每年支付的专利费用可能会超过 5 亿美元，但不会超过苹果与高通和解的 45 亿美元。原因是，华为在通信领域的专利数量众多，特别是 5G 技术，华为

---

[1] 孟庆建. 苹果开始向华为交专利费, 去年或已支付数亿美元 [J]. 企业界（05）: 46-47.

与高通进行交叉的专利授权,大大地降低了核心授权专利费用。

鉴于此,2016年年初,华为为了拓展自己的主航道,也与爱立信许可对方在全球范围内使用自身持有的标准专利技术。作为续签协议的一部分,华为将基于实际销售向爱立信支付专利许可费。自2016年起,华为在未来5年内将向爱立信支付近30亿美元的专利许可费。

此外,华为同时也与一些跨国企业签署了专利交叉许可协议,提高了华为自身的竞争力。《北京商报》报道称,根据国家知识产权局最新公布的许可备案登记信息显示,2015年,华为向苹果公司许可专利769件,苹果公司向华为许可专利98件。[1] 通过此次媒体的报道中了解到,2015年,华为与苹果两家公司达成一系列专利许可协议,其中就涵盖GSM、UMTS、LTE等无线通信技术。由于双方签有保密协议,所以媒体报道的专利数量也是首次被公开。在具体的金额方面,华为官方称,该信息属于商业机密,不方便透露。

按照专利授权惯例,当两家公司在签订专利许可时,专利许可数量少的一方往往会向数量多的一方支付相关数额的专利费。例如,2015年年底,当爱立信与苹果两家公司签署专利授权协议时,爱立信就明确向苹果收取专利费。根据爱立信与苹果双方签

---

[1] 钱瑜,石飞月. 中国通信企业技术逆袭 苹果向华为交专利费[N]. 北京商报,2016-05-11.

署的协议，在 2015 年至 2022 年，苹果支付给爱立信公司相关的专利费用。

在投资银行 ABG 尚达科利尔（ABG Sundal Collier）的一份报告中就提到这个问题。该报告显示，爱立信向苹果收取 iPad 和 iPhone 营业收入大约 0.5%的专利费。在此前，爱立信通过诉讼，要求苹果每年向爱立信支付 2.5 亿美元~7.5 亿美元的专利费。例如，在 4GLTE 的专利方面，华为、中兴、大唐的专利数排名分别为第三、第七和第十位，见图 11-2。

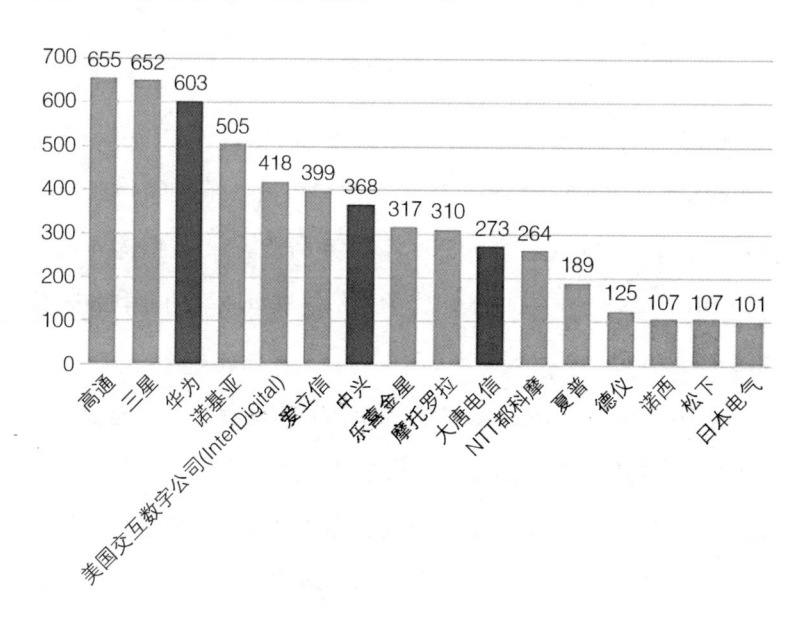

公司	专利数
高通	655
三星	652
华为	603
诺基亚	505
美国交互数字公司(InterDigital)	418
爱立信	399
中兴	368
乐喜金星	317
摩托罗拉	310
大唐电信	273
NTT都科摩	264
夏普	189
德仪	125
诺西	107
松下	107
日本电气	101

数据来源：智通财经。

图 11-2 LTE（4G）专利数分布（单位：项）

从图 11-2 可以看出，由于高通公司持有大量涉及 CDMA、

GSM、WCDMA、TD-SCDMA 和 LTE 等无线通信技术标准的必要专利（SEP），为高通每年贡献了 30% 的营业收入（2016 年为 81 亿美元），见图 11-3。

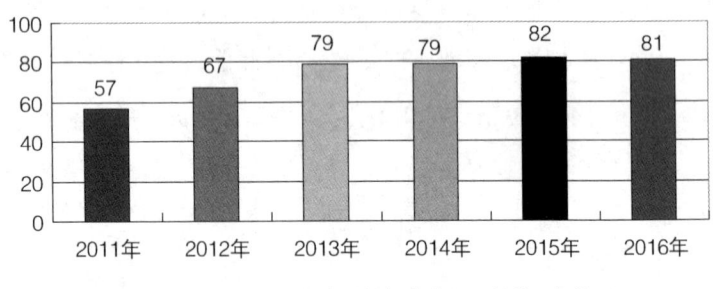

年份	收入（亿美元）
2011年	57
2012年	67
2013年	79
2014年	79
2015年	82
2016年	81

图 11-3　高通公司各年专利授权费收入（单位：亿美元）

在之前，高通的做法是实行授权许可协议，对于在中国销售使用授权专利的 3G 设备、4G 设备，按照设备整机销售净价的 65% 为基础，分别收取 5% 和 3.5% 的专利费。[1] 按照这样的授权，2016 年高通公司从中国出售的通信终端里收取的专利收入就高达 46 亿美元。

在 2022 年第二季度全球智能手机 AP 市场板块，高通依旧占据较高的市场份额。根据康百世数据显示，高通在 2022 年第二季度获得了 29% 的份额，尽管宏观经济形势严峻，智能手机市场下滑，高通仍保持了其在高端细分市场的地位。联发科技以 39% 的份额主导了智能手机 SoC 市场，原因是联发科技在中低端批发价

---

[1] 蒋起东. 高通试图捅破反垄断法那层纸：对魅族提起专利诉讼[N]. 法治周末，2016-07-06.

格领域处于领先地位，这得益于其曦力（Helio）G 系列和天玑（Dimensity）700 系列，见图 11-4。

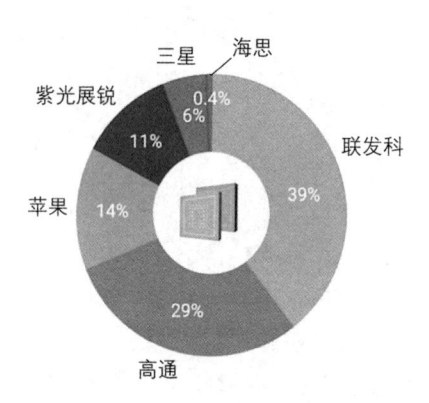

图 11-4　2022 年第二季度全球智能手机 AP 市场出货量占有率

根据康百世数据显示，在 2022 年第二季度全球智能手机 AP 收入市场份额的收入而言，高通公司在 AP 市场占据了 44% 的主导地位。高通的份额在 2022 年第二季度同比增长了 56%，这得益于更高的溢价组合，导致了平均销售价格的增长。联发科技在 AP 市场占有 22% 的份额。高通公司进一步从苹果的基带中获得收入。联发科技的收入主要得益于较高的 5G 平均销售价格，以及天玑（Dimensity）9000 系列进入高端市场，见图 11-5。

作为中国企业的华为，之所以能够与跨国企业签署专利交叉授权，一个非常重要的因素就是华为拥有大量的专利。

对于华为的研发，厉有为在接受《新京报》记者采访时分析说道："中美贸易摩擦会对深圳的高科技产业带来一定影响。但美

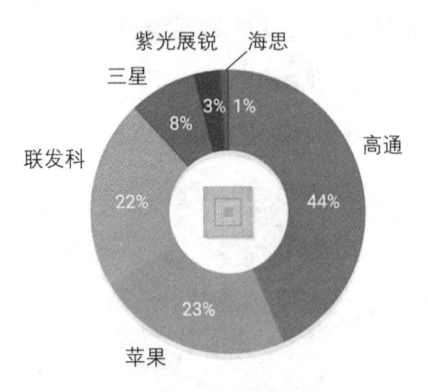

图 11-5 2022 年第二季度全球智能手机 AP 收入市场份额

高通 44%
苹果 23%
联发科 22%
三星 8%
紫光展锐 3%
海思 1%

国阻止不了我们前进,现在的形势是愈挫愈奋,愈挫愈强,从这一点看,特朗普是在激励我们。我认为,深圳的高科技企业都应该学习华为现在的做法。华为的发展已经进入了'无人区',但华为仍然在往前冲。华为没有去发展房地产等主业以外的产业,没有说哪里赚钱就往哪里发展,而是专注在信息技术产业。你看华为一年的发明专利逾万件,占深圳全部发明专利的一半以上。总之,在贸易摩擦的背景下,**深圳的高科技企业要在主业上发力,增加投入,不断创新**。同时,对于政府来说,要继续做好为这些高科技企业服务的工作,要为这些企业创造更好的条件和环境,帮助、鼓励企业克服困难。"[1]

正因为华为大笔的研发投入,苹果才向华为支付专利费,原

---

[1] 侯润芳,徐子林,程泽. 深圳前市委书记谈改革经验 厉有为:深圳要继续保持敢闯敢试的精神 [N]. 新京报,2019-08-27.

因是华为专利许可的数量明显多于苹果。当华为积累大量的专利后，华为的维权之路也就慢慢开始了。

02 修宽主航道，积累专利实力

企业之间的竞争，通常都是你死我活，近乎惨烈。任正非却不这样认为。在内部讲话中，任正非强调，华为拓宽主航道来与竞争者合作对话，当华为主航道越来越宽时，与竞争者的合作也会越来越多。一旦与国外竞争者同台竞技时，可以通过对话来解决竞争的问题。这与日常企业竞争中的焦土政策存在天壤之别。

对于与友商的竞争问题，任正非在接受新华社记者采访时是这样回答的："主航道只会越来越宽，宽到你不可想象。我们现在还想象不出未来信息社会是什么样子。我们只是把航道修宽了，在航道上走各种船，游艇啊、货轮啊、小木船啊，是别人的，运营商也只是收过路费。所以我们要跟千万家公司合作，才可能实现这个目标。"

2016年5月，任正非在接受新华社记者采访时谈到，要想拓宽主航道，华为就必须持续地投入巨额研发。公开的数据显示，2015年，华为的研发费用就高达92亿美元，占到销售额的15%，超过苹果85亿美元。正是华为的高研发投入，积累了为数众多的专利。

根据华为披露的数据显示，截至 2015 年底，华为累计已授权专利 30 924 件。各区域均保持了稳定增长。美国授权专利 5 052 件，其中 2015 年新增授权 1 268 件；累计欧洲各国授权专利 11 474 件，其中 2015 年授权 2 247 件。

华为消费者业务集团 2015 年共申请专利 9 000 件。其中，中国申请 6 200 件，境外申请 2 800 件。同时已经获得中国专利授权 2 000 多件，欧美等境外专利授权 1 100 多件。

据华为 2020 年财报显示，截至 2020 年底，全球共持有有效授权专利 4 万余族（超过 10 万件）。90% 以上专利为发明专利。

在美国市场，同样面临知识产权诉讼，华为与 HTC（宏达电子）的结果迥然不同。2010 年 3 月，中国 HTC 手机突然遭遇苹果的起诉，理由是 HTC 侵犯了苹果 20 项与 iPhone 相关的专利。

随后，美国国际贸易委员会裁定，HTC 侵犯苹果一项专利，从 2012 年 4 月起禁止 HTC 产品在美国市场的销售。在当时，作为全球最大的安卓智能手机制造商的 HTC，可谓是风头正盛。据凯纳利思的数据显示，2011 年第三季度，HTC 手机在美国市场的销量超过了苹果，成为美国市场领头羊，市场占有率达到 23%。

当 HTC 在美国禁售之后，就意味着 HTC 将失去 50% 的收入。这就是很多研究者认为 HTC 败诉被解读为在美国市场遭遇重大挫折的关键所在。

根据 HTC 的介绍来分析，此次诉讼的结果并不像外界传言的那么糟糕，被判侵权的仅仅是 UI 界面上的一个小小的应用，只要

HTC在销往美国市场的产品中删除此项设计仍可以在美国市场销售。因此，HTC尽管输了官司，却获得了自诉讼官司开始以来最好的地位。这就是HTC在声明中表示了"欣慰"的关键因素。

时任HTC总裁的周永明得知败诉的信息，随后表示，HTC公司已经研发出了一种新型手机，可以有效地回避与苹果公司在一项专利纠纷案件中涉及的技术。让周永明始料未及的是，遭遇苹果打击后的HTC最终一落千丈。《新京报》记者赵谨撰文称，众所周知，苹果创始人之一的乔布斯生前一直对谷歌当年"背信弃义"创建安卓耿耿于怀。他曾表示："如果需要的话，我要用尽最后一丝力量和苹果账户里的全部400亿美元现金，来纠正这个恶行，我要摧毁安卓。因为它是个偷窃的贼，为此我不惜发起热核战争。"

在赵谨看来，作为安卓阵营中的三大制造商中的HTC、摩托罗拉和三星，自然就成为苹果公司重点清剿的目标公司。

由于摩托罗拉公司手中握有丰厚的专利储备，在专利战中占据主动地位，甚至在德国的相关诉讼中获胜，摩托罗拉还成功"驱逐"了苹果手机。

在这三家公司中，由于HTC是一家做手机代工起步的公司，在手机专利方面的储备自然无法与摩托罗拉相提并论。当苹果状告HTC侵权后，HTC才匆忙地收购S3以充实自己的专利储备。然而，HTC在收购S3前无法了解专利诉讼案细节，当细节公布后，HTC才发现那不是它们想要的。因此，HTC的冒险也随之失败。

显然,现在 HTC 的专利储备仍然不足,无法为其市场领先地位保驾护航。[1]

正是因为如此,HTC 才遭遇苹果的专利围剿,结果因此而处在风雨飘摇之中。因此,赵谨撰文称:"在 ITC 做出终判后,HTC 仍面临着大量工作:购入更多的专利,或者通过利益交换,从对手及盟友获得更多的专利授权。"

当 HTC 遭遇苹果的专利阻击时,华为已经做好自己的专利储备,准备向世界霸主三星开战。2016 年 5 月,华为拿起法律的武器向销量全球第一的三星开炮,起诉三星侵犯了华为的知识产权。

2016 年 5 月 25 日,华为在中国深圳中级人民法院和美国加州北区法院同时发起了对三星公司的知识产权诉讼。

根据路透社的报道称,华为指责三星未经授权在其手机中使用了华为的 4G 蜂窝通信技术、操作系统和用户界面软件。

彭博社也报道该事件,华为声称,三星侵犯其与 4G 行业标准有关的 11 项专利,要求三星作出现金赔偿。

针对媒体的报道,华为知识产权部部长丁建新坦言:"华为认为行业内友商之间应该通过开放式的创新、联合创新,共同推动产业进步,在尊重他人知识产权的同时,也保护自身的知识产权。智能手机行业健康发展的基础是行业内有大量的专利交叉许可协议来保障合法的技术共享。本着这一理念,华为多年来积极与行

---

[1] 赵谨. 苹果获首个终审"胜利" HTC 仍需补强专利[N]. 新京报,2011 - 12 - 22.

业内其他专利持有人进行谈判和交叉许可，先后与几十家业界友商签署了许可协议……华为希望三星尊重华为的研发和知识产权成果，停止未获得许可情况下的专利侵权行为，以积极合作的态度与华为一起共同推动产业进步。"

据华为发布的官方信息显示，此次诉讼主要涉及 4G 标准专利和智能手机功能专利，这些专利对智能终端产品的用户体验和互联互通十分重要。

从华为官方渠道获悉，"华为此次诉讼的目的是，使三星尊重华为的研发和知识产权成果，停止未获得许可情况下的专利侵权行为。华为有权从使用其技术但未获得专利授权的公司获得合理赔偿"。

不可否认的是，华为起诉三星，不仅可以维护自己的权益，还可以实现交互授权许可。在手机中国联盟秘书长王艳辉看来："不是每家公司都像苹果一样可与华为谈判授权，向三星发起诉讼并获得授权将是华为迈向行业巅峰的标志。"

按照国际惯例，诉讼是专利权益伸张的一个重要手段，一直以来，苹果就起诉过三星侵犯其知识产权。

2012 年 8 月 25 日，经过 21 小时的激烈讨论，美国加州圣何塞的联邦法院九人陪审团最终裁定三星侵犯苹果专利权，并裁决三星必须赔偿苹果高达 10.5 亿美元的罚款。

尽管与苹果之前要求赔偿的 27.5 亿美元相差巨大，甚至还不足一半，但是对于三星来说，无疑是一次沉重的打击。

在此次判决中，谈论的第一个问题就是，三星公司是否侵犯了苹果的"弹回"功能。经过讨论，陪审团最终裁定，三星公司的手机与平板电脑等移动设备侵犯了苹果的"弹回"功能专利权。

谈论的第二个问题就是，三星公司是否侵犯了苹果的"用手指放大缩小"的功能。经过讨论，陪审团也同样裁定，三星公司的智能手机与平板电脑上的主页侵害了苹果的"用手指放大缩小"功能的专利。

谈论的第三个问题就是，三星公司是否侵犯了苹果的"连续点击放大"的功能。经过讨论，陪审团同样裁定，三星公司"早就知道或应该知道"电子通信及电子仪器部门有侵权行为，这样的裁定对苹果公司的维权非常有利。

同样在iPhone的外观上，以及使用者界面的图像标志上，陪审团也发现三星公司有抄袭的行为。

在这场持续超过三周的官司中，美国加州圣何塞联邦法院收集了大量的证据，同时传唤了众多证人，当然也揭露了苹果和三星两个公司最不想让竞争者知道的商业机密，包括销售量与内部通信等。

对于苹果公司来说，不仅曝光了iPhone与iPad的雏形设计，甚至还包括苹果公司内部的财务文件、高层间的来往电子邮件，包括提到对小尺寸iPad的高度兴趣等机密电子邮件。这些较高层次的商业机会赤裸裸地出现在公众的视野中，这对一向保密至上的苹果来说，无疑是一次被扒光游街的耻辱行为。

当然，为了打击三星公司，苹果的杀人三千自损八百的行为起到了一定的作用。为了应诉，三星被迫公开一连串内部机密文件，包括当初设计软件图像标志与一般功能时，三星公司内部以苹果手机作为研究的尴尬细节。

在其中一篇内部报告中，包括了许多投影片，当中包括三星公司将最初设计的 Galaxy 智能手机，与苹果 iPhone 手机并排放在一起，公开询问三星设计师如何做才能让两者更为相似。这样的证据导致在后续审判中三星公司完全无法以原创设计的证据提出辩驳，只能通过质疑苹果专利的正当性来消除对自己的不利行为。

当得知判决赔偿 10.5 亿美元后，三星公司紧急发表了书面声明指出："今天的判决不应该被视为是苹果的胜利，而是美国消费者的损失。此判决将会导致选择变少，创新也更少，并可能导致价格更高。不幸的是专利法被操弄，以至于一个公司垄断圆弧四角的长方形，以及三星与其他公司每日不断改进的科技。消费者有权利选择，他们也知道购买三星产品时到手的是什么。这不是此案的最后结论，也不是法院专利的最终战，全球的法庭中有许多已经驳回苹果的指控。三星将会持续创新，并为消费者推出更多选择。"

三星明确表示，将会上诉到联邦法院，但是此次的裁定已经表明苹果专利维权战略取得初步胜利。苹果的胜利让华为看到了希望，甚至有学者坦言："在和苹果达成专利许可协议之后，华为和三星在专利授权上必有一战。"

在该学者看来，随着中国知识产权的保护越来越完善，这将给一些技术积累雄厚的企业，在未来的竞争中带来滚滚财源。任正非在接受新华社的采访时说道："未来信息社会的深度和广度不可想象，未来二三十年将是人类社会发生最大变化的时代。伴随生物技术的突破、人工智能的实现等，未来人类社会一定会崛起非常多的大产业。我们面对着极大的知识产权威胁。过去二三十年，是从落后通信走向宽带通信的二三十年，全世界出现多少大公司，美国思科、谷歌、脸书、苹果，中国没有出多少，就是因为对知识产权保护不够。未来还会出现更多的大产业，比如VR虚拟现实，中国在这些产业是有优势的，但是要发展得更好，必须有十分苛刻的知识产权保护措施。"

2016年，作为第三手机制造商的华为，为了维护知识产权，毅然起诉三星。2017年4月，福建泉州中院受理的华为公司维权案一审宣判，判决三星及其关联公司连带赔偿华为公司经济损失8 000万元，并支付华为公司为制止侵权行为所支付的合理费用50万元。这样的局面迫使三星在知识产权方面不得不落入与苹果、华为"两线作战"的境地。

苹果与三星的专利大战已经延宕多年，当苹果公司起诉三星公司的专利纠纷尘埃落定时，被称为IT行业"世纪专利大战"的帷幕已经落下。尽管研究者认为，智能手机和平板电脑行业的专利战争远未结束，但是获得初步胜利的苹果公司因此成功地驱离了竞争者，基本达到了自己的战略目的。

2012年8月，加州圣何塞地区法院判决，三星公司侵犯苹果公司6项专利，需支付10.5亿美元赔偿金，并面临在美国被禁售数款产品的可能。

对于现金充足的苹果公司来说，并不看重10.5亿美元的巨额赔偿，而在乎市场占有率。这就是苹果2011年4月开始了一系列针对三星的诉讼的根本原因。

2011年7月30日，在最终确定的诉讼申请中，苹果称三星侵犯了其iPhone和iPad的技术、用户界面和设计，有4项设计专利和3项软件专利，并通过非法抄袭获取竞争优势，对苹果造成了持续的经济损失，损失额达25.25亿美元，不仅索赔还要求法院在美国市场禁售三星相关产品。[1]

其后，三星也起诉苹果抄袭自己的5项专利，要求苹果赔偿4.218亿美元。最终判决结果是，三星"抄袭"苹果公司的技术、用户界面和设计成立。

苹果CEO蒂姆·库克并未对10.5亿美元赔偿提出过多异议，尽管比当初要求赔偿的数额减少了一大半，但是苹果起诉三星的目的达到了。蒂姆·库克说道："对于陪审团认定三星蓄意侵犯我们的专利，向业界清晰地发出剽窃是不对的信息，我们表示赞赏，希望全世界都注意到陪审团的裁定。"

在蒂姆·库克看来，三星侵犯苹果的专利是需要付出代价的。

---

[1] 张绪旺. 苹果赢三星 世纪专利大战这才开始[N]. 北京商报，2012-08-27.

蒂姆·库克在一份内部备忘录上告诉员工："在多次要求三星停止抄袭我们的产品没有任何效果后，我们才被迫诉诸法律，我们并不愿意与三星对簿公堂。"

与蒂姆·库克态度相反的是，三星的高层却最不愿意接受这一判决结果。10.5 亿美元的赔偿额对三星来说也不是问题，2011 年第二季度，三星的净利润为 45 亿美元，持有现金 210 亿美元，同样对于苹果来说，2011 年第二季度，苹果的净利润高达 88 亿美元，10.5 亿美元的赔偿只是其 1/8。

苹果在意的是"让世界知道三星抄袭"，而三星也不愿意承认抄袭苹果公司的外观，以及未经授权就使用苹果的专利，即使双方最看重的事情就是禁售令——市场。

按照加州圣何塞地区法院的判决，三星的 21 款产品抄袭了苹果名为"Rubber banding"的技术。通过这一技术，当 iPhone 的屏幕滚动到页面边缘时将会产生回弹的效果。这些产品里面包括三星主力产品 Galaxy 系列智能手机。如果不对所涉及侵权进行更改，三星的这些产品将在美国市场禁售。[1] 这样的胜利当然是苹果期望的。

当苹果与三星因为专利问题的诉讼如火如荼时，来自中国的华为也拿起法律的武器捍卫自己的专利。这样的举动一石激起千层浪，无疑会成为点燃全球智能手机市场格局变化的导火索。

---

[1] 张绪旺. 苹果赢三星 世纪专利大战这才开始 [N]. 北京商报，2012-08-27.

在《中国企业专利大棒挥向国际巨头》一文中,《中国经营报》记者李正豪写道:"可以确定的是,三星、苹果、华为围绕全球智能手机市场的'三国杀'已经进行到最紧要的关头了。"

在李正豪看来,华为通过专利战略打击三星,夺取武林盟主的地位。这样的做法是值得的、可取的。根据 IDC 数据显示,2016 年第一季度全球智能手机厂商出货量排行榜上,三星以 8 190 万部出货量排名第一,市场份额为 24.5%;苹果以 5 120 万部出货量排名第二,市场份额为 15.3%,下滑严重;华为则以 2 750 万部出货量排名第三,市场份额为 8.2%。

华为与三星的出货量存在一定的差距,但是可以通过狙击三星,提升华为的知名度和美誉度。

华为在 2015 年 IDC 全球智能手机厂商出货量排行榜上,以 7.4% 的市场份额位居第三,而三星、苹果分别以 22.7%、16.2% 的市场份额占据第一、第二的位置。

在学者看来,不管是曝光与苹果签订专利交叉协议,还是提起对三星的专利诉讼,对于此刻的华为而言,都是极好的专利营销时机,在这个过程中华为可以在全球树立自己的创新形象。该学者说道:"目前,在全球智能手机产业中,三星、苹果和华为是彼此间最主要的竞争对手,而且华为提出了在未来超越苹果和三星的目标,鉴于三星和苹果走低的市场趋势,此时正是华为利用专利战打击对手的大好时机。"

可能读者疑惑的是,华为为什么在中美两国发起起诉三星?

究其原因，是中美两个国家的智能手机市场都是各个手机制造商的必争之地，他们都想占据全球最为重要的两个市场。其中，中国就占据了全球 1/3 份额的智能手机市场。随着中国国产手机品牌的强势崛起，中国市场上的国外手机品牌滑落也就最为明显。

这样的趋势，得到了 IDC 的数据支持。2016 年第一季度，华为在中国市场占据 16.2% 份额，排名第一；苹果占据 12.8% 份额，已滑落至第四；三星在中国市场的份额已排在前五以外。福布斯的最新报道显示，由于三星 Galaxy 系列手机的畅销，在美国所有的重要市场中，三星超过苹果，以 28.8% 的市场份额夺得第一，苹果则在连续 11 个月排行榜首之后，以 23% 的市场份额位居第二。

为此，有研究者就关心，华为除了起诉三星外，是否继续通过诉讼方式维护知识产权？面对这样的问题，华为官方信息显示："在 ICT 产业中，友商之间应该通过开放式的创新、联合创新的方式共同推动产业进步。业界解决知识产权问题的最佳途径，是通过谈判签订专利交叉许可协议后合法使用对方开发的技术和知识产权。诉讼是最后的解决争议的方式，在某些情况下也是一种常见方式。"这与任正非的华为主航道理论不谋而合。

第 12 章
合规遵从

在全球化市场的拓展中，合规就是一个绕不过去的坎，尤其是要想解决美国的长臂管辖问题，实现自己的全球化市场拓展和扩张，中国企业就需要制定一套非常严格的合规战略。究其原因，在美国长臂管辖中，常用的三个法案是：《美国反腐败法》《出口管制条例》《萨班斯法案》。在这三个法案中，中国读者对前两个法案了解相对较多。

据了解，《海外反腐败法》的两个责任来源：一是反贿赂条款（Anti-bribery Provisions），禁止个人与商业机构为获得或维持业务而贿赂外国政府官员；二是会计条款（Accounting Provisions），要求发行人实施某些财务记录与内控要求，并禁止个人与公司故意伪造发行人的账簿与记录，或者规避或不实施发行人的内部控制制度。

《海外反腐败法》的适用主体，反贿赂条款和会计条款适用主体不同。反贿赂条款广泛适用于：（1）在美国的证券交易机构上市或者需要定期向证交会提交报告的美国和外国上市公司（即"发行人"）及以"发行人"名义行事的管理人员、董事、雇员、代理人或者股东；(2) 美国个人和商业机构（即"国内人"），及以"国内人"名义行事的管理人员、董事、雇员、代理人或者股东；(3) 根据属地管辖原则确定的在美国境内的其他人。

针对美国的长臂管辖，华为在全球化的过程中，始终坚持合规遵从，重拳出击反腐败和反商业贿赂。在华为2022年财报中，华为战略合规部分的内容就超过2 000字。华为在2022年财报中写道："坚持诚信经营、恪守商业道德、遵守所有适用的法律法规是华为管理层一直秉持的核心理念；华为长期致力于通过资源的持续投入建立符合业界最佳实践的合规管理体系，并坚持将合规管理端到端地落实到业务活动及流程中；华为重视并持续营造诚信文化，要求每一名员工遵守商业行为准则：(1) 首席合规官统一管理公司合规并向董事会汇报；各业务部门、全球各子公司成立合规组织，负责本领域的合规管理。(2) 根据适用的法律法规，结合业务场景识别与评估风险，并制定相应管控措施，在业务活动及流程中落实；同时，通过回溯与改进实现管理体系的持续优化。(3) 重视并持续提升管理者及员工的合规意识，通过宣传、培训、考试、问责等方式，使全体员工充分了解公司和个人的义务。(4) 与客户、合作伙伴及各国政府监管机构等利益相关方展开积极、开放的交流与合作，持续增强彼此的理解与互信。"与此同时，华为的合规战略重点放到多领域的合规建设和区域的合规管理上。

01 评估各种风险

面对美国的步步打压,在全球化的市场战略拓展中,华为需要评估各种风险要素。所谓风险要素,是指在公司的战略规划、业务运作、外部环境及财务系统中识别出来的,对公司实现其经营目标带来不确定性的关键因素。

在华为的合规建设中,所提及的风险要素均指重大风险要素,即会对整个华为公司的生存、声誉、财务状况、经营结果和长远发展产生重大影响的风险要素。

1. 战略风险

在华为看来,战略风险是指,"未来二三十年人类社会必然走进智能社会。数字技术正在重塑世界,我们要让所有人从中受益,确保全面的数字包容。随着 5G、云计算、AI、区块链等新技术的成熟商用,行业数字化正进入快速发展期,用数字技术使能各个行业,发展潜力巨大。但外部环境持续动荡、更趋复杂,全球化秩序面临重大挑战,全球经济未来几年下行压力加大,我们将在美国对领先技术的持续打压的逆境中生存和发展。数字经济已成为全球经济增长的主引擎,绿色低碳成为可持续发展的新动能,行业数字化与绿色低碳的融合,也为信息处理和通信行业带来巨大的发展机遇。华为聚焦将 ICT 的能力不断延伸到各行各业的数字化,协同伙伴和开发者,把数字世界带入每个人、每个家庭、每个组织,构建万物互联的智能世界。我们坚决拥抱全球化供应链,与全球伙伴紧密合作,打造全球领先的产品;同时,我们也要构建不依赖单国的多元化生态。我们要持续提升软件工程能力,继续落实五年20亿美元的投入,打造可信高质量产品与解决方案。"

2. 外部风险

第一,宏观环境。在财报中,华为写道:"2023年全球经济活动将普遍放缓,一些经济体可能会遭受衰退,高通胀和高利率侵蚀消费者购买力,许多企业的经营和盈利也将面临压力,并将推迟投资。局部冲突、地缘政治紧张局势和保护主义将继续损害商业和消费者信心。面对不确定的经营环境,华为将持续关注风险,及时调整策略。"

第二,法律风险。合规遵从是华为在全球生存、服务和贡献的基石,华为长期致力于遵守业务所在国适用的法律法规。经过持续的投入,华为已经建立覆盖全球所有业务、所有员工的包括贸易合规、金融合规、反商业贿赂、知识产权与商业秘密保护、网络安全与隐私保护等多领域在内的合规管理体系,从政策、组织、制度、流程等各环节进行系统性管理。尽管如此,在一些国家和地区,法律环境的复杂性如法律的明确及透明程度、司法和执法的尺度等,仍有可能对华为业务产生影响。尽管如此,但是华为将一如既往地对标行业最佳实践,主动管理风险,以法律遵从的确定性来应对外部环境的不确定性。

第三，贸易风险。在财报中，华为写道："2022年复杂的国际环境对全球贸易带来巨大冲击，疫情和局部冲突的持续影响使主要经济体的贸易增长放缓，进口需求减少。粮食和能源价格上涨以及供需失衡的持续加剧了通胀。供应链动荡带来的供应多样化，一些国家推进的产业链政策正在改变世界贸易格局。在经济下行风险不断升高的背景下，鼓励生产、避免贸易限制是当务之急。任何歧视性政策都可能加剧物价上涨、损害全球利益。华为继续支持自由贸易、开放市场和公平竞争，支持平等无歧视的多边贸易规则，并将贸易遵从置于商业利益之上。华为相信通过新技术的应用和持续创新、推进数字化和低碳化，将有助于各国应对宏观环境的不确定性，为国际贸易注入活力。"

第四，自然灾害。维护网络稳定运行是华为最重要的社会责任和使命。地震、台风、暴雨等自然灾害的出现可能影响华为某些业务环节运作，进而影响网络运行。华为已建立针对性的管理机制，持续提升应对自然灾害的能力，保障自身业务连续性，并有效支撑客户网络稳定运行。

第五，当地国家风险。华为目前在全球170多个国家和地区开展业务，由于国际经济及政治形势纷繁复杂，在不同国家开展业务会涉及不同的风险。例如，政治和经济不稳定、外汇市场波动、资本管制、主权债务违约风险等，都可能影响华为在当地的运营，对华为的业务发展造成不确定性影响。2023年发达经济体将继续收紧货币政策以控制通胀，世界经济增速将放缓，金融环境收紧将对一些债务负担较重的新兴市场国家产生影响，华为将密切关注包括疫情后经济恢复、局部冲突、大宗商品价格波动在内的环境变化，尽早采取应对措施，保障业务目标实现。

鉴于各种风险，华为长期致力于贸易合规、金融合规、反商业贿赂、知识产权与商业秘密保护、网络安全与隐私保护等多领域的合规管理体系建设，合规遵从已融入公司政策、制度与业务流程中。

1. 贸易合规

华为长期致力于遵从业务所在国适用的法律法规，包括联合国、中国、美国和欧盟等适用的出口管制和制裁法律法规，切实履行出口管制责任和义务。在华为官网上，笔者还特地查到了《关于遵从出口管制法规的声明》，详情如下：

关于遵从出口管制法规的声明

华为技术有限公司（以下简称"华为"）的一项基本政策是遵守包括中国、美国、欧盟等在内的适用出口管制法律法规，切实履行出口管制责任和义务，树立企业诚信经营和负责任的国际形象，以赢得客户、供应商和合作伙伴的信赖。华为坚信，遵守适用的出口管制法律法规，能够使企业有效防范贸易合规风险，增强企业在国际市场的竞争力，为华为的持续发展提供有效保障。同时，作为全球经营的公司，华为积极承担社会责任，履行企业义务。

华为基于全面控制原则建立和实施公司内部出口管制机制（Internal Compliance Program，ICP），将出口管制义务置于公司的商业利益之上。如果华为认为，即将出口的有形或无形的产品、技术和服务可能被用于发展或制造大规模杀伤性武器及其运载系统、未经授权的常规军事装备或其他适用法律法规所限制的最终用途，可能会威胁国家和地区的和平与稳定，或是落入恐怖组织手中，华为将依据全面控制原则，实施相应的出口管制措施，并拒绝出口相关产品、技术和服务。

为了确保符合适用的出口管制法律和相关制裁法规要求，华为对业务经营过程中涉及的交易主体进行核实筛查，包括但不限于客户、供应商、合作伙伴等；华为对产品和技术进行出口管制分类，必要时获得出口管制许可证；华为还与政府贸易合规主管机构、相关非政府组织、出口管制法律与合规专家建立和保持密切联系，及时了解相关政策信息、寻求专业指导。

华为设立贸易合规及海关遵从委员会，全面负责审定公司贸易合规及海关遵从体系的政策、制度、组织和流程，对贸易合规及海关遵从重大事项和解决方案进行审批或决策；设立贸易合规办公室，负责制订和完善出口管制和相关制裁合规政策、制度和流程，并推动相关要求在适用业务领域和职能部门的落实与执行。为确保落实贸易合规要求，华为明确各业务领域的职责，制定并发布相关指导文件，健全文档保存机制，加强员工及管理者的出口管制知识与技能的培训，并定期进行贸易合规遵从体系的内部评估与审计。

华为要求全体员工为公司实现贸易合规的目标做出努力，执行公司相关政策。公司为此设立奖惩制度，对积极参与出口管制工作的员工给予奖励，对违反公司出口管制政策的员工予以通报处罚。不遵守适用法律法规的员工，将依法承担法律责任。

本声明适用于华为技术有限公司的所有部门、分支机构和子公司。

公司将例行对本声明进行审核，根据相关法律法规进行重新修订。

华为技术有限公司
首席合规官　宋柳平

经过多年持续投入和建设，华为已经具备了一套成熟、可持续并适合业界实践的贸易合规内部遵从体系，详情如下。

第一，华为公司成立了跨集团职能部门、贯穿区域业务的综合贸易合规管理组织，并在全球配置专业团队，跟踪外部法律法规变化，制订和完善贸易合规政策、制度和流程，并推动相关要求在适用业务领域和职能部门的落实与执行，实现对采购、研发、销售、供应、服务等业务环节运作的管理与监督。

第二，华为公司持续提升员工的贸易合规意识。华为员工每年必须签署《华为员工商业行为准则》，其中包括承诺遵守相关出口管制法律法规。华为在全公司范围对管理层和员工提供各种形式的贸易合规培训，并结合具体业务场景开展针对性的赋能，使员工充分了解公司和个人在出口管制上的义务和责任。

2. 金融合规

华为长期致力于遵守所适用的金融法律法规，重视对金融合规风险的管理，通过持续的资源投入，建立了适合业界实践的金融合规管控体系。华为基于区域、交易主体、资金路径、银行风险偏好等要素管理金融合规，在销售、采购、供应、服务、资金、人力资源等业务流程中设置关键控制点，持续建设优化IT管控工具，实现各业务环节端到端的金融合规管理。华为重视并持续提升员工的合规意识及能力，通过宣传、培训赋能等方式，使管理层和员工充分了解公司和个人的金融合规遵从义务和责任。

3. 反商业贿赂合规

在腐败和贿赂行为方面，华为始终持"零容忍"态度。具体的措施如下：（1）华为反商业贿赂合规管理匹配公司多业态发展，持续强化集团和子公司反商业贿赂合规体系与能力建设；（2）动态识别和监测风险，推动业务规则优化和流程改进；（3）加强合规环境建设，营建公司合规文化、提升员工合规意识，对内强化员工行为管理，对外重视第三方的管理，确保华为公司对反商业贿赂合规风险的有效管理。

关于"反腐败和反商业贿赂",华为官网是这样介绍的:

华为对贿赂和腐败行为持"零容忍"态度。我们在各国有关公平竞争、反贿赂/反腐败的法律框架下开展业务,将公司的反贿赂和反腐败义务置于公司的商业利益之上,确保公司业务建立在公平、公正、透明的基础上。

华为从"合规文化、治理与监督、合规风险评估及防范—发现—应对、持续运营"等四个方面,构建有效的反贿赂/反腐败体系,通过定期开展合规风险评估,全面识别业务场景中可能存在的风险点,优化相关的业务政策和流程,并监督落实。

华为重视诚信文化的营造和合规能力的构建。对于员工,要求员工学习、签署并遵守商业行为准则及反腐败政策。华为对不同的区域根据识别的风险场景定制化培训内容,持续开展全员及高风险人群培训的同时,强化合规组织专业人员和流程中关键岗位人员的培训赋能。为了便于员工了解和学习相关政策要求,华为以多种形式共享培训材料,如视频、论坛、专题频道等;对于合作伙伴,要求所有合作伙伴在向华为提供服务和履行合同义务时,或代表华为向华为客户或其他第三方提供服务和履行合同义务时,都应遵守所有适用的法律法规,遵从业界通行的道德标准,遵守和维护华为公司合作伙伴反腐败政策、华为供应商社会责任行为准则、合作伙伴行为准则和诚信廉洁承诺等相关要求。

华为提供投诉举报渠道，鼓励知情者举报违规行为，华为会对相关举报展开调查，并对举报人严格保密，不允许对举报方进行威胁或打击报复。

与利益相关方（包括业界及行业公司、顾问、合作伙伴、非政府组织等）开展合规交流，阐明华为反贿赂/反腐败的立场和要求，确保利益相关方清晰理解华为合规管理政策。

不仅是官网，在财报中，华为依旧把反商业贿赂合规作为一个重要的点提出来。财报写道："华为对腐败和贿赂行为持'零容忍'态度。华为从'合规文化、治理与监督、合规风险评估及防范—发现—应对、持续运营'等四个方面持续强化集团和子公司两层反商业贿赂合规体系，并在集团及各业务组织指定关键角色，承接反商业贿赂风险管控责任，支撑反商业贿赂合规体系运作。"

在华为看来，合规地拓展全球市场，更容易赢得供应商、所在国政府的认可。关于反商业贿赂，在华为官网上，笔者还特此查到了《反商业贿赂》的相关介绍，详情如下：

反商业贿赂

华为认为商业腐败行为影响市场公平竞争，对社会、经济以及企业的自身发展都有十分恶劣的影响。华为坚持诚信经营，恪守商业道德，遵守业务所在地所有适用的反商业贿赂法律法规，对腐败行为持"零容忍"态度。

商务稽查部作为面向全公司的反商业贿赂合规（Anti-Bribery Compliance，以下简称"ABC"）RCO[1]，全面构建ABC合规体系框架，指导并检查各业务领域及子公司开展ABC合规管理，确保公司对ABC合规风险的有效管控。

华为采取以下关键措施确保反商业贿赂合规：

匹配公司多业态发展，持续强化集团和子公司ABC体系建设，全面识别和监测风险，推动业务规则优化和流程改进，并检查执行情况。

发布《反腐败声明》《华为公司反腐败政策》《华为公司合作伙伴反腐败政策》，以及针对具体业务的合规指引，阐明对腐败和贿赂零容忍的基本态度，明确对员工和第三方的ABC要求。

在集团各BG、BU、FU等指定关键角色，并在子公司设立ABC组织，有效承接ABC职能，支撑ABC体系运作。

持续提升员工的ABC意识，在《华为员工商业行为准则》《员工行为管理细则指引》等文件中明确ABC要求，通过面向全员的培训、承诺文件签署、考试等方式向员工有效传递并确保员工遵从ABC要求。

重视对第三方的ABC管理，针对与华为有业务关联的第三方，采取风险评估、尽职调查、培训、承诺文件签署等方

---

[1] RCO代表"合规官"（Risk and Compliance Officer）。

式，有效管控 ABC 风险。

鼓励员工和第三方进行违规举报，以协助提高 ABC 体系有效性。

除了反商业贿赂，华为还注重反腐败，以此来提升自己的竞争力。在接受媒体记者相关采访时，任正非说道："我们的竞争对手，就是我们自己。我们董事长（孙亚芳）讲了，在华为公司的前进中，没有什么能阻挡我们，能够阻止我们的，就是内部腐败。最大的竞争者就是我们自己。"

在任正非看来，内部腐败会影响华为的生存与发展。在华为官网上，就有相关的"关于反腐败的声明"的内容，详情如下：

关于反腐败的声明

华为认为商业腐败行为影响市场公平竞争，对社会、经济以及企业的自身发展都有着十分恶劣的影响。华为坚持诚信经营，恪守商业道德，遵守业务所在地的所有适用的法律法规，对腐败行为持"零容忍"态度。

华为采取积极有效的措施，并建立相关管理体系，防范商业腐败行为。华为要求所有华为员工或代表华为从事商业行为的实体和个人不得以任何直接或间接的方式向公职人员或其他实体和个人行贿以获取商业机会。如有供应商、代理、顾问及其他商业伙伴（以下简称"合作伙伴"）基于同样目的向华为员工作出上述行为，员工必须予以拒绝并向公司报告。在与合作伙伴展开业务合作时，华为通过协议条款及相应的监控程序要求合作伙伴也遵从华为的反腐败政策并对其行为进行约束。

本声明适用于华为技术有限公司及其全球范围内直接或间接控股的子公司和分支机构。

华为技术有限公司
首席合规官　宋柳平

任正非在内部也多次表示，如任由腐败发生，不在制度上做更多改进和强化教育，公司就会走向灭亡："对内部腐败零容忍，坚决反对，高度一致，腐败没有灰度……要通过'查、处、管、教、法'使得腐败行为'不敢、不想、不能'，让干部和员工健康成长。"

鉴于此，华为制定了相关的反腐败政策，以制度来防止腐败。在华为官网上，就有相关的"华为公司反腐败政策"的内容，详情如下：

华为公司反腐败政策

华为公司在各国有关公平竞争、反贿赂和反腐败的法律框架下开展业务，将公司的反贿赂和反腐败义务置于公司的商业利益之上，确保公司业务建立在公平、公正、透明的基础上。华为长期致力于通过资源的持续投入建立符合业界最佳实践的合规管理体系，并坚持将合规管理端到端地落实到业务活动及流程中。

华为重视并持续营造诚信文化,要求每名员工遵守商业行为准则,员工以及与华为进行商业行为的实体和个人都应遵守和维护华为在反贿赂和反腐败方面的政策。

华为公司禁止为获取或保留业务,或获取不当优势,以腐败为意图,给予公职人员、交易对方有关人员和能够影响交易的其他相关人员财物或其他有价物的行为;华为公司同样禁止员工收受贿赂,禁止其直接或间接索取礼品或利益。相关的政策要求请参考《华为员工商业行为准则》。

上述公职人员是指依法履行公共职务的工作人员,包含政府部门的雇员、代表政府实体履职的个人、国有企业或者国有控股公司人员、政党候选人、国际组织的人员等。面对公职人员时,应谨慎考虑是否违反相关适用法律、公职人员的诚信廉洁要求及我司反腐败政策。

1. 礼品与款待

在任何情况下,华为员工均不得以腐败为意图,直接或间接向公职人员、客户人员或合作伙伴人员赠送礼品或进行款待;也不得向合作伙伴人员索要礼品或款待。不同国家的法律和客户的规定差异很大,在给予或接受礼品与款待前,员工必须铭记公司禁止腐败行为,评估此举是否将对华为的声誉造成不利影响。

给予或接受礼品与款待前,必须考虑以下几点。

目的正当：应以建立和维护良好的商业关系为目的，而不应以获取或保留业务，获取不当优势，影响正常的业务流程或决策为目的；

时机恰当：不得在招投标过程中，或重要决策阶段等可能影响公平决策的敏感时期；

价值合理：符合正常的商业惯例，不能提供或接受超出一般价值的礼品，现金或现金等价物，或其他被禁止的礼品类型；

合法合规：礼品与款待业务应公开透明，符合当地适用法律及对方反腐败的规定。关于员工接受和提供礼品与款待的详细指导，请参考《交际应酬费管理规定》《采购业务行为准则》以及子公司《礼品与款待政策》。

2. 慈善与捐赠

华为坚持不片面地追求自身利益最大化，注重自身社会责任的担当；

华为禁止以慈善与捐赠的形式掩盖腐败目的，要求采取有效措施确保慈善与捐赠活动的透明、合法；

华为不直接或间接参与任何政党政治活动，不对当地国家的政党、候选人及其关联人，或其任何附属组织等进行赞助活动。

对于公益慈善与捐赠活动的详细指导，请参考《公司CSR公益活动管理规定》。

3. 第三方管理

第三方包括服务提供商、供应商、下级经销商、代理商、顾问及其他合作伙伴等。华为与第三方开展的合作应真实、合法，并要求第三方遵守《华为供应商社会责任行为准则》、华为公司相关的合作伙伴行为准则、诚信廉洁承诺要求及本政策。

华为认为适当的尽职调查、完整的协议条款及相应的管控程序，是确保第三方遵从华为反腐败政策的重要手段；

华为禁止任何通过、协助、教唆、促使第三方或与其合谋的方式进行贿赂的行为；

华为要求第三方在代表华为的情况下或与华为合作的过程中，不得进行任何形式的贿赂和腐败，包括以任何方式贿赂华为员工，如提供不合乎商业惯例的礼品与款待等。

4. 账簿与记录

华为坚持以透明和诚实的方式提供恰当的文档支持商业决策，并根据要求归档；

华为要求对每项资产处置、财务支出根据文档保存政策保留真实、完整、准确的账簿与财务记录，以备核查；

华为禁止设立体外资金池。关于体外资金池的详细管理要求，请参考《关于禁止体外资金池的管理规定》。

5. 咨询与举报

如果您对本政策有任何疑问，可以向直接主管咨询。如仍有疑问，还可以向国家/各体系合规官咨询，如果您对该答复仍有疑问，可以咨询公司商务稽查部；

如果您发现有任何人疑似或者已经违反本政策，请通过以下渠道举报：Email: BCGcomplain@huawei.com

华为对相关举报将展开调查，并对举报人严格保密，绝不允许任何人对举报者进行威胁或打击报复。

此外，华为在反腐败问题上，不仅仅针对华为内部人员，其范围延伸到华为的合作伙伴。在华为官网上，就有相关的"华为公司合作伙伴反腐败政策"的内容，详情如下：

华为公司合作伙伴反腐败政策

华为公司（"华为"）坚持诚信经营，恪守商业道德，遵守所有适用的法律法规，对贿赂和腐败行为持"零容忍"态度。

华为要求所有合作伙伴（包括供应商、服务提供商、分包商、经销商、代理商、顾问、生态合作伙伴及其他合作伙伴等）遵守所有适用的反腐败法律法规，遵从业界通行的道德标准，遵守《华为公司合作伙伴反腐败政策》（"本政策"）的要求，在向华为提供服务和履行合同义务时，或代表华为向华为客户或其他第三方提供服务和履行合同义务时，应当：

1. 不实施任何形式的贿赂和腐败行为，包括但不限于：

不使用来自华为的资金或其他有价物等，或不能出于帮助华为获取或保留业务的目的，贿赂公职人员、交易对方有关人员和能够影响交易的其他相关人员。

本政策所称"贿赂"是指以腐败为意图，以任何形式给予财物或其他有价物的行为，包括现金、现金等价物（如礼品卡、贵金属）、不当的礼品、旅行和款待、不当的慈善与捐赠等。

本政策所称"公职人员"是指依法履行公共职务的工作人员，包含政府部门的雇员、代表政府实体履职的个人、国有企业或者国有控股公司人员、政党成员或候选人、国际组织的人员等。面对公职人员时，应谨慎考虑是否违反相关适用法律、公职人员的诚信廉洁要求及本政策。

华为禁止任何华为员工行贿和受贿（详情可见《华为公司反腐败政策》），如果任何华为员工试图通过、协助、教唆、促使合作伙伴或与其合谋的方式进行贿赂，合作伙伴应明确拒绝并主动向华为举报。

不以任何形式贿赂华为员工。

2. 避免采取任何可能导致华为承担连带责任的不当行动，包括允许其合作伙伴采取任何可能导致华为承担连带责任的不当行动等。

3. 保留真实、准确和完整的账簿和记录，不在账簿和记录中录入虚假、不准确、不完整、伪造或误导性条目。不建立或使用任何未公开或未记录的账目。

4. 建立有效的合规管理体系，并将反腐败要求端到端地落实到业务活动及流程。同时，为确保更好地遵从适用的法律法规和华为的反腐败要求，合作伙伴应将华为的反腐败要求传递给其员工及其合作伙伴，并定期审视。

5. 配合华为的工作。为确保我们的合作伙伴始终遵守法律、道德及华为的反腐败要求，华为有权对合作伙伴进行适当的尽职调查及实施相应的管控程序，合作伙伴应提供真实、完整、合法、有效的资料，不隐瞒任何可能对华为合法利益造成不利影响的信息。

如果任何合作伙伴违反了本政策，或做出了任何虚假或欺骗性声明、陈述或保证，或华为有合理理由相信合作伙伴实施了上述行为，华为有权在发出书面通知后立即暂停或终止与该合作伙伴的合作关系；同时，华为保留向其追究法律责任的权利。

如果合作伙伴对本政策有任何疑问，或者发现任何合作伙伴或华为员工疑似或者已经违反所适用的反腐败法律法规、华为的反腐败相关政策及要求等，请反馈至如下电子邮箱：BCGComplain@huawei.com。华为将对相关举报展开调查，并不允许对举报方进行威胁或者打击报复。

本政策所称"华为公司"是指华为投资控股有限公司及其全球范围内直接或间接控股的子公司。

若本政策与当地法律法规等不一致，则以其中更为严格的要求为准。

关于华为的反腐规定，从现有资料可以追溯到 2005 年。2005 年，华为通过以《EMT[1]自律宣言》的形式，期望所有干部严格要求自己，从源头上防范内部腐败。

其后，华为《EMT 自律宣言》就保留了下来。2008 年 1 月 31 日，《华为人报》就详细记录了华为《EMT 自律宣言》的宣誓内容，详情如下：

EMT 自律宣言

华为承载着历史赋予的伟大使命和全体员工的共同理想。十八年来我们共同奉献了最宝贵的青春年华，付出了常人难以承受的常年艰辛，才开创了公司今天的局面。要保持公司持久的蓬勃生机，还要数十年地继续艰苦奋斗下去。

我们热爱华为正如热爱自己的生命。为了华为的可持续发展，为了公司的长治久安，我们要警示历史上种种内朽自毁的悲剧，决不重蹈覆辙。在此，我们郑重宣誓承诺：

（1）正人先正己、以身作则、严于律己，做全体员工的楷模。高级干部的合法收入只能来自华为公司的分红及薪酬，除此之外不能以下述方式获得其他任何收入：

● 绝对不利用公司赋予我们的职权去影响和干扰公司各

---

[1] EMT：公司经营管理团队英文名称 Executive Management Team 的缩写。

项业务，从中谋取私利，包括但不限于各种采购、销售、合作、外包等，不以任何形式损害公司利益。

● 不在外开设公司、参股、兼职，亲属开设和参股的公司不与华为进行任何形式的关联交易。

高级干部可以帮助自己愿意帮助的人，但只能用自己口袋中的钱，不能用手中的权，公私要分明。

（2）高级干部要正直无私，用人要五湖四海，不拉帮结派。不在自己管辖范围内形成不良作风。

（3）高级干部要有自我约束能力，通过自查、自纠、自我批判，每日三省吾身，以此建立干部队伍的自洁机制。

我们是公司的领导核心，是牵引公司前进的发动机。我们要众志成城，万众一心，把所有的力量都聚焦在公司的业务发展上。我们必须廉洁正气、奋发图强、励精图治，带领公司冲过未来征程上的暗礁险滩。我们绝不允许"上梁不正下梁歪"，绝不允许"堡垒从内部攻破"。我们将坚决履行以上承诺，并接受公司审计和全体员工的监督。

在《EMT成员自律宣誓发言稿》中，作为创始人的任正非也在自律中宣言，誓词如下：

从我创办华为担任总裁那一天起，就深感置身于内外矛盾冲突的漩涡中，深感处在各种利益碰撞与诱惑的中心，同时也深感自己肩上责任的沉重。如何从容地应对各种冲突和矛盾，如何在两难困境中果断地决策和取舍，如何长期地抵御住私欲的诱惑和干扰，唯有彻底抛弃一切私心杂念。否则无法正确平衡各方面的关系。这是我担任总裁的资格底线，这也是我们担任公司高级干部的资格底线。

只有无私才会公平、公正，才能团结好一个团队；只有无私才会无畏，才能坚持原则；只有无私，才敢于批评与自我批评，敢于改正自己的缺点，去除自己的不是；只有无私才会心胸宽广，境界高远，才会包容一切需要容纳的东西，才有能力肩负起应该承担的责任。我郑重承诺：在任期间，决不贪腐，决不允许亲属与公司发生任何形式的关联交易，决不在公司的重大决策中，掺杂自私的动机。

其后，孙亚芳也宣读了《自律宣誓发言稿》，其宣誓如下：

我们是公司的领导核心，一言一行都会对公司的发展产生影响。我在公司的这个职位上，在管好自己的同时，还要教育好自己周边的人，自律与坚持原则是一项最起码的要求。不能利用职权间接或直接影响和干扰公司各项业务。不以任何形式损害公司利益。要以身作则，严于律己，要把精力集中在公司的发展上。

我承诺在公司工作期间：

（1）决不利用职权从中谋利，不贪污腐败。

（2）自己不开设公司、参股、炒股。不允许亲属与公司发生关联交易。

(3) 正直无私，不拉帮结派，防止不正之风在公司形成。

(4) 提高自我修养，做一位朴实的好公民。

严格遵守 EMT 宣言中的各项内容，并接受公司和员工的监督和检查。

随之郭平开始宣读《自律宣誓发言稿》，其宣誓如下：

我宣誓严格自律，恪守公司 EMT 自律宣言。

职责与权力是公司的信任与托付，也是考验。职责和权力只能用于公司的利益，不得以权谋私。我现在负责分管的终端、战略合作、法务、信息安全等业务，敏感而复杂，且很多工作事关全局，在此，我郑重做出以下承诺，并愿意接受全体员工的监督和公司的审计。

(1) 严于律己，以身作则，绝不利用手中职权去影响公司业务以谋取私利，绝不干扰各种采购、销售、合作、外包等正常决策；

(2) 积极约束自己的家人，不与华为进行任何形式的关联交易；

(3) 以身作则，恪尽职守，不断保持创业激情，持续艰苦奋斗；

(4) 正直无私，自律严谨，树立正气，用人五湖四海，不拉帮结派；

(5) 增强批判与自我批判的能力，每日三省吾身，勇于指出和批判组织中不健康的行为，不在自己管辖的范围内形成不良作风。

接着纪平宣读《自律宣誓发言稿》，其宣誓如下：

我们一定要在公司内部建立廉洁正气、奋发图强、励精图治的工作风气。绝不允许"上梁不正下梁歪"，绝不允许"堡垒从内部攻破"。作为公司最高层管理团队的成员，我庄严地写下我的敬业宣言：

(1) 严格自律，杜绝贪污腐化、不搞关联交易。我承诺我的收入只能来自华为的分红及薪酬，除此之外将不以下述方式获得其他任何收入：

绝对不利用公司赋予我的职权去影响和干扰公司各项业务，并从中谋取私利，不以任何形式损害公司利益。

绝不允许亲属开设和参股的公司与华为进行任何形式的关联交易。

(2) 坚决与贪污腐化做斗争，严禁关联交易。我承诺在我负责管理的业务领域，将建立严密的内控制度，防止与杜绝腐败贪污的事件发生，并严格稽查关联交易，一旦发现有任何人做出违背公司利益或者通过搞关联交易获取私利，我将决不姑息，不讲情面，不捂盖子，上报公司，严肃处理。

(3) 持续奋斗，保持自我约束能力，坚持自我批判。我会将全部精力聚焦在工作上,保持持续的工作热情与奋斗精神。并时刻保持用干部岗位职责和职业道德标准要求自己,加强自律和自我约束能力。通过自查、自纠、自我批判,不断促进自我完善,杜绝在自己管辖范围内形成不良作风。

在我们事业发展的关键时期,我将抛开一切个人私心杂念,全身心地投入工作中去。我将以诚信的态度,信守我的敬业宣言,并接受公司的审计及全体员工的监督!

当纪平宣读完《自律宣誓发言稿》,费敏也开始宣读《自律宣誓发言稿》,其宣誓如下:

作为公司的干部,我深深地体会到,唯有在人事和财务上排除私人的利益和不掺杂自私的动机,才能做到坚持原则,并带领好自己的下属,承担起管理的责任。

我郑重承诺严格遵守 EMT 宣言:不贪污腐化、不搞关联交易,经济上、财务上廉洁自律,不损害公司利益,任何时候忠诚于公司的事业,并自觉接受大家的监督和公司的监督。

在费敏之后,宣读《自律宣誓发言稿》的洪天峰,其宣誓如下:

今天我在这里宣誓遵守并签署 EMT 自律宣言,有一种神圣的使命感。

作为公司的高级干部,公司赋予了我很多职权,特别是主管采购供应体系,每年的采购额超过几百亿元。采购业务是滋生腐败及关联交易的易发区域,在这个岗位上,我自己首先要严格自律，心底无私，不以任何方式谋取私利，不搞关联交易，不腐败，严格遵循集体决策、分层决策、角色分离等采购内控原则，增加透明度，同时对采购业务中的腐败行为坚决打击，对触犯法律者绳之以法，决不让采购腐败行为有存在的空间。

在干部队伍建设上，认真执行和落实干部管理的三权分立的管理规定，用人正直无私、五湖四海，不拉帮结派，树立正气，严格有效管理，加速运作交付体系干部和员工队伍的全球化和职业化步伐。

作为公司的高级干部，我将严格自律，廉洁正气，艰苦奋斗，努力修炼。特别要加强组织理解力、人际沟通理解能力及业务能力的发展，围绕着公司 2007—2009 年 EMT 优先重点工作，认真履行职责，坚守对公司的承诺，愿意接受公司审计和全体员工的监督。

再接着，徐直军开始宣读《自律宣誓发言稿》，其宣誓如下：

今天，我在此庄严宣誓：为了使公司避免内朽自毁的悲剧，我将严格履行 EMT 自律宣言，绝对不利用公司赋予我的职权去影响和干扰公司各项业务，并从中谋取私利和腐败；绝对不会自己与家属搞关联交易；绝对不拉帮结派；不惰怠，不无作为，因为惰怠、无作为也是腐败。坚持自查、自纠和自我批判。

请大家监督。

其后宣读《自律宣誓发言稿》的是胡厚崑,其宣誓如下:

华为取得成功的重要因素之一是最高管理层的无私奉献,其表率作用又影响着全体员工,使不自私、奋斗与奉献成为企业文化的主流,公司处在快速全球化的过程中,这种文化对于公司的持续发展是非常重要的,作为公司的高级管理者之一,我应该而且愿意成为这种文化的实践者与推行者,并希望以我的行动为我的下属做出表率。

为此,我今天郑重地向公司的全体员工做出承诺:我将保证不在外开设或参股其他公司,或未经公司批准在其他公司兼职;更不允许我本人及亲属以任何方式与公司发生关联交易。为实践这个承诺,我会注意从小事做起,严格要求自己和自己的亲属,"勿以恶小而为之",不能让"人情难却"成为破坏原则违反制度的借口。同时,不但是我自己,还要帮助我的亲属清醒地认识到,我手中的权力是公司赋予的责任,这种权力只能用来为公司创造价值而不能沦为谋取私利的工具。

我愿意就上述承诺内容主动接受各方面的监督,并通过我的行动巩固公司持续进步的基础。

最后宣读《自律宣誓发言稿》的是徐文伟,其宣誓如下:

我们看到太多企业兴衰、自毁长城的悲剧,其根本原因不在于行业的变迁，竞争的加剧等外部因素，而是内部腐败特别是管理层的腐败。

为了华为公司长治久安、持续地发展，为了华为公司在面临不断加剧的行业竞争中，战胜困难、走向胜利，为了历史赋予华为的伟大使命和全体员工的共同理想，我在此郑重承诺：

（1）以身作则，不仅自己做到坚守道德准则、公司行为准则，坚守承诺，同时对损害公司利益的行为，要坚决阻止。

（2）廉洁奉公，一切以是否有利于公司、是否符合公司利益为原则，绝不利用公司赋予的职权，不以任何形式（包括但不限于采购、合作、外包等）损害公司利益，谋取私利。

（3）光明磊落，坚持原则，不为自己、亲友以及利益相关者谋取不当利益。目前为止没有在外开设公司、参股以及兼职，没有亲属、利益相关者开设的公司与华为进行任何形式的关联交易，今后也不会有。

（4）正直无私，不拉帮结派，热爱公司，为了公司的兴旺发展，毫无保留、奉献全部智慧与精力。

其后，华为开启了重拳反腐的幕布。2014年初，华为又在深圳坂田基地召开干部工作作风宣誓大会，宣誓内容包括"我绝不动用公司资源，也不能占用工作时间，为上级或其家属办私事。遇非办不可的特殊情况，应申报并由受益人支付相关费用"等内容。

截至2014年8月,华为已经查实企业内部涉嫌腐败的员工116名,追回高达3.7亿元的资金,其中4名员工移交司法处理,涉及69家经销商。

华为管理层在此次召开的反腐大会上讲道:"问题非常严重。涉及历任、多人、多家、团伙。"为了有效地防范腐败,针对未经查实或尚未暴露的腐败行为,华为提出了自己的新办法——让经销商能实名举报。华为也提出:"凡存在华为员工(包括已离职的华为员工)收受好处费等类似问题,经销商主动实名举报的,不予追究民事责任;不主动举报的,一经发现,将追究其法律责任,其与华为的未来合作也将受到影响。"

在此次反腐大会上,华为管理层强调,作为员工,必须诚实劳动,这是作为员工的基本要求,绝不允许一切钻公司漏洞、借职务便利谋私利的行为。

在2016年12月1日召开的华为监管体系座谈会上,作为华为创始人的任正非,发表了题为"内外合规多打粮,保驾护航赢未来"的讲话。任正非总结了组织没有纪律就没有发展的力量的经验。在任正非看来,华为发展快而腐败少,得益于在管理和控制领域做出的努力。

为此,任正非对华为公司的整体内控监管的评价是,相比华为的业务发展和组织规模,华为公司问题已经相对较少,而且处于明显下降的趋势,"应该每个人发一个奖章,奖牌刻上英雄万岁","虽然你们看公司的问题很多,但我们看总状况应该还是好的,绝对的纯洁不存在,我们追求相对的纯洁。"

这段讲话透露了2015年华为的流水是1万亿美元,2016年应该是1.5万亿美元左右的流水。任正非表示,每张单据的流水都可能有猫腻,但没有想象的多,这主要还是监管内控的贡献,"当我们的销售收入达到2 000亿美元的时候,流水可能达到5、6万亿美元,如果这么大的流水还没有出现大问题,从正面来看,内控做出很大贡献。"

任正非认为,公司不因为腐败而不发展,也不因为发展而宽容腐败。华为要建立严格而不恶的规则,加强问责制的实行。他同时还强调,监督岗位工作要从成功走向科学化、程序化,改进方法,提高技能;干部离任要审计,在任也要审计;内控、监管不是阻止速度,而是让流程顺畅后速度更快。

任正非在题为《内外合规多打粮,保驾护航赢未来》监管体系座谈会上的讲话中开篇就谈道:"华为公司建立起这支监管队伍不容易。一个组织要有铁的纪律,没有铁的纪律就没有持续发展的力量。华为最优秀的一点,就是将十七万员工团结在一起,形成了这种力量。公司发展这么快,腐败这么少,得益于我们在管理和控制领域做出的努力。虽然,在你们眼中仍然能够看到公司存在这样或那样的问题,但相比我们的业务发展,相比我们的组织规模而言,这些问题已经相对较少,而且处于明显下降的趋势,这里面有你们的功劳。"

基于此，任正非提出了自己的看法："我个人建议在内控、内审、稽查、CEC、法务、信息安全、子公司董事……监督岗位工作的所有员工，只要有三年以上的监管岗位工作经历，就应该给他们每个人发一个奖章，奖牌刻上'英雄万岁'。不仅是在座各位，前线监管岗位的员工比你们还辛苦，有好事也不能漏掉他们。"

究其原因，华为公司发展得越快，管理覆盖就越不足，暂时的漏洞也会越多。面对问题，任正非在题为《内外合规多打粮，保驾护航赢未来》的讲话中介绍，华为因此设置了内部控制的三层防线，具体如下：

第一层防线，业务主管/流程OWNER，是内控的第一责任人，在流程中建立内控意识和能力，不仅要做到流程的环节遵从，还要做到流程的实质遵从。流程的实质遵从，就是行权质量。落实流程责任制，流程OWNER/业务管理者要真正承担内控和风险监管的责任，95%的风险要在流程化作业中解决。业务主管必须具备两个能力，一个能力是创造价值，另一个能力就是做好内控。

第二层防线，内控及风险监管的行业部门，针对跨流程、跨领域的高风险事项进行拉通管理，既要负责方法论的建设及推广，也做好各个层级的赋能。稽查体系聚焦事中，是业务主管的帮手，不要越俎代庖，业务主管仍是管理的责任人，稽查体系是要帮助业务主管成熟地管理好自己的业务，发现问题、推动问题改进、有效闭环问题。稽查和内控的作用是在帮助业务完成流程化作业的过程中实现监管。内控的责任不是在稽查部,也不是在内控部,这点一定要明确。

第三层防线,内部审计部是司法部队,通过独立评估和事后调查建立冷威慑。审计抓住一个缝子,不依不饶地深查到底,旁边碰到有大问题也暂时不管,沿着这个小问题把风险查清、查透。一个是纵向的,一个是横向的,没有规律,不按大小来排队,抓住什么就查什么,这样建立冷威慑。冷威慑,就是让大家都不要做坏事,也不敢做坏事。[1]

4. 知识产权与商业秘密保护

(1)尊重和保护知识产权。华为坚持长期投入研究与开发,不断丰富自身知识产权积累,是目前全球最大的专利持有企业之一。华为坚信尊重和保护知识产权是创新的必由之路。作为创新者以及知识产权规则的遵循者、实践者和贡献者,华为注重自有知识产权的保护,也尊重他人知识产权。华为与全世界主要ICT企业达成了专利交叉许可,并积极通过自身实践致力行业和国家的创新和知识产权环境的完善。

(2)尊重和保护他人商业秘密。华为注重自有知识产权和商业秘密的保护,也尊重他人知识产权和商业秘密,禁止员工不当获取、不当披露、不当使用及不当处置他人商业秘密。华为采取以

---

[1] 任正非. 内外合规多打粮,保驾护航赢未来 [N/OL]. https://www.hellobit.com.cn/b/rzf-talk/4081483655.html,2016-12-01.

下关键措施保护他人商业秘密：颁布《关于尊重与保护他人商业秘密的管理规定》，对员工在商业活动中尊重与保护他人商业秘密提出明确要求，确保员工合法、合约地开展各项业务活动。① 将商业秘密保护的管理要求融入研发、销售、采购、人力资源等业务流程中，定期审视并结合业务运作中发现的问题和案例持续进行管理改进。② 向全员开展商业秘密保护宣传、培训、考试，使员工充分知悉商业秘密合规遵从的义务及责任。③ 通过检查、审计等方式对保护他人商业秘密工作情况进行监督，确保政策、制度及流程有效落地。④ 建立问责机制，发布《关于侵犯他人商业秘密违规的问责制度》《信息安全违规问责定级标准》等文件，对违规行为进行问责。

02 区域的合规管理

华为非常重视合规方面，其自身的规范经营给华为的全球化市场顺利拓展提供了保证。有关区域的合规管理，华为在开展业务的所在国家均任命了国家合规董事，对各子公司的合规运营进行管理和监督，并采取以下关键措施，以保障业务合规经营、员工遵纪守法：

（1）在复杂的国际营商环境下，充分识别与评估风险，落实管理措施，防范风险。

(2)将合规管理任务纳入业务组织 KPI 考核,持续建设合规管理责任体系,开展合规培训赋能,营造诚实守信、合法合规的氛围。

(3)在公司合规基调的指引下,基于当地所适用的法律要求制定子公司合规管理政策和制度,持续做好外规内化,组织各国制订适用的合规白皮书,明确业务活动和员工行为的合规要求、指引及禁止性规定。

在华为看来,区域的合规管理可能涉及多元化与包容性,比如性别平等声明。在华为官网上,笔者还特此查到了《科技为她、科技由她、科技伴她——华为公司性别平等声明》的相关介绍,详情如下:

科技为她、科技由她、科技伴她——

华为公司性别平等声明

现代科技的发展正把我们带入万物互联的智能世界,但互联网接入、科技参与度、科技领导力等方面的性别差距必须克服。

世界经济论坛发布的《2021年全球性别差距报告》显示,全球四分之三的"未来工作"从业者中,女性比例仍然非常低,这包括云计算、数据和人工智能、工程及产品开发等类目。华为的目标是建立包容、多样性社会。为此,华为致力为女性提供机会和决定性支持。华为致力于通过支持男女平等并采取具体行动提升女性在科技行业和数字经济中的竞争力来打造一个"科技为她、科技由她、科技伴她"的社会。

为此，我们推出了多个举措来帮助ICT行业促进男女平等、提升社会包容。在我们看来，有五种做法可以在这一领域产生积极影响。

1. 提升员工多样性，拒绝性别歧视

创新是华为构建万物互联的智能世界这一愿景的基础动力之一，且创新源于多样性。因此，华为重视多样、包容的工作环境的价值，并不分男女为员工提供平等机会。长期以来，多样性都是确保我们业务取得成功的关键因素之一，建立多样性员工队伍的第一步是聚集多样性的人才。

华为建立了无歧视的员工招聘、高潜人员识别机制，打造无歧视的工作环境，对促进技术进步并为数字工具惠及每个人而努力的所有员工给予认可。

2. 在各个层面推动女性领导力

长期以来，有不少女性在华为各个业务承担关键领导岗位工作，对此我们感到自豪。我们将致力于提供更多让女性脱颖而出的机会和平台。

华为设计了专门的导师项目、高度包容的培训平台和公正的晋升标准，以培养下一代人才。我们将继续培养女性管理者，持续营造公司文化，鼓励我司及数字行业的女性在当前组织及行业持续发展。

3. 为员工提供职业和家庭关怀

华为设计了员工关怀模式，以保护和推进员工福祉。我们会继续创新，营造高度安全、宜人的工作环境，并通过持续改善我们在灵活工作安排、儿童关爱和退休关怀等方面的政策，改善员工的生活。

4. 营造开放、包容、安全的公司文化

通过持续刷新员工招聘、员工晋升、员工待遇等公司政策，我们也打击组织中的无意识偏见。作为在170多个国家和地区运营的全球化公司，我们认为有必要解决只有女性才会面临的文化和社会压力。

同工同酬和对暴力（恐吓、口头虐待等）性骚扰零容忍等内部政策是我们人力资源规则手册的长期基石。通过严格的监管和政策推进，以及持续的教育和意识提升活动，我们致力于营造所有员工感到安全、工作价值得到公平认可的工作环境。

5. 为所有女性提供教育、培训和数字机会

公司的性别平等承诺不限于华为本身。作为全球ICT行业的领导者，我们认为我们有责任分享我们的知识和工具，以推动社会进步。通过为全球女性提供技能培训、职业培训和ICT培训，提升其数字技能和数字接入水平，我们不仅要为联合国可持续发展目标做出贡献，我们也在推动ICT行业的增长。

通过我们的全球企业社会责任活动、有针对性的奖学金和导师项目及其他帮助妇女儿童充分发挥其潜能的举措（如WomenInTech，华为女性开发者计划等），我们每天都在努力弥合数字鸿沟，确保每个人，无论性别、种族、宗教、民族和性取向，都能在新的数字时代享受科技带来的好处。

之所以重视多元化与包容性，是因为华为是一家跨国公司，其员工来自世界各地。截至2022年底，华为全球员工总数约20.7万，来自全球162个国家和地区。华为重视本地化建设，在海外各国共招聘本地员工4 000多人，海外员工本地化率为63.8%（海外员工本地化率=海外聘用的员工总数/海外员工总数×100%）。

鉴于此，在员工管理方面，华为遵守《世界人权宣言》相关规定，《关爱员工政策》明确了公司关爱员工的总体原则及要求，涵盖童工、强制性或非自愿劳动、健康和安全、多样性、反歧视、人道待遇、工作时间、薪酬及福利、自由结社、隐私保护、学习与发展等方面。海外子公司基于当地的法律法规，制定并发布了本地化的关爱员工政策。为确保政策落地，华为还制定了相关的流程、制度、基线等，规定在招聘、晋升、薪酬等方面不应有种族、宗教、性别、性取向、国籍、年龄、怀孕或残疾等方面的歧视，明确禁止使用童工和强迫劳工（含抵债、契约劳工），并在企业招聘、用工和离职等重要环节制定了完善的预防措施，在具体实践中未发现有使用童工或强迫劳工的现象。同时，我们还将这一要求传递给供应商，并定期监督审核，确保其不使用童工或强迫劳工。[1]

此外，作为跨国公司的华为，尊重各类员工的生活方式，尽量为员工提供满足其风俗信仰和生活习惯的便利条件。华为在园区内建设了餐厅、咖啡厅、健身房、图书馆、哺乳室、祈祷室等设施，为员工提供多样化的选择和人性化的服务。华为还在全球开展丰富多彩的团队活动，如家庭日（Family Day）、工程师文化节、达人秀等，促进不同文化背景的员工互相了解和信任，营造良好的组织氛围；同时鼓励拥有共同兴趣爱好的员工自发成立各类文体协会和爱好圈子，丰富业余生活，如音乐协会、舞蹈协会、读书协会、跑步协会、摄影部落等。[2]

在华为官网上，类似的声明还有很多，例如《华为责任矿产尽职管理声明》。

华为责任矿产尽职管理声明

作为联合国全球契约、GeSI、RBA、RMI组织的成员，华为公司一直坚持把全球社会责任作为我们的目标，实施道德采购，促进产业链可持续发展。

华为承诺并致力于以负责任的方式采购产品中使用的锡、

---

[1] 华为官网. 多元化与包容性［EB/OL］. 2023-08-03. https：//www.huawei.com/cn/sustainability/the-latest/stories/diverse-and-inclusive-workforce.
[2] 华为官网. 多元化与包容性［EB/OL］. 2023-08-03. https：//www.huawei.com/cn/sustainability/the-latest/stories/diverse-and-inclusive-workforce.

钽、钨、金、钴等矿产原料，并参照《经济合作与发展组织关于来自受冲突影响和高风险区域的矿石的负责任供应链尽职调查指南》《中国负责任矿产供应链尽责管理指南》（以下统称"指南"）等要求，推动供应商制定政策，以防范和降低其制造产品中所含的矿产以直接或间接的方式为高风险地区中，可能助长严重侵犯人权、严重环境危害、严重健康安全隐患、严重腐败等的团体提供资金或利益的风险，要求供应商对其采购的产品中使用到的矿产产品进行来源追踪和责任矿产尽职调查，并与客户分享尽责调查信息，以确保供应链政策与指南要求保持一致，逐步提高供应链透明度和供应链治理能力。

　　供应链的责任矿产尽责管理是一个持续改进的过程，需要企业、政府和非政府组织的承诺和合作才能解决。华为公司支持通过行业合作来处理矿产供应链中的社会责任问题，我们将持续参与行业组织的活动，与客户和供应商一起寻求可持续的解决方案，推动矿产供应链的可持续发展。

华为技术有限公司

第六部分

CHAPTER SIX 组织变革管理：实行民主决策，从人治转向法治

过去的传统是授权一个人，因此公司命运就系在这一个人身上。成也萧何，败也萧何。非常多的历史证明了这是有很大风险的。传统的CEO为了不辜负股东的期望，日理万机地为季度、年度经营结果负责，连一个小的缝隙时间都没有。他用什么时间学习充电，用什么时间来研究未来，陷在事务之中，怎么能成功。华为的轮值CEO是由一个小团队组成，由于和而不同，能操纵企业不断地快速适应环境的变化；他们的决策是集体作出的，也避免了个人过分偏执带来的公司僵化；同时可以规避意外风险带来的公司运作的不确定性。

他们轮值六个月之后卸任，并非离开核心层，他们仍在决策的核心层，不仅对业务的决策，而且对干部、专家的使用都有很大的力量与权威。轮值CEO是一种职责和权利的组织安排，并非一种使命和责任的轮值。轮值CEO成员在不担任CEO期间，并没有卸掉肩上的使命和责任，而是参与集体决策，并为下一轮值做好充电准备。

轮值期结束后并不退出核心层，就可避免了一朝天子一朝臣，使优秀员工能在不同的轮值CEO下，持续在岗工作。一部分优秀的员工使用不当的情况不会发生，因为干部都是轮值期间共同决策使用的，他们不会被随意更换，使公司可以持续稳定发展。同时，受制于资本力量的管制、董事会的约束，又不至于盲目发展，也许是成功之路。

——华为创始人　任正非

第13章
起草《华为基本法》

1994年11月，华为虽然依旧默默无闻，但是已经开始崭露头角，尤其是上级领导视察华为，称赞华为的企业文化好后，企业文化就成为华为干部的口头禅。到底什么是企业文化呢？却没人能说得上来。

如此浮躁的氛围，让任正非焦虑不已。更让任正非焦虑的是，之前由于高速发展掩盖的问题如同水下的冰山渐渐地显露出来。华为高级管理顾问吴春波评价说："华为从1987年到1996年一直是一家很普通的公司。我于1995年进入华为，那个时候华为的创始人任正非，就像一个土匪头一样带着一帮穷人抢粮食，先在村里抢，抢一笔算一笔。抢着抢着，村里庄园抢完了。接着任正非就带着这帮人进城，一进城吓个半死，因为城里的市场都被跨国公司切割了。这时候任正非才发现他带的这帮人要和正规军打，不可能取得战略上的胜利。所以，他提出一个口号：脱下草鞋换皮鞋，把这帮'土八路'改成正规军。"

客观地讲，华为创建初期，凭借灵活、宽松的授权拓展三、四线市场，获得野蛮生长的战略机遇期。但随着华为企业规模的扩大，更多的组织管理问题已经彻底地暴露。

此刻的任正非意识到，如果不解决华为当前遭遇的问题，华为在其后的发展必然遭遇难以想象的阻力。摆在任正非面前的一条路，只有引进正规化的制度管理，才能真正地提升华为的竞争优势。鉴于此，华为变革管理由此开始。

1995年，任正非提出，华为打算制定一个划时代的纲领性公司文件，作为指导华为发展的战略管理理念和公司未来的发展方向。这就是《华为基本法》的雏形。

对此，任正非直言："我们的《华为基本法》再过二十年后，也许不会有多大价值，但现在必须有一个规范来指导我们的工作。当一个公司的资产达到一定规模时，往往最难突破管理难关，绝大多数超大规模的企业都在这个时候垮台了。实际上，每个大企业都面临着管理问题，但为什么国外企业运行得那么好呢？我们应该研究其中的道理。企业文化只能解决人们思想意识和行为上的问题，不能解决组织建设和业务流程之间的关系和基本规律问题，这就需要起草《华为基本法》。"

01 规范管理

任正非如此重视《华为基本法》，一个关键原因是，当时的华为没有核心价值观。这样的企业组织容易步入什么赚钱就做什么产品的歧途。

据时任华为专家顾问小组组长的彭剑锋介绍，1998年3月23日，在《华为基本法》获得通过并开始实行前，仅仅只有任正非和极少数高层管理人员相信核心价值观对华为未来发展的重要意义，绝大多数华为人对此并无太多想法。

当然，在快速的发展轨道中，华为理顺繁杂的管理和经营问题并非易事。尽管如此，1997年，管金生及其创办的当时号称"中国最大证券公司"万国证券轰然倒下让任正非错愕。正是这次事件坚定了任正非以三年之期理顺《华为基本法》的决心。当任正非阅读完万国证券轰然倒下的新闻后，特地把该则新闻转发给《华为基本法》专家组的成员们阅读，并批注说道："转发这篇文章给你们，是让你们知道为什么要搞《（华为）基本法》……一个多么可爱的人，一个多么有能力的人，八分钟葬送了一个世界级的证券公司。难道我在迫于内部与外部压力的情况下，不会出现疯狂的一瞬？历史是一面镜子。"

《华为基本法》专家组成员黄卫伟收到任正非转发的新闻批注后，借用美国金融大亨乔治·索罗斯（George Soros）的一句话回答任正非的困惑，黄卫伟说道："如果你是一个认真从事冒险的人，你要给自己定纪律。"

在黄卫伟看来，华为制定的《华为基本法》其实就是任正非及其联合创业者们给自己套上的紧箍咒。客观地讲，这部《华为基本法》谈不上严苛，但是《华为基本法》全面、实事求是地借鉴了美国、欧洲、日本管理文化的精髓内容。

据公开的资料显示，《华为基本法》详尽论述了华为的公司宗旨、管理哲学、基本经营策略、基本组织政策、人事政策、控制政策、道德与纪律等管理体系，同时制定了较为清晰的发展战略。例如，《华为基本法》将"成为世界级领先企业"作为华为的追求和愿景；又如《华为基本法》对实现愿景的路径制定了严格界定——"强调人力资本不断增值的目标，优于财务资本增值的目标"。

这条《华为基本法》日后成为华为发展和壮大中衡量自己成长的最为重要的指标。在当时的1998年，华为人均效率仅仅只有IBM的1/65，朗讯的1/25。与此同时，《华为基本法》还针对管理哲学的标题下对企业管理当中具体管理细节可能遭遇的矛盾、冲突，进行了为期三年的价值观大讨论。譬如，尊重个性与集体奋斗的矛盾，开放合作与独立自主的矛盾，公平与效率的矛盾，程序化与多样性的矛盾，等等。[1]

在《华为基本法》中，首次明确了华为的核心价值观，分为如下几个部分：

第一，追求。

---

[1] 丘慧慧. 探路者华为："世界级企业"命题证伪[N]. 21世纪经济报道，2009-09-26.

第一条 华为的追求是在电子信息领域实现顾客的梦想，并依靠点点滴滴、锲而不舍的艰苦追求，使我们成为世界级领先企业。为了使华为成为世界一流的设备供应商，我们将永不进入信息服务业。通过无依赖的市场压力传递，使内部机制永远处于激活状态。

第二，员工。

第二条 认真负责和管理有效的员工是华为最大的财富。尊重知识、尊重个性、集体奋斗和不迁就有功的员工，是我们事业可持续成长的内在要求。

第三，技术。

第三条 广泛吸收世界电子信息领域的最新研究成果，虚心向国内外优秀企业学习，在独立自主的基础上，开放合作地发展领先的核心技术体系，用我们卓越的产品自立于世界通信列强之林。

第四，精神。

第四条 爱祖国、爱人民、爱事业和爱生活是我们凝聚力的源泉。责任意识、创新精神、敬业精神与团结合作精神是我们企业文化的精髓。实事求是是我们行为的准则。

第五，利益。

第五条 华为主张在顾客、员工与合作者之间结成利益共同体。努力探索按生产要素分配的内部动力机制。我们决不让雷锋吃亏，奉献者定当得到合理的回报。

第六,文化。

第六条 资源是会枯竭的,唯有文化才会生生不息。一切工业产品都是人类智慧创造的。华为没有可以依存的自然资源,唯有在人的头脑中挖掘出大油田、大森林、大煤矿……精神是可以转化成物质的,物质文明有利于巩固精神文明。我们坚持以精神文明促进物质文明的方针。这里的文化,不仅仅包含知识、技术、管理、情操……也包含了一切促进生产力发展的无形因素。

第七,社会责任。

第七条 华为以产业报国和科教兴国为己任,以公司的发展为所在社区作出贡献。为伟大祖国的繁荣昌盛,为中华民族的振兴,为自己和家人的幸福而不懈努力。

核心价值观的确立,让所有华为人明晰自己的岗位责任和前进方向。在当时,华为的迅猛发展、庞大的规模,需要招聘更多的员工。如此循环下去,很多之前直线管理的问题已经无法有效地及时解决。

最为典型的是,华为高层干部与中层管理人员对企业的使命追求、核心价值观理解差异很大,很难有效沟通。鉴于此,彭剑锋介绍说道:"随着企业的扩张、人员规模的扩大、企业高层与中基层接触机会的减少,任正非发现自己与中层领导的距离越来越远,更无法及时了解下属的工作状况和想法。对于那些不了解任正非想法的员工们来说,老板的话越来越难以听懂,觉得老板在说'鸟语',领会老板的意图也变得越来越难,所以天天琢磨老板在想什么。与此同时,老板也觉得下面的人日益缺乏悟性,'笨得像头猪一样'。员工们理解不了老板的意图而备感困惑,任正非也因为不能被理解而痛苦,双方迫切需要建立共同的语言系统与沟通渠道。而核心价值观的提炼和阐述,正是找到'鸟'与'猪'的共同语言的捷径。"[1]

彭剑锋补充说道:"在最初讨论如何撰写《华为基本法》的基本框架设计时,任正非就提出要求,希望《华为基本法》能够确立企业处理内外矛盾关系的基本法则,确立明确的企业共同语言系统即核心价值观,以及指导华为未来成长与发展的基本经营政策与管理规则。"[2]

在《华为基本法》制定过程中,任正非几乎每天都与自己办公室一墙之隔的专家组讨论。彭剑锋回忆说道:"他没事就过来聊。关于《华为基本法》的正式讨论有 9 次,此外还有至少一二十次非正式讨论。实际上,通过这个过程,任正非也完成了一个对华为未来发展的深化和系统的思考。"

经过 1 000 多天的深度碰撞后,《华为基本法》击穿了任正非

---

[1] 梁瑞丽.《华为基本法》的变革之道——访原华为专家顾问小组组长彭剑锋 [J]. 东方企业文化, 2011 (07): 21-23.
[2] 梁瑞丽.《华为基本法》的变革之道——访原华为专家顾问小组组长彭剑锋 [J]. 东方企业文化, 2011 (07): 21-23.

对华为未来发展的固有思维。正因为如此,任正非对《华为基本法》寄予厚望。彭剑锋介绍称,《华为基本法》从筹备、起草,到完成定稿,其过程历时 3 年,历经 10 次删改。

1998 年 3 月 28 日,任正非在《由必然王国到自由王国》一文中提到中国首部企业宪章——《华为基本法》的诞生背景,任正非说道:"华为第一次创业的特点,是靠企业家行为,为了抓住机会,不顾手中资源,奋力牵引……第二次创业的目标就是可持续发展,要用十年时间使各项工作与国际接轨。它的特点是要淡化企业家的个人色彩,强化职业化管理。把个人魅力、牵引精神、个人推动力变成一种氛围,使它形成一个场,以推动和导向企业的正确发展……这个导向性的氛围就是共同制定并认同的《华为基本法》,它将规范我们的行为和管理。"

02　实行民主决策

华为要想走出混沌,必须强化职业化管理,这在中国企业界当时犹如一枚重磅炸弹。当然,任正非之所以重视职业化管理,是在历经高速增长后,华为的未来到底该如何走摆在任正非面前?在一次内部讲话中,任正非讲道:"华为也要有自己的《华为基本法》。"

梳理发现,华为制定《华为基本法》,源于 20 世纪 90 年代,任正非收到一本 19 世纪的有关美国宪法的书。一向喜欢看书的任正非如获至宝，快速翻阅后感叹说道："有人给我送了一份十九世纪美国的宪法，今天看来并不高明，但它指导了美国二百多年的发展，奠定了美国今天的繁荣。"

在美国宪法的启蒙下，任正非据此开始构想《华为基本法》，把华为的发展使命作出如下规划："《华为基本法》是公司发展中的导向性文件，主要针对管理层和决策层。为什么要动员全体员工来参加呢？主要是想使大家在这大发展中提高自己的修养和认识水平，对个人将来的前途、前进也会有更好的机会。"

1995 年 9 月起，华为在内部展开了一场关于"华为兴亡，我的责任"的企业文化大争论，同时还制定了 14 条的《华为人行为准则（暂行稿）》。

几经修改，任正非否决了华为内部撰写的《华为基本法》。据说任正非把《华为基本法》文稿都扔在地上。内部撰写达不到任正非的战略要求，任正非就把重任交给了中国人民大学工业经济系、劳动人事学院和计划统计学院的六位老师——彭剑锋、黄卫伟、包政、吴春波、杨杜、孙健敏，并提出："让人大教授试试。"

随后，华为成立了"《华为基本法》专家组"。六位老师虽然都是教授，但是当奉命执行完成该任务时，也无从下手，甚至是一片迷茫。

时隔多年，吴春波教授回忆说道："第一，没有可借鉴的文献资料。那时，企业文化还不像现在这样如火如荼，加之信息渠道的匮乏，几乎找不到相关的文献资料。第二，没有可借鉴的企业实践。那时，国内企业还没有相关的实践，也不知道国外是否有。第三，不知道任正非的真实意图和期望。可以说，在当时，什么是《华为基本法》，《华为基本法》有什么，这些基本问题也不清楚。"[1]

华为没有给出详细需求，人大六位教授也是不知如何下手。此刻，对于六位教授来说，当务之急就是搞清楚什么是《华为基本法》。

由于没有任何案例参考，六位教授不得不召开紧急会议，讨论如何撰写《华为基本法》。在此次会议上，主要谈论了两个核心问题：一是什么是《华为基本法》？二是如何写《华为基本法》？

面对从未开启的领域，六位教授讨论了一天的时间，最终达成了两个共识：第一，《华为基本法》不是国家宪法，撰写《华为基本法》时，不能按照企业内部的法律文件来操作，任正非不需要一部那么费力撰写的法律文本。第二，《华为基本法》主要包含的内容涵盖使命和价值观宣言。

虽然达成了两点共识，却始终无法找到突破口。然而，让六位"人大教授"打开脑洞的竟然是一页半复印的小文章，该文介绍的是有关宝洁公司的案例。

受此启发，六位"人大教授"提炼出三个问题，它们是："第

---

[1] 吴春波. 华为没有秘密 [M]. 北京：中信出版社，2014.

一，华为为什么成功？第二，支撑华为成功的关键要素有哪些？第三，华为要取得更大的成功还需要哪些成功要素？"[1]

就这样，影响华为基业长青和永续经营的《华为基本法》撰写序曲由此开始谱写。在《由必然王国到自由王国》一文中，任正非写道："淡化企业家个人色彩和强化职业化管理，要求我们逐步地开放高层民主。华为实行的委员会民主决策，部门首长办公会议集体管理的原则，这是发挥高层集体智慧、开放高层民主的重要措施。以资深行政人员、资深专业人士及相关各行政职能部门首长组成的近百个各级、各专业委员会，贯彻了选拔的从贤不从众。在实行决策管理过程时，又使用了充分的民主原则。从而使企业的管理避免和减少首长个人决策的失误机会。即使失误了，也因事先有过充分的研究，可以有众多人员去补救。委员会是务虚的，是为了确定管理的目标、措施，评议和挑选干部，并在实行中进行监控，使企业的列车始终运行在既定的轨道上。部门首长办公会议是务实的，是为了推动目标的实现，组织与调动资源，进行层层的考核与测评，促使人的因素转化成物质的力量。部门首长在实施权威管理的时候，运用的是办公会议的集体权威。"

---

[1] 吴春波. 华为没有秘密[M]. 北京：中信出版社，2014.

第 14 章
轮值 CEO 制度

2002年,随着全球IT泡沫的破裂,作为一路追赶世界跨国企业的华为也未能幸免,甚至还遭遇了前所未有的经营危机,销售额首次下滑、公司内外矛盾交织在一起,濒临破产,甚至还打算把华为卖给摩托罗拉。

遭遇如此严重的危机,一向倡导批评与自我批评的华为开始复盘,华为为什么会遭遇危机。几经反思发现,在重大战略上,创始人对短中期的市场空间判断存在失误,一个非常棘手的问题是,创始人在决策时,为什么会畅行无阻地通过?

为了解决这个问题,华为聘请咨询企业入驻进行调研、诊断,找出病根。几经周折,咨询企业的诊断结论是,尽管华为设置副总裁一职,但是副总裁仅仅是一个职位,没有真正的高层决策权力。对此,任正非总结说道:"过去的传统是授权一个人,因此公司命运就系在这一个人身上。成也萧何,败也萧何。非常多的历史证明了这是有更大风险的。"

01 杜绝"拍脑袋决策"

在华为的管理结构中,轮值 CEO 是一个比较特殊的管理实践。据了解,在华为,CEO 由八名高管轮值出任。

读者可能好奇,一贯强势的任正非是如何选择 CEO 的呢?2004 年,华为聘请美国咨询公司美世咨询(Mercy)指导华为重构公司结构。让咨询顾问犯难的是,当时的华为没有构建一个中枢机构。更让咨询顾问难以理解的是,高层仅仅是任命,也不具体地运作。在决策时,决策者是创始人,甚至都不需要经过高层讨论。

在咨询企业的建议下,华为构建了真正发挥自己职能的高管层——经营管理团队(Executive Management Team,简称 EMT)。此机构表决所有的决策,最大限度地避免了决策经营风险。

在当时,由于任正非不愿做经营管理团队(EMT)主席(COO),建议实行轮值主席(轮值 COO)制度,由七位常务副总裁轮流担任轮值主席,每半年轮值一次,每人两轮,一共实行了八年。

鉴于此,构建轮值制度,迫于残酷的经营困境现实,以及华为经营层理性的管理变革,试图让华为"永续经营"。

在内部讲话中,任正非介绍称:"传统的 CEO 为了不辜负股东的期望，日理万机地为季度、年度经营结果负责，连一个小的缝隙时间都没有。他用什么时间学习充电，用什么时间来研究未来？陷在事务之中，怎么能成功？华为的轮值CEO是由一个小团队组成，由于和而不同，能操纵企业不断地快速适应环境的变化；他们的决策是集体作出的，也避免了个人过分偏执带来的公司僵化；同时可以规避意外风险带来的公司运作的不确定性。"

任正非所言非虚，大量事实证明，在中国数以万计的中国企业中创始人拍脑袋决策的事情屡见不鲜。在"传统企业到底该如何转型"培训课上，一位中层经理抱怨说："在我们公司，我舅舅，也就是我们老板常常在一些重大决策上从不和我们这些高层经理商量，而且上千万元的投资都是通过拍脑袋的方式作出决策。这样的决策方式使得我们这些高层经理很被动，甚至还导致企业经营困难重重。"

从这个中层经理的抱怨中不难看出，在中国企业中，老板常常都会犯这个拍脑袋决策的错误，究其原因就是，过去40多年中，中国经济处于极速发展阶段，机会随处都是，在一个机会型市场内，10多亿消费者的大市场里做什么都赚钱，通过科学、系统地作出某些重大决策似乎就显得多余了。

这部分企业家不知道的是，在企业经营中，系统地作出某些重大决策主要是针对企业未来的发展方向，关乎着企业长期的、全局的和动态的市场竞争。这就决定了企业家做出的决策都必须是企业基于特定资源积累的核心竞争能力。

这样的决策，往往是成熟企业才能具备的。这就是决定了一些企业家在作出某些决策时，往往都是依靠自己的实战经验"拍脑袋决策"。

其实，"拍脑袋决策"的事情每天都在发生，只不过是没有被媒体和研究者揭示而已。在这里，我们就以史玉柱拍脑袋修建巨人大厦为例。

谈到巨人，读者一定能想起巨人大厦。谈到巨人大厦，很多读者会不约而同地认为，珠海巨人集团的危机，就是在于巨人大厦层层的加码上。

引发巨人集团危机的原因表面上看起来与巨人大厦层层加码有着重大关系。其实，巨人大厦从最初设计的18层，加到38层，再到后来的54层、64层，直到最后的70层，最后因为资金链断裂，从而造成整个巨人集团陷入重重危机。

反观这个过程，巨人大厦在从最初设计的18层加到38层、54层、64层、70层。正是这个过程的发生才引发巨人集团的现金流断裂的危机。

读者可能会问：为什么会发生这样的事情呢？其实，这都在巨人集团背后隐藏着一个更深层次的企业管控制度问题。因为巨人大厦从18层到70层的决策过程与高层老板强势有关。

不可否认的是，就是从18层到70层这一系列头脑发热的过程，改写了巨人集团的企业历史。

当然，在巨人大厦楼层的加高过程中，就曾多次遭到多名高级干部的质疑，而且还向史玉柱提出过反面意见。在此之前，由于巨人集团从未形成过尊重"异议人士"观点、民主协商、集思广益的企业管控制度。因此，当不同意见，特别是反对意见提出来之后，自然不会引起巨人集团高层的重视。

这主要源于巨人集团的执行文化——董事长或者总经理的决策都必须严格执行。在这样的执行文化下，不同意见，特别是反对意见也就不可能改变增加大厦楼层的决策。当巨人大厦的楼层一层一层地往上加，直到增加到70层时，最后一根稻草最终压垮了巨人集团这只骆驼。

当巨人集团遭遇重大危机后，史玉柱接受《南方周末》记者的采访时曾这样说："现在想起来，制约我决策的机制是不存在的，这种高度集中的决策机制，尤其集中到一两个人身上，在创业初期充分体现了决策的高效率，但当巨人规模越来越大、个人的综合素质还不全面时，缺乏一种集体决策的机制，特别是干预一个人的错误决策乏力，那么，企业的运行就相当危险。"

究竟是什么原因驱使巨人大厦从最初设计的18层加到最后的70层呢？

史玉柱在接受媒体采访时坦言："……从64层加到70层，是我一个人一夜之间做出的决定，我只打了个电话给香港的设计所，问加高会不会对大厦基础有影响，对方说影响不大，我就拍板了。"

在案例中，一个夜晚、一个电话、一个公司总经理，就这样随意地产生了一个关系到企业生死存亡的重大决策。正是吸取了这样的教训，才促使史玉柱东山再起。

02　不担任轮值 CEO 期间参与集体决策

在华为的轮值 CEO 制度中，为了保持决策的合理性和对市场需求变化的把握，轮值 CEO 制度有两点值得关注：第一，卸任轮值 CEO 后，仍参与集体决策。第二，学习和培训，为下一轮轮值做好充分的准备，复盘自己在前一次任职中所遭遇的危机和不足。

任正非总结说道："他们轮值六个月之后卸任，并非离开核心层，他们仍在决策的核心层，不仅对业务决策，而且对干部、专家的使用都有很大的力量与权威。轮值 CEO 是一种职责和权利的组织安排，并非一种使命和责任的轮值。轮值 CEO 成员在不担任 CEO 期间，并没有卸掉肩上的使命和责任，而是参与集体决策，并为下一轮值做好充电准备。"

轮值 CEO 制度这样的安排有其自身的合理性和持续性。第一，避免了一朝天子一朝臣。第二，保证战略决策的有效执行。第三，盈余管理的动机较弱，真实财报信息披露的动机更强。

任正非说道："轮值期结束后并不退出核心层，就避免了一朝天子一朝臣，使优秀员工能在不同的轮值 CEO 下，持续在岗工作。一部分优秀的员工使用不当的情况不会发生，因为干部都是轮值期间共同决策使用的,他们不会被随意更换,使公司可以持续稳定发展。同时,受制于资本力量的管制、董事会的约束,又不至于盲目发展,也许是成功之路。不成功则为后人探了路,我们也无愧无悔。"

在任正非看来,华为的轮值COO、轮值CEO制度使得华为的决策过程越来越科学化和民主化,从根本上华为早年高度集权的决策问题,解决从体制上防范山头文化的坐大,同时为华为积淀来自四海八荒的杰出人才。正因为如此,相对于传统的管理理论与实践,轮值CEO制度是华为一次在管理变革中的伟大尝试,虽然称不上颠覆性的划时代管理革命,但是却暂时稳定了华为的治理结构和解决了华为接班人问题。

经过两个循环,演变到2011年的一套轮值CEO制度,由郭平、胡厚崑和徐直军三位高管轮流担任首席执行长一职,每六个月轮换一次。

自2011年实行轮值CEO制度以来,任正非为了培养这三位轮值CEO花了大量的时间和精力。

对于轮值CEO制度,华为发言人曾解释称,华为2011年以轮值CEO制度的领导层结构,源于美国作家詹姆斯·比拉斯科(James Belasco)和拉斐尔·斯特耶(Ralph Stayer)所著《会飞的水牛》(*Flight of the Buffalo*)一书中得到启发。

在书中,詹姆斯·比拉斯科和拉斐尔·斯特耶研究了迁徙鸟类是如何飞越大西洋的,尤其是相关的队形。在飞行中,这些迁徙鸟类总是排成人字形，但是领头的鸟却不总是同一只。其间，领头的鸟经常会更换自己的位置，轮流领头带领整支队伍飞越大西洋。

华为这样的轮值制度保证了华为战略决策的稳健性。对此，大卫·德克莱默（David De Cremer）在《哈佛商业评论》杂志上撰文写道：

> 任正非一贯不主张在重大战略上快速决策，他总是迫使自己多花时间进行反思。华为公司也是如此。这样的决策风格也是由公司的员工持股制度所决定的。员工持股制度能确保决策权处于公司控制之下，任何外部投资者都无权左右公司决策。华为在制定未来规划时有更大的自由度，受市场的影响也更小。而轮值CEO制度也有助于实现更审慎、更民主的公司决策。

当然，也有研究者分析称，华为轮值CEO制度的目的就是为了更好地缩小候接班人选的范围，经过多轮的轮值后，最后从中选定一个接班人掌控华为。

面对这样的观点，华为发言人回应称，轮值CEO制度并不是为了从中筛选出一位接班人。因为华为从来没有说过轮值CEO制度是一种临时性安排，还是永久性的管理层结构。

2013年，时任华为高级副总裁兼董事会成员的陈黎芳在接受采访时坦言："其他公司或许只会挑选一人担任领导，但华为选择让一个小团队来领导公司。"

陈黎芳介绍称,这种轮值 CEO 制度是华为创新的一种形式。据了解,包括陈黎芳在内的 13 名董事在华为的董事会会议上拥有平等投票权,不过三位轮值 CEO 对决策的影响力更大,部分原因在于他们还分管负责公司政策设计的委员会。郭平担任华为财经委员会的主任,胡厚崑担任人力资源委员会主任,徐直军担任战略与发展委员会主任。[1]

与此同时,作为创始人的任正非,依旧保留了 CEO 职务,与三位高管扮演的代理 CEO 不同的是,任正非扮演导师和教练的角色的同时,在重大决策上行使否决权和弹劾权。这就是说,任正非有权否决董事会的决定。但是任正非接受媒体采访时介绍,到目前为止他还从未行使过这一权力。

2013 年 6 月 27 日,任正非在内部会议讲话中讲道:"要充分理解轮值 CEO 制度。轮值 CEO 在轮值期间是华为公司最高级别领袖,我和董事长是虚位领袖,行使的是否决权,我们不行使决策权,决策权是轮值 CEO 领导下的常务董事会。当然董事会结构还没有完善,我们用三五年时间把这个结构改到完善。在郭平领导的 IAC 葡萄牙会议上,充分肯定了轮值 CEO 制度对优秀干部的保护,优于西方个人决定组织的作用。轮值 CEO 制度歪打正着走了一条正确的道路,充分保护了干部,若像西方企业走马观花更换

---

[1] 陈薇. 美媒:华为通过轮值 CEO 制度谋求创新 [N]. 环球时报,2013-10-16.

几次CEO，每换一次就带走一批干部，人才就会流失光，公司肯定就垮了。"

此外，在具体政策建议问题上，任正非没有直接的决策权力，但他可以与相关管理者交流自己的看法。

客观地讲，华为实施轮值CEO，源于其特定的企业阶段。之所以实施这样的管理制度，源于任正非的危机感。

为了解决这个问题，任正非打破传统的理论逻辑，让华为轮值CEO最大化地发挥其作用。任正非介绍道："传统的股东资本主义，董事会是资本力量的代表，它的目的是使资本持续有效地增值，法律赋予资本的责任与权利，以及资本结构的长期稳定性，使他们在公司治理中决策偏向保守。在董事会领导下的CEO负责制，是普适的。CEO是一群流动的职业经理人，知识渊博、视野开阔、心胸宽宏、熟悉当代技术与业务的变化。选拔其中某个优秀者长期执掌公司的经营，这对拥有资源，以及特许权的企业，也许是实用的。"

在任正非的指导下，轮值CEO已经走过实验阶段，其运行效果还是相对显著的，最大成效之一是决策体系的动态均衡。

第 15 章
把决策权交到最前方

随着科学技术的迅猛发展，信息行业也在这场科学革命中发生剧烈的变化。2011年初，华为决策层提出"云—管—端"战略，以此来满足新变革下的新需求——"要实现数字化转型，任何一个单一的技术都不可能完成这个事情，云的技术要靠端的连接来实现，端连接的数据要靠云端的处理来实现价值，而端和云之间需要网的连接"。

与此同时，由于在"电信运营商网络"业务的发展空间受限，从战略上明确向企业业务、消费者领域延伸，协同发展"云—管—端"业务。2011年，华为明确拆分为三大板块业务，包括通信网络设备（运营商）业务、企业网业务和消费电子业务。三大业务既保持整体层面"云—管—端"战略的统一，又在具体业务层面保持相对独立发展。2017年，华为又将原隶属于企业BG云业务部门的Cloud BU升为一级部门，与消费者BG、运营商BG、企业 BG 并列[1]。

在任正非看来,此次变革的意图很明显,那就是通过变革来增强华为自身的火力优势。任正非说道:"华为过去20几年,一直采取中央集权的管理方式,为什么要中央集权呢,就是要组织集团冲锋,为什么要集团冲锋,因为我们火力不强,所以要集团冲锋,搞人海战术,近距离的集中火力。"

01　减少官僚主义

在接受《华尔街日报》采访时,任正非直言:"华为公司三十年来从小公司走向大公司,走的是中央集权管理的道路。这样的做法会使机关总部越来越庞大、越来越官僚主义,那么公司迟早会由于不堪重负而垮掉。我们阿根廷会议叫'合同在代表处审结的试点会议',改革的要点就是把决策权力交到最前方,逐渐让前方的人员职级、能力都得到很大幅度的提升。如果前端确实有很多能担负起责任的高级干部,那么往公司后端的流程就可以大幅度缩短,机关就不需要这么多干部。机关就会精简,减少官僚主义,减轻供养负担。为在代表处完成合同审结这样的改革,我们

---

[1] 王晶. 华为调整内部架构　云业务升为一级部门 [N]. 每日经济新闻,2017-08-29.

计划用五年或更长的时间来改变。机关会变小,办公室里没有那么多高级干部,多数是一些职员。这样把顶上重重的帽子卸下来,华为公司的管理倒转180度,就会获得新生。"

早在2010年,华为的变革就开始了。2010年,华为构筑的全球化均衡布局使公司在电信网络、全球服务和终端业务领域均获得了快速稳健的发展,全年实现销售收入人民币1 851.76亿元,同比增长24.2%,首次进入《财富》世界500强。

其中电信网络的销售收入达到人民币1 229.21亿元,同比增长23.0%。全球服务和终端的增长比率超过24%,见表15-1。

表15-1 2010年电信网络、全球服务和终端业务收入

单位:亿元

	2010年	2009年	同比变动
电信网络	1 229.21	999.43	23.0%
全球服务	315.07	244.99	28.6%
终端	307.48	246.17	24.9%
合计	1 851.76	1 490.59	24.2%

让华为出彩的业务是在无线接入领域,得益于领先的技术和一流的产品竞争力,这使得华为实现了稳健增长,占据了全球20%的市场份额,巩固了全球领先的市场地位。

在区域板块,华为的增长同样迅猛,与2009年相比,区域板块市场的海外增长超过30%,见表15-2。

表 15-2　2010 年区域板块市场的增长

单位：亿元

	2010 年	2009 年	同比变动
中国	647.71	590.38	9.7%
海外	1 204.05	900.21	33.8%
合计	1 851.76	1 490.59	24.2%

在本土市场，华为实现销售收入人民币 647.71 亿元，同比增长 9.7%，受主要电信运营商投资减少的影响，销售收入增长有所放缓，但保持了稳定的市场地位。

在海外市场，华为实现销售收入人民币 1 204.05 亿元，同比增长 33.8%，其中，在北美和独联体高速增长，在俄罗斯从上年经济危机的影响中复苏，整体市场需求强劲；在欧洲保持稳健增长，专业服务保持了较强的需求；虽然在印度市场增长放缓，但受益于日本、印度尼西亚、马来西亚、越南、菲律宾和澳大利亚等国市场的发展，在亚太地区保持了良好的增长势头；在非洲保持稳健增长，数据/语音业务和固定接入在北非保持领先地位，在西非网络设备新增份额排名同业第一。

与通信巨头爱立信相比，华为坚持 20 多年的"运营商用通信设备"业务更上一层楼，与竞争对手爱立信的差距已经越来越小，"超过爱立信成为行业第一已经成为即将发生的现实"。

华为此刻面临两个问题：

第一，在移动宽带网络容量激增的背景下，运营商面临着提升移动宽带容量、提升终端用户体验以及实现移动宽带盈利等多重挑战。

第二，运营商用通信设备市场业务已经进入坡顶，竞争结构已经进入僵持局面，增长的空间有限。在2010年华为财报中，任正非就告诫华为人说道："2011年是一个动荡之年。新年伊始，各种自然灾害不断、部分国家政局动荡、包括全球范围的宽松货币政策，真让人忧虑2010年的丰收会不会持续。"

面对困局，华为必须扩大业务边界，以此挖掘蓝海市场，打开新的增长空间，实现进一步的增长。

鉴于此，根据2011年财报中公布的华为治理结构，在业务架构上，华为划分为三大运营中心（Business Group，以下简称BG）进行运作，包括运营商网络BG、企业业务BG、消费者业务BG，此外还有其他业务BG，见图15-1。

根据华为2011年财报显示，四大业务BG中的三大BG中，丁耘担任运营商网络BG总裁，徐文伟担任企业业务BG CEO，余承东担任华为消费者BG CEO。

由此开启华为多业务增长的势头。在此次业务与组织架构的变革中，把原有EMT改为BG制度，"各BG是面向客户的端到端的运营责任中心，是公司的主力作战部队，对公司的有效增长和效益提升承担责任，对经营目标的达成和本BG的客户满意负责"。在服务型BG（SBG）板块，是为BG提供支撑和服务的端到端责

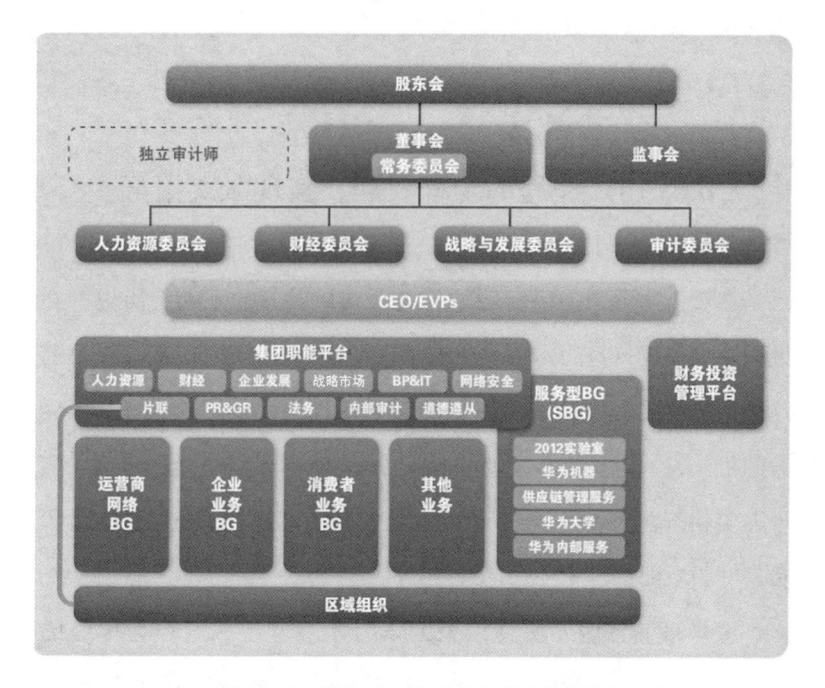

图 15-1 华为 2011 年业务与组织架构图

任中心,要持续提高效率、降低运作成本,当时成立五个 SBG:2012 实验室、华为机器、供应链管理服务、华为大学、华为内部服务[1]。

此次组织结构变革的战略意图就是指挥权前移,激活组织的活力。对此,任正非说道:"通过指挥权前移,来避免后方机关过于庞大。如果我们把所有权力都收到机关来,机关将来就会越做

---

[1] 宁川. 十张图看懂华为业务与组织架构 [EB/OL]. https://bbs.huaweicloud.com/blogs/159335. 2020-04-14.

越庞大，成本就会越来越高。"

02　LTC 流程的全程贯通，实现账实相符

在任正非看来，很多倒下的大公司以及封建王朝的历史都在说明中央集权自身的问题。在内部讲话中，任正非直言："在目前这个历史的关键时刻，我们要清醒地认识到，公司不能有一个庞大的机关，一定要把权力授下去。通过 LTC 流程的全程贯通，实现账实相符，实现'五个一'。在这个转型期间，子公司董事会担负着非常重要的历史使命。"

大量事实证明，一直以来，华为始终坚持以客户为中心的组织管理理念，并由此建立了相对稳定、可持续扩展的组织架构。

翻阅华为财报发现，华为 2009 年财报中第一次介绍业务与组织架构——"公司组织结构是矩阵式架构，由战略与市场、研发、业务单元组织（Business Units，BUs）、市场单元组织（Market Units，MUs）、交付支撑平台和支撑性功能组织（Function Units，FUs）等组织构成，以支持公司经营管理团队运作。"见图 15-2。

第一，战略与市场。负责为公司战略发展方向提供主导性支持，促进客户需求驱动的业务发展，管理公司品牌与传播，监控制订公司业务计划，以实现公司的发展目标。

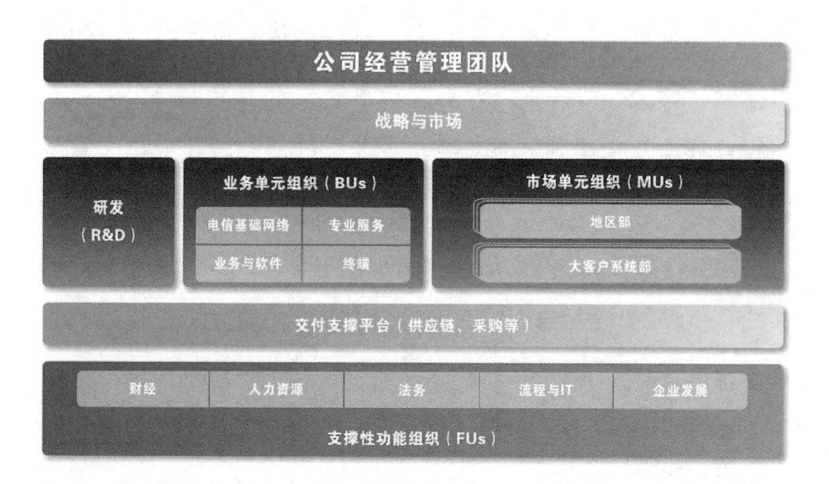

图 15-2 华为 2009 年组织结构图

第二，华为研发组织包括位于深圳的研发部门，以及全球 17 个研发中心。公司还与领先运营商成立了 20 多个联合创新中心，开放合作，不断提升解决方案的竞争能力。

第三，业务单元组织（BUs）。为公司提供有竞争力、低成本、高质量产品和服务。公司的四大业务单元为电信基础网络、业务与软件、专业服务和终端，基于客户需求持续创新，建立起端到端的优势。

第四，市场单元组织（MUs）是公司从线索到回款流程的责任人，通过强化区域的运营管理和能力建设，确保公司战略在区域的有效落实，包括地区部、大客户系统部等。地区部通过承接公司战略，对本地区部整体经营结果和客户满意度负责，同时对总部在所辖区域的大客户系统部的全球经营目标及竞争目标负责。各大客户系统部,通过承接公司战略、匹配客户战略,制定和实施客户关系管理策略、资源牵引与组织、关注行业环境变化及竞争动态等,实现系统部经营和客户满意度的达成。

第五,交付支撑平台组织,通过建立端到端以及全球运作的采购、制造、物流平台,追求及时、准确、优质、低成本的交付,满足客户需求。

第六,支撑性功能组织(FUs)是为支撑公司战略与运营,提供资源和策略性支持的组织,包括财经体系、人力资源部、法务部、流程与IT管理部、企业发展部等。支撑性功能组织通过流程、工具和组织的优化,驱动公司提高运营效率。

在《华为基本法》中,华为就非常详细地介绍了组织结构:

(基本组织结构)第四十四条 公司的基本组织结构将是一种二维结构:按战略性事业划分的事业部和按地区划分的地区公司。事业部在公司规定的经营范围内承担开发、生产、销售和用户服务的职责;地区公司在公司规定的区域市场内有效利用公司的资源开展经营。事业部和地区公司均为利润中心,承担实际利润责任。

(主体结构)第四十五条 职能专业化原则是建立管理部门的基本原则。对于以提高效率和加强控制为主要目标的业务活动领域,一般也应按此原则划分部门。

公司的管理资源、研究资源、中试资源、认证资源、生产管理资源、市场资源、财政资源、人力资源和信息资源……是公司的公共资源。为了提高公共资源的效率，必须进行审计。按职能专业化原则组织相应的部门，形成公司组织结构的主体。

随后，华为的变革就没有停止过。第一，放权——自主经营、自主管理的业务运营模式。2019年4月4日，任正非在签发的总裁办电子邮件《消费者BG组织治理与监管关系高阶方案（试行）》中也介绍了变革华为组织架构的作用——"为促进消费者BG进一步抓住业务发展机遇，实现'规模增长'和'效益提升'双赢式的高质量快速增长，公司决定在现有运作机制基础上，继续探索与实施以'机关手放开、业务放开手''机关管住钱、业务用好权''钱要体现集团意志、权要听得到炮声'为特征的消费者BG相对自主经营、自主管理的业务运营模式。"

第二，在"端管云"战略方面，华为也在通过组织变革来强化其战略的有效性。

（1）管道业务组织。2011年，华为成立了运营商CNBG、企业EBG。

（2）终端业务组织。2011年，华为成立了消费者CBG；2020年，华为成立了智能汽车解决方案BU。

（3）云端业务组织。2017年，华为成立云业务单元Cloud BU；

2018年，华为整合组建了Cloud & AI BU；2020年，华为将Cloud & AI BU升级为Cloud & AI BG。见图15-3。

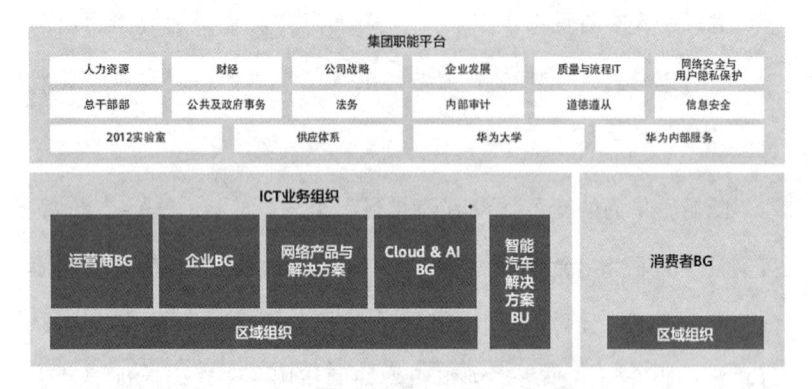

集团职能平台						
人力资源	财经	公司战略	企业发展	质量与流程IT		网络安全与用户隐私保护
总干部部	公共及政府事务	法务	内部审计	道德遵从		信息安全
2012实验室		供应体系		华为大学		华为内部服务

ICT业务组织						
运营商BG	企业BG	网络产品与解决方案	Cloud & AI BG	智能汽车解决方案BU		消费者BG
区域组织					区域组织	

图15-3 华为2019业务架构图

第三，可持续发展管理体系。

一直以来，华为都在坚持自身的变革，并把可持续发展融入业务运营中，并建立管理体系：第一，持续地创造经济效益。第二，关注可持续发展的机遇与挑战，紧密与各利益相关方合作。第三，持续完善自身的可持续发展管理，助力营造和谐的商业环境。

华为为了保证可持续发展战略目标的完成，建立了以ISO26000/SA8000等国际标准和指南为基础的CSD管理体系，具体从领导力、策划、组织与能力支撑、流程运营、绩效评估，以及CSD管理体系的持续改进六个方面提升利益相关方的满意度，见图15-4。

第 15 章 把决策权交到最前方

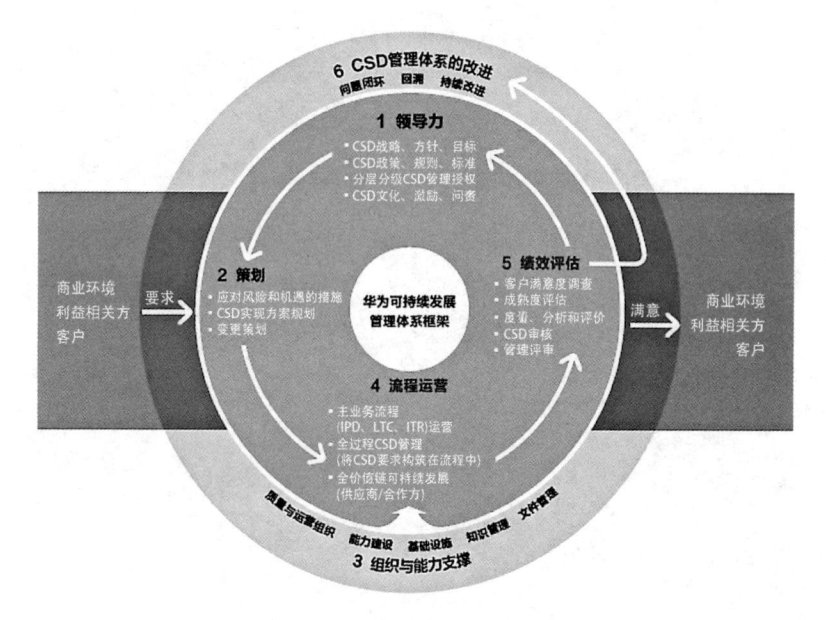

15-4 华为可持续发展管理体系框架

第七部分

CHAPTER SEVEN

战略管理：最低和最高战略都是活下去

（伊尔-2战机）这架飞机的照片是我偶然在网上看到的，我觉得很像我们公司，除了"心脏"还在跳动以外，身上是千疮百孔。当时我们并不知道身上有多少洞，不确定哪些是最主要的。那么，5G、光传送、核心网……这些系统，我们要优先去补洞，这些洞已经全部补好了。今天统计下来，我们大概有4 300~4 400个洞，应该已经补好了70%~80%，到年底时可能有93%的洞会补完。一方面是补洞，另一方面是切换版本，对今年的经营业绩是会有一些影响的。明年我们还会补少部分的洞，这些洞可能还会难补一些，可能明年我们的经营业绩还会受影响。我们估计，到2021年公司会恢复增长。

——华为创始人　任正非

第 16 章
最低和最高战略都是活下来

关于企业经营,每个经营者对于未来的期许各有不同。杨杜教授认为,不管其目的有何不同,但是做企业首先需要弄清楚企业的基本问题,即彼得·德鲁克(Peter F. Drucker)的"事业三问"——"我们的事业是什么?我们的事业将是什么?我们的事业应该是什么?"

基于"事业三问",杨杜教授认为,如果要讨论如何锻造打胜仗的组织,就要换个视角,杨杜教授提出了"杨杜组织三问"——企业追求什么?企业依靠什么?企业该做什么?

什么是"杨杜组织三问",杨杜教授是这样回答的:"以华为为例,看看华为公司领导层特别是任正非的回答。结论说在前面。企业追求什么?华为的回答是:我们追求活着、胜利——活下去是企业的硬道理!让打胜仗的思想成为一种信仰!企业依靠什么?华为的回答是:我们依靠文化、组织——资源是会枯竭的,唯有文化生生不息!胜则举杯相庆,败则拼死相救!华为最宝贵的是无生命的管理体系！企业该做什么？华为的回答是：我们该做的是以客户为中心，以奋斗者为本，长期坚持艰苦奋斗！方向大致正确，保持组织活力！"[1]

在杨杜教授看来，企业追求活着、胜利——活下去是企业的硬道理的战略目标。当然，华为提出这样的战略目标，与自身的民营企业的发展经历或者路径有关，毕竟只有活下去，才能实现更高的战略目标，这就是任正非告诫华为人"不要总想着当第一，华为的最低和最高战略都是如何活下来"的原因。2013 年 4 月，华为手机产品直接对标苹果和三星，余承东分析称："乔布斯之后，苹果的创新乏力。iPhone5 的屏幕太小，消费者越来越不满意，但它的摄像头却是全世界最好的，这需要我们学习。"

对于三星，余承东就要不客气得多。余承东说道："三星产品的塑料感太强，如果我们的材质比它好，但价格比它还低，不信我们卖不过它。"余承东补充说道："三星在广告上砸了很多钱，一部手机售价有 14%~18% 都是广告费用。"

对于当时火爆的 HTC，余承东更是自信满满："试用过 HTC 的四核手机 One X 之后，明显觉得它的电池太不耐用了，相比而言还是自家的四核手机 Ascend D Quad 给力……华为手机越来越好，但渠道和品牌还需要建设，我们一定要成为手机前三名。"

---

[1] 田涛，宫玉振，吴春波等. 打胜仗：常胜团队的成功密码 [M]. 北京：机械工业出版社，2021：38-58.

在此刻，虽路漫漫其修远兮，但是"领衔苹果、干掉三星"之类的豪言壮语的态势依旧如初。2013年11月16日，余承东在当日的微博发文说道："刚看到网上有'华为死磕小米'的文章，这种说法不妥。电商网购人群需要高性价比产品，而当前网购所占手机销售比例还很低，仅占10%多一点！华为的加入有利于一起来把电商渠道手机销售的蛋糕做大，来与苹果三星竞争！我一直看好和欣赏小米，我们将发布与小米差异化的产品，给消费者更多选择，共同发展！……将要发布的两款荣耀手机，是荣耀3家族中的两名新成员（与荣耀3三防手机并行销售），不仅很超值，性价比很高，尤其重点解决当今消费者对智能手机的两大痛点问题，与小米手机差异化不冲突。华为在手机领域的主要竞争对手是国际巨头苹果三星，不是国内友商。我们将更加重视用户经营、设计与用户体验！"

在2013年12月19日的企业业务座谈会上，任正非告诫华为人说道："企业业务白手创业，目前取得了一些胜利，但也要聚焦，要盈利，不要盲目铺开摊子。你们白手创业，过去几年时间已经走过了极端困难的道路，未来发展走向了比较正确的、比较好的路，你们经历了这种磨难，承担了这么大的压力，也锻炼了很多优秀干部。我并不指望企业业务迅猛地发展，你们提口号要超谁，我不感兴趣。我觉得谁也不需要超，就是要超过自己的肚皮，一定要吃饱，你现在肚皮都没有吃饱，你怎么超越别人。我认为企业业务不需要追求立刻做大做强，还是要做扎实，赚到钱，谁活到最后，谁活得最好。华为在这个世界上并不是什么了不起的公司，其实就是我们坚持活下来，别人死了，我们就强大了。所以现在我还是认为不要盲目做大，盲目铺开，要聚焦在少量有价值的客户、少量有竞争力的产品上，在这几个点上形成突破。"

任正非提出这样的观点，是因为"苹果、三星、华为是构成世界终端的稳定力量，我们要和谐、共赢、竞争、合作。'灭了三星，灭了苹果'之类的话，无论公开场合，还是私下场合，一次都不能讲。谁讲一次就罚100元，CBG人力资源部设一个微信号把罚款存起来，作为你们的聚餐、喝咖啡的经费。我相信你们不会故意这样讲，但可能会被媒体借机夸大事实炒作，我们不要用虚假的内容去赢得光荣。如果为了销售必须讲些话，这是我理解的，但也要避免树敌过多。"

在很多内部讲话中，任正非强调，华为面对的不是如何去实现利润最大化的事，而是企业怎么活下去的问题。任正非的做法与中国很多企业大相径庭。任正非说道："不要总想着做第一、第二、第三，不要抢登山头，不要有赌博心理，喜马拉雅山顶寒冷得很，不容易活下来，华为的最低和最高战略都是如何活下来，你活得比别人长久，你就是成功者。"

不难看出，任正非为华为定下来的最基本使命就是活下去，活下去好过当第一。在杨杜教授看来，胜利追求，对应的是将军思维。军人的天职是胜利，不是英勇牺牲！企业如果向军队学习的话，就要学胜利精神！就要学战斗力建设！任正非曾表示："公司已进入了战时状态……不管身处何处,我们都要看着太平洋的海啸,盯着大西洋的风暴,理解上甘岭的艰难,突破'土围子'的壁垒,跟着奔腾的万里长江水,一同去远方、去战场、去获得胜利。"[1]

01 活下去比实现利润最大化重要得多

在当下镀金时代,我们经常可以看到媒体披露某个企业又要拓展新的战略边界的报道,潜藏在机会下的陷阱无处不在,这就需要企业经营者们冷静地对待。究其原因,不少企业经营者会把追求利润最大化当作其重要的战略目标。

与其他企业经营者不同的是,华为的重要战略目标是活下去。任正非直言:"我现在想的不是企业如何去实现利润最大化的事,而是考虑企业怎么活下去、如何提高企业的核心竞争力的问题。"

任正非认为,活下去比实现利润最大化重要得多,因为只有企业活下去,才可能提高企业的核心竞争力。对于华为的组织追求,杨杜教授直言:"企业的追求其实是多元化的,把何种追求排在前面,以及如何处理各种追求的关系,反映了企业的核心价值

---

[1] 田涛,宫玉振,吴春波等. 打胜仗:常胜团队的成功密码 [M]. 北京:机械工业出版社,2021:38-58.

观和管理机制的构建能力。"

对于盈利，SOHO（中国）创始人潘石屹说："不赚钱的商人是不道德的，不赚钱你就只能确保自己的生活，不能给员工好的工资福利待遇，不能给国家上缴利税，不能给客户带来实惠。"

巨人创始人史玉柱的看法和潘石屹类似。在一次接受记者采访时，史玉柱叹道："我觉得做一个企业，追求利润是第一位的。你不赚钱就是在危害社会，对这个，我深有体会。我的企业1996年、1997年亏钱，给社会造成了很大危害。当时除了银行没被我拉进来，其他的都被我拉进来了。我的损失转嫁给老百姓，转嫁给税务局，企业亏损会转嫁给社会，社会在填这个窟窿。所以，我觉得企业不盈利就是在危害社会，就是最大的不道德。"

对于商人思维，杨杜教授说道："经商就要赚钱，投资就要增值，天经地义。做到极致就是，只要能赚钱，什么业务都可做；只要利润大，什么手段都可用。华为好像不是这种思维，它追求在一定利润率水平上成长的最大化，它几十年来坚持聚焦主业。"

当面对美国打压时，华为一方面几十年来坚持投入科研经费不少于营收10%。另一方面，华为建议大专院校不必着急帮华为搞研发，它们做好自己的基础研究和基础教育就好。杨杜教授解释说道："盲目的、激情的、什么都想自己干的、无价值的创新会'不死找死'！不少企业中存在的过早、过快、过度、过虚和封闭的创新行为，都是纯科研思维所致。这种行为满足了研发人员的科研激情，但不能为客户创造价值，也不能赢得市场竞争的胜利。"正如任正非所说,"所有技术口的员工,都要反思技术与产品的方针是否正确,而不是盲目创新,所有管理口的干部,都要知道组织建设要对准目标,而不是对准功能",要对准城墙口,而不是对准职能口。

2020年12月27日,北京大学国家发展研究院教授张维迎在"2020慧谷家族全球峰会"上谈到了两类企业家:"改革开放之后,第一批企业家套利型偏多。一旦你发现赚钱的机会,再将现成的技术稍微做一点改进,就能成功。比如最有名的是华为任正非,是典型的套利企业家走向了创新的例子。但未来套利型企业家赚钱会越来越难。面对今天的挑战,更需要的是创新型企业家。套利和创新有两个差异:第一个是时间。经营资产套利几秒钟就可以套,贸易隔几天时间周转就可以,制造业也可以套利。创新,就需要三五年,甚至十年、二十年。第二,不确定性。套利也有不确定性,但是它比创新的不确定性要低得多。套利可以判断失败的概率。而创新没有失败的概率。由此也导致一个结果,这两种行为的利润曲线很不一样。横坐标代表时间,纵坐标代表赚钱。上面那一条,一开始高,之后低。一开始很赚钱,但随着时间的推移,套利的人越来越多,竞争越来越激烈,最后就不赚钱了。经济学家讲叫均衡。均衡的意思是谁都不赚钱,所有的收益都化为成本。创新一开始就是亏损的,而且很大概率会亏很长时间。运气好了,你可以收支平衡,但是很快会有人模仿套利,最后你又不赚钱了。这意味着什么?做创新的人必须比做套利的人更有耐心。"

在张维迎看来，面对这个充满诱惑的商业世界中的诸多商机和陷阱，企业经营者很难抵御其中的吸引力。因此，在风云变幻的市场环境中，能够保持专注、耐得住寂寞就显得尤为重要，就跟拒绝穿上"红舞鞋"一样。

在华为，任正非多次谈到童话作品《红舞鞋》。《红舞鞋》是丹麦著名作家汉斯·克里斯蒂安·安徒生（Heinz Christian Andersen）的童话作品中一个流传甚广的故事。

故事的大概意思是，有一双漂亮的红色舞鞋，当女孩把这双红色的舞鞋穿上，跳舞时都会感到轻盈、活力无比。因此，姑娘们见了这双红色舞鞋都会异常兴奋，也都想穿上这双红色的舞鞋，献舞一支。很多年轻的姑娘见了这双红色的舞鞋，都只是想一想罢了，不敢真正地穿上后跳舞。究其原因，据说这双红色的舞鞋具有超常的魔力，一旦穿上跳起舞来就永无休止，直到跳舞者死亡为止。

有一天，有一个跳舞技术较好、年轻可爱的姑娘看见了那双红色的舞鞋，由于红色舞鞋的魅力实在太强大，她全然不听家人的劝告，悄悄地穿上了红色的舞鞋，跳舞时，她果然发现自己的舞姿更加轻盈。

当穿着红色的舞鞋跳过街头巷尾、跳过田野乡村时，她感到从未有过的活力，真是人见人羡，她自己也感到穿上红舞鞋跳舞是一件幸福的事情，极大地满足了她的好奇心。于是，她不知疲倦地跳起了舞，一支又一支。

当夜幕降临时，观看她跳舞的人们都回家去了，她也开始觉得有些倦意，想停下来。结果，她无法停下永无休止的舞步，因为红色的舞鞋还要让她继续跳下去。她没有办法停下来，只得继续跳下去。

当天空下着暴雨，伴随剧烈的狂风席卷该小镇时，她本能地想停下来躲避风雨，可是脚上的红色舞鞋仍然在快速地带着她旋转，她只得勉强地在风雨中跳下去。

姑娘跳到了陌生的森林里，她害怕起来，想回温暖的家，可是红舞鞋还在不知疲倦地带着她往前跳，姑娘只得在黑暗中一面哭一面继续跳下去。最后，当太阳升起来的时候，人们发现姑娘安静地躺在一片青青的草地上，她的双脚又红又肿，姑娘累死了，她的旁边散落着那双永不知疲倦的红舞鞋。

红舞鞋的故事使人感慨万千。从理智上来说，人们绝不会以生命为代价去追求个人事业上的短暂成功。可是人们还具有太多的不受理性控制的感情方面的因素。人生的道路上像红舞鞋这样的诱惑是随处可见的。[1]

这样的道理同样适用于企业管理中，因为经营企业如同经营人生。企业的表现归根结底就是企业经理人（企业老板、职业经

---

[1] 电商报. 华为制胜秘籍：任正非给员工讲的 18 个故事 [EB/OL]. https：//tech.china.com/news/company/892/20160219/21545412_all.html#page_4. 2016－02－19.

理人)的表现,企业经理人每天也同样面临着类似于红舞鞋的诱惑。显然,企业经理人的责任不是为公司寻找一双红舞鞋,使公司只能活上一阵子,[1] 正如彼得·德鲁克(Peter F. Drucker)所言:"企业的首要责任是活着。"

在红舞鞋的这个故事中,我们的确看到了很多不受理性控制的因素,要想真正地抵制种种诱惑,而不为所乱,的确是一件非常不容易的事情。在很多企业中,企业家每天也同样面临着类似于红舞鞋的魔力诱惑,而且问题的复杂性还在于,红舞鞋往往是披着冠冕堂皇的外衣,或是伴随着高昂澎湃的激情,甚至是在有如泰山压顶般的力量之下,被推到企业家面前的。穿?还是不穿?如果没有对自己的使命和责任的极为清醒和极为坚定的信仰,如果没有独立的思维和行动能力,企业家们要对红舞鞋果断说出一个不字,很难![2] 正因为难,所以才有不少企业经营者因为自己的失误而让企业深陷危机。

对此,杨杜教授认为,科学管理当然要有流程、有程序,但是,在某些力求管理体系"完善"的企业,对程序的追求到了本末倒置的程度。任正非曾经批评某些部门:"前线战士把山头都攻下来了,你却说他姿势不对。只管程序、不管战果的官僚主义要不得。二三线的支援部队,不能成为一线战士冲锋的障碍!支援

---

[1] 陈培根. 企业不可穿上"红舞鞋"[J]. 商界·评论, 2006 (01): 96-99.
[2] 陈培根. 企业不可穿上"红舞鞋"[J]. 商界·评论, 2006 (01): 96-99.

部队要为前线提供足够的炮火，要为火车头加满油。"

在任正非看来，企业固然可以追求做强、做大、做优等目标，但从优秀企业成长与变革的基本规律来看，做久才是正理。生存问题才是企业的底层问题。因此，华为提出，活下去是华为的最低纲领，也是华为的最高纲领！企业要保持战时状态，组织千军万马上战场。"上战场，枪一响，不死的就是将军，死的就是英雄"，这是对军人的要求。军人的最低精神是不能临阵脱逃，最高精神是胜利精神！多做活英雄，少做死英雄。活着是硬道理，胜利比牺牲更重要！[1]

杨杜教授举例说道："华为的原则是：以生存为底线，以胜利为信仰，以盈利为指标，以奋斗（德才）选干部，以创新谋未来，以程序建组织。其中，追求胜利是华为最本质的组织精神之一，胜利上接生存，下接盈利，并指导德才、创新和程序。而且，高层越强调生存，基层越追求胜利，形成组织的'张力结构'，华为把胜利追求和生存追求'灰度'地结合起来了。华为追求胜利的组织模式，具有以下几个特征：追求胜利重成长，而不是利润第一；追求胜利重成事，而不是做人第一；追求胜利重价值，而不是创新第一；追求胜利重结果，而不是程序第一；追求胜利重活着，而不是牺牲第一。华为在经营上的价值排序是生存、胜利和

---

[1] 田涛，宫玉振，吴春波等. 打胜仗：常胜团队的成功密码 [M]. 北京：机械工业出版社，2021：38-58.

盈利，在管理上则是德才、创新、程序三者并重。华为的口号是：活下去是企业的硬道理！让打胜仗的思想成为一种信仰！华为正是因为很早就建立了'以客户为中心，以奋斗者为本，以生存为底线'的组织管理体系、研发管理体系和价值管理体系，才能扛得住美国霸凌主义的打压和封锁，为客户而活，因奋斗而活，为胜利而战。"[1]

02 聚焦主航道，优化产品投资组合

2015年10月31日，任正非在"聚焦主航道，在战略机会点上抢占机会——在产品投资策略审视汇报会的讲话"中坦言："视频将是未来信息社会的应用主流，要在图像研发方面敢于投入；石墨烯时代还没有到来，流量做大还非常有机会；电信软件不要做颗粒而是做平台；敢于改变商业模式，要从'迁就客户'变成'为优质客户服务'；医生都能转行做革命家，人才更要跨平台加速流动。"

在此次讲话中，任正非规划了华为的战略："我们有些产品虽然销售额不大，但对主航道有贡献，就是亏损也可以继续做；有

---

[1] 田涛，宫玉振，吴春波等. 打胜仗：常胜团队的成功密码 [M]. 北京：机械工业出版社，2021：38-58.

的产品即使销售额大,我们也要看它对战略有没有意义,如果没有战略意义并只赚点钱,那我们就要清理。"

与此同时,任正非还回顾了创业以来的战略聚焦:"28年来,十几万人瞄准的是同一个城墙口,持续冲锋。历史上都是跑得快的人把慢的打败了,元朝把宋朝打掉了就是靠骑马,因为马快。苏联把德国打败了,因为坦克跑得快,现在美国用直升机把坦克打败了,因为直升机比坦克更快。我们的投资策略就是要快打慢,聚集在一个点上实际就是快打慢,所以会产生好的结果,如果我们拖着很多漩涡就会走不动。"

鉴于此,任正非强调:"未来的信息社会实际上主要是视频,但视频不仅仅是视频会议,我认为我们要加强对视频的研发,日本的图形、图像基因很好,应该敢于在日本建立图像的研究队伍,加大对图像的投入。传统计算机我们是不可能胜利了,老牌计算机厂家是很厉害的,我们没这个积累;通信我们肯定会胜利;图像现在大家都不行,我们就有机会胜利。"

在产品开发中,不能过分理想化,投资失败的产品要关停,人员快速转移。任正非说道:"我们不要老是往理想方案里面使劲,我认为石墨烯时代还没有到来,硅片是可叠加的,矩阵式的叠加,流量照样会增大,也是能解决问题的。所以英雄不能过分追求理想化,等到理想实现的时候我们已是白骨累累,我们等不到那个时代,我们也没能力创造那个时代。投资失败的项目虽要关掉,但失败的项目里面也有英雄,这些人员也是宝贵财富,因为他们经历这些弯路的时候都是财富，我们要加快人员转移的步伐。"

与此同时需要学会战略上舍弃，只有舍弃才会战胜。任正非说道："当我们发起攻击的时候，发觉这个地方很难攻，久攻不下去，可以把队伍调整到能攻得下的地方去，我只需要占领世界的一部分，不要占领全世界。胶着在那儿，可能错失了一些未来可以拥有的战略机会。以大地区来协调确定合理舍弃。未来3~5年，可能就是分配这个世界的最佳时机，这个时候我们强调一定要聚焦，要抢占大数据的战略制高点，占住这个制高点，别人将来想攻下来就难了，我们也就有明天。大家知道这个数据流量有多恐怖啊，现在图像要从1k走向2k，从2k走向4k，走向高清，小孩拿着手机啪啦啪啦照，不删减，就发送到数据中心，你看这个流量的增加哪是你想象的几何级数啊，是超几何级数的增长，这不是平方关系，可是立方、四次方关系的增长的流量。这样管道要增粗，数据中心要增大，这就是我们的战略机会点，我们一定要拼抢这种战略机会点，所以我们不能平均使用力量，组织改革要解决这个问题，要聚焦力量，要提升作战部队的作战能力。企业业务在这个历史的关键时刻，也要抢占战略制高点。你们也有战略要地，也做了不少好东西。"

在这样的指导思想下，华为开始做减法。工商登记显示，2021年11月5日，超聚变数字技术有限公司发生工商变更，原股东华为退出，新增股东河南超聚能科技有限公司，持股100%；同时，公司法定代表人由郑丽英变更为白利民。

按照这样的逻辑,这意味着此前传闻华为 X86 服务器业务出售一事已有实质进展。此次股东变更的完成,意味着华为 X86 服务器业务出售一事的"另一只靴子"落地了。[1] 根据工商信息显示,河南超聚能科技公司成立的时间是 2021 年 8 月 30 日,注册资本高达 30 亿元,李亚东是该公司的法定代表人。该公司的经营范围——包含软件开发、大数据服务、网络技术服务等。股东是河南豫上信联企业管理咨询中心(有限合伙)和河南信息产业投资有限公司。前者持有该公司 80% 的股份,后者持有该公司 20% 的股份。其中,河南豫上信联企业管理咨询中心(有限合伙)由吴斌持股约 98.04%。[2]

随着媒体的深度披露,接盘华为 X86 服务器业务的买家也随之浮出水面,它们是由产业基金、海外国家主权基金、互联网公司、银行等多方社会资本组成。"此次工商变更只是完成了第一步,后续其他投资方将陆续完成工商变更。"有关人士透露。等各家投资方完成工商变更后,新公司的组团与运作方式,才会逐渐清晰。[3]

---

[1] 李佳师. 出售=自救=自强?华为 X86 服务器的取舍逻辑[N]. 中国电子报, 2021-11-8.
[2] 李佳师. 出售=自救=自强?华为 X86 服务器的取舍逻辑[N]. 中国电子报, 2021-11-8.
[3] 李佳师. 出售=自救=自强?华为 X86 服务器的取舍逻辑[N]. 中国电子报, 2021-11-8.

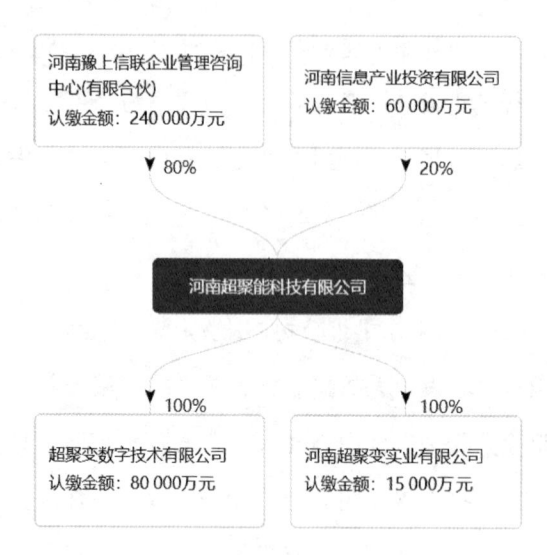

```
┌─────────────────────────┐        ┌─────────────────────────┐
│ 河南豫上信联企业管理咨询    │        │ 河南信息产业投资有限公司    │
│ 中心(有限合伙)             │        │ 认缴金额: 60 000万元       │
│ 认缴金额: 240 000万元       │        │                         │
└─────────────────────────┘        └─────────────────────────┘
              │ 80%                              │ 20%
              ▼                                  ▼
              ┌──────────────────────────────┐
              │    河南超聚能科技有限公司        │
              └──────────────────────────────┘
              │ 100%                             │ 100%
              ▼                                  ▼
┌─────────────────────────┐        ┌─────────────────────────┐
│ 超聚变数字技术有限公司      │        │ 河南超聚变实业有限公司     │
│ 认缴金额: 80 000万元       │        │ 认缴金额: 15 000万元      │
└─────────────────────────┘        └─────────────────────────┘
```

图 16-1　河南超聚能科技公司的股东信息

根据《南方都市报》的披露，此前业界普遍认为超聚变数字技术有限公司主营华为旗下的 X86 服务器业务。其经营范围包括计算机信息系统安全专用产品销售；信息系统集成服务；人工智能双创服务平台；大数据服务等，由华为公司 100%控股。此次股东变更，意味着华为 X86 服务器业务出售一事已有实质进展。天眼查显示，目前河南超聚能科技有限公司是由河南省财政厅通过下属公司 100%持有。[1] 见图 16-2。

据公开的信息显示，华为服务器业务分为两个部分：(1) 以 X86 架构为基础的服务器，采用英特尔、超威半导体等公司的处理

---

[1] 孔学劭. 华为出售 X86 服务器业务获实质性进展，此前受缺芯问题困扰 [N]. 南方都市报, 2021-11-8.

超聚变数字技术有限公司
疑似实际控制人（大数据分析）：河南省财政厅
总股权比例：21.57%

```
河南省财政厅
    │ 100%
河南投资集团有限公司
    │ 100%         │ 100%
河南信息产业投资     河南投资集团汇融
有限公司           基金管理有限公司
    │ 65%          │ 35%
河南信息产业基金管理有限公司
    │ 执行事务合伙人
    │ 20%    1.96%
河南豫上信联企业管理咨询中心（有…
    │ 80%
河南超聚能科技有限公司
    │ 100%
超聚变数字技术有
```

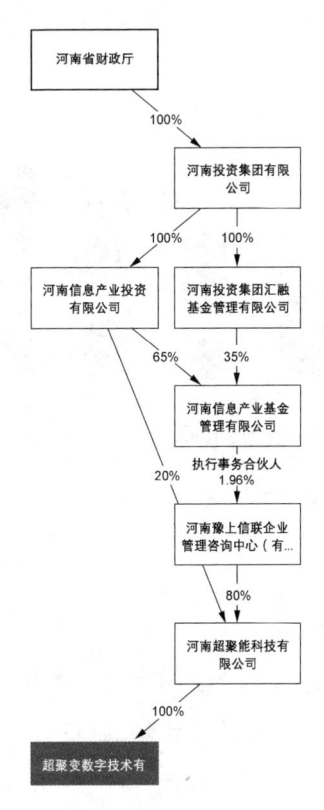

图 16-2　河南超聚能科技有限公司的股权结构

器，占华为服务器出货量的主要部分；（2）以 ARM 架构为基础的服务器，主要针对政府部门、事业单位、国企和国有银行。[1] 其

---

[1] 孔学劭. 华为出售 X86 服务器业务获实质性进展，此前受缺芯问题困扰[N]. 南方都市报，2021-11-8.

市场份额占据中国大陆市场第三。根据市调机构 IDC 报告，2021年上半年，中国垂直行业和电信网络（MEC）边缘计算服务器细分市场规模达到 2 亿美元，同比增长 84.6%，见图 16-3。

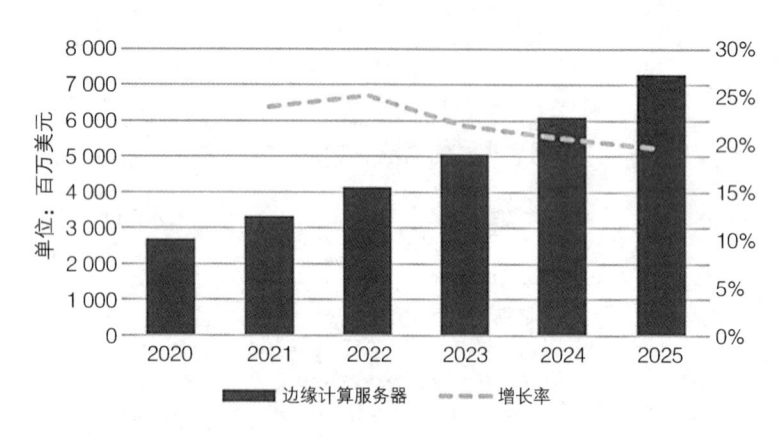

来源：IDC 中国，2021 年。

图 16-3 2020—2025 年，中国边缘计算服务器市场规模预测

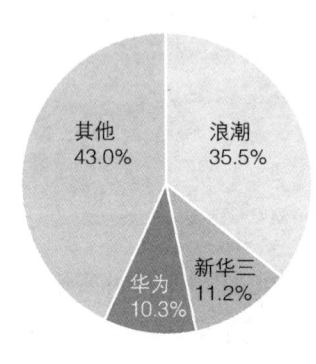

来源：IDC 中国，2021 年。

图 16-4 2021 年上半年中国边缘定制服务器市场份额

该报告还提到，出货量方面，浪潮、新华三、华为是中国边缘定制服务器市场的前三，市场份额分别达到 43.0%、35.5% 和 11.2%，它们占据整个市场近九成份额，见图 16-4。

华为服务器供应链，尤其是芯片遭遇美国打击，可能将在很长一段时间内无法购买到英特尔的芯片。2021年 10 月 27 日，美国政府要求美国数据存储设备供应商希捷,立即停止对华为出售硬盘。此外,2021年10月29日,美国参议院审议通过了《2021安全法案》,以"安全威胁"为由,禁止美国联邦通信委员会(FCC)对华为和中兴等"涵盖设备或服务清单"的公司进行审议或颁发新的设备执照。[1]

美国因素无疑会造成华为X86服务器业务出现持续性困难,华为在此前就有过这样的预判,甚至考虑出售服务器业务。2021年9月底,华为召开2021全连接大会时,作为华为轮值董事长的徐直军坦承华为X86服务器确实遇到了困难,而且,是什么困难大家也都知道。徐直军说道:"我们也在积极解决,与一些潜在投资者在接触,还没有最终结果,有进展再告诉大家。"

客观地讲,面对围堵,华为不得不出售X86服务器业务,其战略性收缩的确是最好的选择。根据《中国电子报》披露,华为在被美国商务部纳入"实体名单"前,华为服务器业务年销售额约在300亿—400亿美元的规模。纳入实体清单后,目前华为服务器业务年销售额不足百亿美元。在被列入美国"实体清单"之后,华为的X86服务器芯片断供,华为的服务器业务在2020年第三季度跌到了全球第五(IDC数据),今年上半年则跌出了前五;在中国服务器市场今年上半年前五位排名中,同样没有了华为的名字,

---

[1] 孔学劭. 华为出售X86服务器业务获实质性进展,此前受缺芯问题困扰[N]. 南方都市报, 2021-11-8.

前五的厂商排名依次为浪潮、新华三、华为、戴尔和联想。作为数字信息基础设施重要组成部分的服务器，目前依然旺盛地增长，IDC近日发布的报告显示，2021年上半年，中国服务器市场出货量同比增长8.9%，市场规模同比增长12.1%。[1] 当然，出于战略目的，华为此次出售X86服务器业务的确有自己的苦衷，但是并不意味华为就此全盘放弃服务器业务。究其原因，华为在之前为了更好地支持云计算业务，由此开发了使用华为鲲鹏技术的基于ARM的处理器。

2019年9月20日，华为智能计算业务部总裁马海旭曾有过相关的介绍。在华为全联接大会上，马海旭介绍称，当条件成熟时，华为将退出服务器整机市场，更好地发展鲲鹏生态体系。同年，华为推出了基于ARM架构的数据中心高端处理器——鲲鹏920。

华为这样的抉择动因还是源于对供应链安全的不确定性，同时有序地推进可控的业务板块建设。2020年年初，对华为公布鲲鹏+昇腾生态的最新进展。时任华为云与计算BG总裁的侯金龙展望称，希望用三年的时间让90%的应用都可以跑在鲲鹏上。同时，侯金龙提出，5G时代所有的应用都在上云化，手机、平板等端侧基于ARM架构，鲲鹏也是基于ARM架构，云、端同构后性能可以提升40%。[2]

---

[1] 李佳师. 出售＝自救＝自强？华为X86服务器的取舍逻辑［N］. 中国电子报，2021-11-8.
[2] 孔学劭. 华为出售X86服务器业务获实质性进展，此前受缺芯问题困扰［N］. 南方都市报，2021-11-8.

2020年中旬开始,华为鲲鹏事业部的相关技术专家对华为ARM架构的服务器产品展开可行性论证和展望,甚至还多次公开讲解和演示"将代码迁出X86架构"的利弊。这样的战略转变,其实就是王佐断臂:第一,华为ARM架构的服务器产品线仍处于投入阶段。第二,营业收入在短期内很难达到X86服务器的规模。

第 17 章
启动 B 计划

随着中美贸易摩擦不断升级,华为被推到风口浪尖。2019 年 5 月 20 日,谷歌(Google)执行美国商务部工业与安全局的"实体清单"政策,暂停授权给华为相关的安卓(Android)和其他服务,主要涵盖谷歌地图(Google Map)、谷歌邮箱(Gmail)、油管(YouTube)等应用以及谷歌应用商店(Google Play)。

这意味着安卓虽然是开源的,但是在手机设备生产厂家在使用谷歌移动服务(Google Mobile Service,简称 GMS)时,必须得到谷歌授权,否则就无法接收邮件,通过谷歌应用商店下载相关的应用、购买和下载手机游戏等服务。

据了解,安卓是一种基于林纳斯(Linux)内核(不包含 GNU 组件)的自由及开放源代码的移动操作系统,主要应用在智能手机和平板电脑等移动设备上。该系统最初由安迪·鲁宾(Andy Rubin)开发,主要支持手机。2005 年 8 月,谷歌收购注入资金。2007 年 11 月,谷歌与 84 家硬件制造商、软件开发商及电信运营商组建开放手机联盟共同研发改良安卓系统。随后谷歌以阿帕奇（Apache）开源许可证的授权方式，发布了安卓的源代码。2008年10月，第一部安卓智能手机发布，其后逐渐扩展到平板电脑及其他领域上。例如，电视、数码相机、游戏机、智能手表等。2011年第一季度，安卓在全球的市场份额首次超过塞班系统，跃居全球第一。2013年的第四季度，安卓平台手机的全球市场份额高达78.1%。

面对生死攸关的抉择，华为自然不会坐以待毙，只能被动地把作为物联网操作系统的"鸿蒙"硬生生推到前台。这样的结果机遇与挑战同在：(1)"美国政府的紧逼，反而有可能给鸿蒙带来'天时地利人和'。"[1] (2)安卓"断供"导致华为手机在海外市场的拓展影响较大。经世智库高级研究员高敏撰文直言："对于华为来说，断供可能更多对手机业务的海外市场造成重大影响。这条禁令将使华为手机难以使用谷歌服务，例如谷歌邮箱、谷歌应用商店和油管等手机软件。虽然在国内，这一领域已经基本实现了国产替代，但在海外却是用户的基本配置，使用频率极高，甚至已成为海外用户的使用习惯。这也意味着，如果华为失去了GMS授权，将严重影响海外用户的体验，可能使华为在中国以外的市场失去竞争力。"[2]

高敏的判断，源于安卓手机在全球手机市场的占有率。据公

---

[1] 谢丽容, 陈潇潇, 周源, 王丽娜, 金焱. 鸿蒙的虚实, 华为的进退 [J]. 财经, 2019 (07).
[2] 高敏. 谷歌"断供"华为影响全球厂商信任安卓 [N]. 新京报, 2019-05-21.

开数据显示，2022年1月，安卓全球市场份额为69.74%[1]，见图17-1。

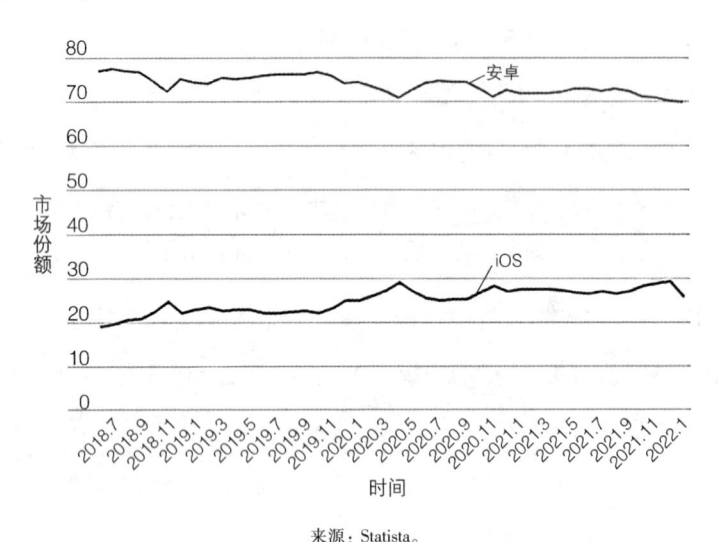

图17-1 智能手机操作系统的市场主导地位（占比）

来源：Statista。

美国的禁令将对华为产生巨大影响，至少会影响华为的短期收益。在之前，华为在欧洲、东南亚等地均处于一线厂商的行列。在这些市场当中，谷歌服务几乎处于垄断地位。数据显示，在非洲市场，安卓智能手机的市场份额为84%，iOS手机的市场份额为14%。在亚洲市场和南美大陆市场，安卓系统仍然占主导地位，分别为81%和90%。iOS在亚洲的份额为18%，在南美为10%。在欧

---

[1] 肖瘦人. 安卓系统市场份额缩水8%，仍然可以高枕无忧[EB/OL]. 2022-04-25. https://mobile.zol.com.cn/791/7911455.html.

洲市场，安卓系统的市场份额为 69.32%。[1]

高敏直言："对于谷歌来说，断供华为将严重破坏全球厂商对安卓的信任。长期以来，安卓平台作为一个开源的系统，其共享性成为平台最大的优势，为智能手机的全球普及立下了汗马功劳。从全球占有率来看，安卓已经超过了 85%。从三星、华为到小米、OPPO 等手机供应商都是采用了安卓操作系统，并以此为基础开发了自身的系统。但本次谷歌公司跟随美国政府采取针对华为的限制政策，将严重有损平台的公信力。对于全球其他厂商来说，今天谷歌可以停止对华为提供服务，明天就可能停止对其他品牌提供服务，这将促使各大企业均下决心研发独立、兼容的生态系统。长期来看，这将打击安卓的市场份额。甚至放大一点说，也许安卓系统的溃败就始于此。"[2]

由此可见，安卓并非不可替代，只要谷歌的"断供"持续扩大，必然就会有更多企业的"备胎"转正，并重新构成新的生态。欣喜的是，作为一家市场和技术双驱动公司的华为，本身具备一定的风险抵御能力，影响虽然很大，但是可以通过多种路径解决其存在的问题，在求得生存的同时，华为利用"鸿蒙"的影响力，慢慢地撬开谷歌在安卓手机市场的势力范围。

---

[1] 肖瘦人. 安卓系统市场份额缩水 8%，仍然可以高枕无忧 [EB/OL]. 2022 - 04 - 25. https://mobile.zol.com.cn/791/7911455.html.
[2] 高敏. 谷歌"断供"华为影响全球厂商信任安卓 [N]. 新京报，2019 - 05 - 21.

01 鸿蒙的突围使命

回顾鸿蒙系统的历程发现，余承东是最早介绍鸿蒙操作系统的华为高管。2019年3月，在接受德国媒体采访时，余承东介绍称，华为已经开发了自己的操作系统，以防美国科技巨头不再向其授权现有系统。在当时，余承东说道："华为已经准备好了自己的操作系统，如果需要，华为会做好启动B计划的准备。"

余承东的话音落下的两个月后，谷歌真的在2019年5月20日"断供"了。2019年5月21日下午，余承东在社交媒体上表示，华为手机操作系统即将面世。余承东说道："最快今年秋天，最晚明年春天，我们自己的OS将可能面世。我们愿意继续用谷歌和微软，但没有办法，被'逼上梁山'啊！"。

余承东介绍，鸿蒙操作系统是一个能够打通手机、电脑、平板、电视、汽车、智能穿戴，统一成一个的操作系统。余承东还介绍称，鸿蒙是一个面向下一代技术而设计的操作系统，兼容全部安卓应用和所有Web应用，如果安卓应用重新编译，在鸿蒙操作系统上，运行性能将提升60%。这听起来让人兴奋。尤其在那个微妙的关键节点。[1]

当余承东发布此信息几天后，华为启动了"华为鸿蒙"商标

---

[1] 谢丽容，陈潇潇，周源，王丽娜，金焱. 鸿蒙的虚实，华为的进退 [J]. 财经，2019（07）.

的注册程序。在"国家知识产权局商标局网站"上查询"华为鸿蒙",可见华为已经申请注册"华为鸿蒙"商标,申请注册号为3890785、3836488、38362047、33104783、33093263。一共有五类。

根据其商标范畴显示,该商标可应用于"计算机软件设计;通过网站提供计算机技术和编程信息;软件即服务(SaaS);云计算;计算机软件的更新和维护;多媒体产品的设计和开发;计算机软件研究和开发;手机软件设计;软件设计和开发;手机应用软件的设计和开发;平台即服务(PaaS);即时通信用软件的设计和开发;数据处理用计算机程序的开发和创建;电子数据存储"。

除了"华为鸿蒙"注册为商标外,来自上海交通大学的陈海波教授领导华为操作系统团队开发了自主产权操作系统——鸿蒙。

该操作系统已对 Linux 大量优化(已开源),并已用于华为手机中(安全部分)。按照华为申请的专利来分析,华为的自研系统的名称就是"鸿蒙"。

当然,对于"鸿蒙"操作系统,中国用户的期待还是很高的。伴随着华为手机的逐步崛起。尤其是数量超越苹果以来,相关华为研发移动操作系统的新闻被媒体披露出来。

追根溯源,2012 年,华为就开始了研发操作系统之路。引燃这一导火索的事件是,同年,美国再次对中兴和华为两家企业发起调查和国会听证。美国的做法引起任正非的警觉。此后,华为开始下定决心构建自己的操作系统。

据《金融时报》2019 年 5 月 21 日提到,华为这套操作系统并不是"临时抱佛脚",其研发时长至少有 7 年之久。2012 年,华为在芬兰赫尔辛基设立智能手机研发中心,在竞争对手诺基亚的"老家"招募手机操作系统架构师等技术型人才。当时华为该团队只有 20 名工程师,随后华为逐步在芬兰赫尔辛基、奥卢、坦佩雷三市扩大队伍。《金融时报》报道形容华为是在为"替代安卓"那一刻做准备。[1]

华为由此拉开了"鸿蒙"操作系统的序幕。在当时,虽然任正非致力于操作系统战略的 B 计划,但是很少有人读懂任正非心中的这一大计划,即使是华为终端 OS 开发部的部长李金喜也是如此。

2012 年 7 月 2 日,在华为"2012 诺亚方舟实验室"专家展开座谈会上,李金喜疑惑地问任正非:"我来自中央软件院欧拉实验室,负责面向消费者 BG 构建终端操作系统能力。当前在终端 OS 领域,安卓、iOS、Windows 手机 8 三足鼎立,形成了各自的生态圈,留给其他终端 OS 的机会窗已经很小,请问公司对终端操作系统有何期望和要求?"

作为作战一线的李金喜部长的问题十分直接,即华为终端操作系统的战略期望在何方。面对李金喜部长的疑惑,任正非解释说道:

---

[1] 观察者网综合. 余承东:华为操作系统最快今年秋天将面世[EB/OL]. 2019-05-22. https://www.guancha.cn/politics/2019_05_22_502575.shtml.

如果说这三个操作系统都给华为一个平等权利,那我们的操作系统是不需要的。为什么不可以用别人的优势呢?微软的总裁、思科的CEO和我聊天的时候,他们都说害怕华为站起来,举起世界的旗帜反垄断。我跟他们说我才不反垄断,我左手打着微软的伞,右手打着思科(CISCO)的伞,你们卖高价,我只要卖低一点,也能赚大把的钱。我为什么一定要把伞拿掉,让太阳晒在我脑袋上,脑袋上流着汗,把地上的小草都滋润起来,小草用低价格和我竞争,打得我头破血流?

我们现在做终端操作系统是出于战略的考虑,如果他们突然断了我们的粮食,安卓系统不让用了,Windows手机8系统也不让用了,我们是不是就傻了?同样,我们在做高端芯片的时候,我并没有反对你们买美国的高端芯片。我认为你们要尽可能地用他们的高端芯片,好好地理解它。只有他们不卖给我们的时候,我们的东西稍微差一点,也要凑合能用上去。

我们不能有狭隘的自豪感,这种自豪感会害死我们。我们的目的就是要赚钱,是要拿下上甘岭;拿不下上甘岭,拿下华尔街也行。我们不要狭隘,我们做操作系统,和做高端芯片是一样的道理。主要是让别人允许我们用,而不是断了我们的粮食;断了我们粮食的时候,备份系统要能用得上。

任正非补充说道:

我们看问题要长远，我们今天就是来赌博，赌博就是战略眼光。华为现在做终端操作系统是出于战略的考虑……

我们今天的创造发明不是以自力更生为基础的，我们是一个开放的体系，向全世界开放。作为一个开放的体系。我们还是要用供应商的芯片，主要还是和供应商合作，甚至优先使用它们的芯片。我们的高端芯片主要是容灾用。低端芯片哪个用哪个不用这是一个重大的策略问题，我建议大家要好好商量研究。如果我们不用供应商的系统，就可能为华为建立了一个封闭的系统，封闭系统必然要能量耗尽，要死亡的。

2019年5月21日，任正非在接受媒体采访时再次谈到类似观点："我们能做操作系统，但不一定是替代别人的做法，因为我们在人工智能、万物互联中本身也是需要，但是到底哪些用了、哪些没用，我不是很清楚。"

任正非非常清楚的是，在华为的供应链体系中，美国供应商是不能摈弃了。2019年9月26日，任正非在深圳总部与人工智能专家杰里·卡普兰（Jerry Kaplan）和英国皇家工程学院院士、女王创新奖获得者、前英国电信CTO彼得·柯克伦（Peter Cochrane）对话时就说道："如果产生脱钩，我是并不赞成的。美国公司要是供应零部件，我是一定要买的，不会走完全自力更生的道路，现在是临时的状态行为，长期是会融入这个社会、这个世界。"

任正非的理由有二：第一，"市场化如果只有一小块，只会产生高成本，全球化的目的要资源共享，让全球人民受益。千万不要脱钩，好不容易有标准，要是脱钩的话会产生高成本。优质的服务能降低成本，使全球70亿人享受成果。"

第二，任正非表示，火车最早有窄轨道、宽轨、标准轨道，这是很不方便的，有一定的限制。通信也是一样，3G、4G标准不一样，所以才会有5G产生，只有一个标准。这是上百个国家经过20多年，数千个科学家产生的统一标准，能够支撑人工智能。从这个角度来看，就很容易理解任正非回答李金喜部长的问题。

02　鸿蒙的迭代

当鸿蒙操作系统的披露越来越多，面对媒体屡屡提及的"鸿蒙"问题，任正非在接受外媒采访时进一步披露了一些细节，矫正了一些说法。

2019年7月5日，任正非在接受英国《金融时报》（*Financial Times*）记者詹姆斯·金奇（James Kynge）采访时说道："首先，鸿蒙系统的产生，本身并不是为了手机用，而是为了做物联网来用的，比如自动驾驶、工业自动化，因为它能够精确控制时延在五毫秒以下，甚至达到毫秒级到亚毫秒级。第二，我们希望继续使用全球公用开放的手机操作系统和生态，但是如果美国限制我们使用，我们也会发展自己的操作系统。操作系统最关键的是建立生态，重新建立良好的生态需要两三年左右的时间。我们有信心依托中国、面向全球打造生态。一是中国市场就有庞大的应用，相比所有互联网软件，我们的系统时延非常短，如果有的人认为在这个短时延的系统上应用得很好，就会迁一部分业务到华为来；二是中国大量做内容的服务商渴望走向海外，但是走不出去，它们搭载在我们的系统上就可以走出去。"

据任正非介绍，鸿蒙操作系统的着力点并不在手机产品上，而是物联网，比如自动驾驶、工业自动化。

詹姆斯·金奇继续追问："包括哪些生产 App？"

任正非回答说道："刚才讲的是手机应用系统，生产是另外一个系统。我们的生产系统在世界应该是处在领先地位的。手机即使在生态应用上有缺点，但是在相当多的地方有优点，比如在照相、全场景化、AI 上，我们的手机是独立领先的。这就是数学能力，我们有几百个数学家、几百个物理学家，不要把我们的数学家比成欧拉，虽然我们有欧拉实验室，不是欧拉，也不是图灵，但是他们也叫数学家。数学家并不只有一个人，也许世界上有千万个数学家，所以我们要有大量的数学家、物理学家、化学家、各种脑神经学家……这些人做出来的东西也是领先世界的，会有客户需求。实体清单出来以后，终端在海外市场上先是大跌，后来逐渐回升，现在已经接近原来的销售水平。在国内大涨，国内老百姓觉得华为可怜，帮华为就买一个手机，所以我才说'买华为手机不等于爱国'，你喜欢才买，不喜欢就不要买。中国的小姑娘爱照相，照相技术是华为最好，因为我们投入了大量数学家。照相功能好不在于镜头，眼睛有几亿只摄像头，所以眼睛看图像非常好，任何一个照相机都不能代替眼睛。数学家把射进来的光线，用数学方法演变为相当成几万、几十万个镜头，还原这个图像，所以拍摄出来的是数学图像，但它是逼真的。在这些特性上，华为是能够领先世界的。截至（2019年）5月30日，我们已经销售超过1亿台手机，比去年（2018年）同期提前50天。当然，我们上半年的业绩比较好，不代表下半年也好，因为实体清单之前，我们是高速增长的，5月份打击我们以后，这两个月还有一定的惯性。所以，下半年以后有些业务缩减，会有一定的衰退。"

在对外宣传上，不管是任正非，还是其他高层，都沿袭着华为之前的全球供应链体系的口径和策略。2019年7月18日，华为董事、高级副总裁陈黎芳在接受媒体采访时称，华为的鸿蒙操作系统的研发不是针对智能手机的，在谷歌不断供的前提下，华为智能手机将优先继续使用谷歌的安卓操作系统。

不可否认的是，华为之所以继续使用安卓，一个最为重要的原因是，任正非深远的战略判断。在接受媒体采访时，任正非说道："英国最大特点是高度重视制度建设，对世界历史进程的贡献非常大。英国实行的光荣革命是和平改良，一个人都没有死，稳定的政治制度让英国350年都没有内战。'君主立宪、皇权虚设、临朝不临政',充分发挥议会的聪明才智,英国式发展向世界示范了新的模型。革命对社会损伤太大,不仅仅会死人,导致的矛盾可能几百年都解不开。我认为英国走的道路是非常成功的。英国讲的是规范,英国缺了一点是创新。美国继承了英国的规范,因为大量清教徒到美国去。但是美国扩张太快,在末端控制不住,就允许创新,所以美国崛起速度快过英国。"

作为谷歌,自然也不愿意放弃与华为的合作。当美国政府的禁令发布后,谷歌和华为依旧在密切商议继续合作的方法。当然,在与谷歌继续沟通的前提下,华为也在继续自己的战略步骤,最终因为谷歌必须尊重美国的法律,只能合规地执行。作为跨国公司的华为,也理解谷歌的困境,只能直面突围,攻克手机等移动终端的操作系统。2019年8月9日至8月11日,华为开发者大会在东莞松山湖举行。在此次大会上,华为消费者业务CEO、华为技术有限公司常务董事的余承东以"全场景时代新体验与新生态"为题发表演讲,正式发布自有操作系统——鸿蒙。

余承东谈道:"今天我们带来了华为的鸿蒙OS,华为鸿蒙,基于微内核全场景分布式OS,鸿蒙用中文的意思可能有'开天辟地'的意思,最接近的英语单词就是Genesis,开天辟地的意思。用汉语拼音表达鸿蒙太难发音了,我们取名Harmony,希望给世界带来更多和平、方便。我们的鸿蒙OS是全球第一个基于微内核全场景分布式OS,基于微内核的不仅仅有我们一家,谷歌的Fuchsia

也是微内核，苹果也在向这个方向发展，但是目前主要是宏内核，我们还是面向全场景分布式 OS，有分布式架构支撑，提供天生流畅内核级安全生态系统。"

此次大会向外界证实了鸿蒙系统的存在，以及华为的下一步计划。在会上，余承东依旧沿袭华为的官方观点："我们优先安卓系统，但假如以后用不了，鸿蒙随时可以用。"

在此次发布会上，余承东介绍了鸿蒙系统的架构、全场景分布式、鸿蒙 OS 的目标。

1. 鸿蒙系统的架构

在鸿蒙 OS 架构中，最底层是内核层，上面是基础服务层、程序框架。余承东讲道："通过这些东西，支撑不同设备，包括智慧大屏、穿戴、车机、音响、手表、手机、PC 等各种各样设备。通过一套系统，一个 OS 实现模块化解耦，对应不同设备可以弹性部署，不管是硬件能力强还是硬件能力弱的，都可以用一套操作系统，可以统一在不同硬件平台上进行加载部署。同时应用强大灵活统一部署能力，我们一套 OS 能够运行在不同硬件能力上进行部署，适配丰富的万物互联时代 IoT 时代能力的操作系统。同时采用分布式架构，首次用于终端 OS，无缝式协同，分布式软总线。硬件能力虚拟化、资源化。通过操作系统分布式软总线让同一个账户下的多种终端能够实现硬件能力跨终端之间调用。"

对于鸿蒙分布式操作系统、分布式软总线，华为对中间协议进行简化，如果不做简化，每一层都会增加开销，这样让传输更加高效、更加简洁、更加快捷。

余承东把目前的 Linux、Unix 形象比喻为高速公路上，所有资源调用都受到平等对待，类似于面向服务器负荷的公平调度模式，这样能够实现实时负载分析预测，匹配特性、精准调度，保证确定性时延，保证用户体验流畅、性能，低时延、高性能得到保障，这是用高速路做的一个形象对比。

余承东坦言：鸿蒙操作系统极大地降低了响应时延、时延的波动率，我们过去的宏内核直接就没有微内核这一层。（20世纪）80 年代我们上大学的时候，学习操作系统原理的时候就是这样。但是，今天进入微内核时代，如何保证进程间通信性能，很重要的是，为什么采用微内核，就是内核级安全。从计算机发明以来都是采用宏内核，今天要进入微内核时代，鸿蒙微内核已经投入商用，在安卓手机、平板上已经投入商用，包括 2.0 之后，很多华为终端都采用了鸿蒙的微内核，用在可信可执行的环境中来做人脸支付等高安全级别的使用，首次通过了形式化验证。我们希望整个操作系统未来都要使用我们的微内核，这是关于微内核的优势，我们的微内核通过数学方法形式化验证，保证充分的验证匹配，形式化验证，是源头验证系统安全的有效手段。

一般而言，形式化验证是一种方法，但是会带来问题，编一行程序，形式化代码就 100 行，2 000 万宏内核，20 亿形式化代码，是一个灾难，没法做。针对此问题，鸿蒙系统做了相关的改进。余承东说道:"微内核,内核小,可以实现形式化验证,显著提高安全。过去只是用于航空和芯片设计,今天把微内核形式化方法用在广泛的操作系统,因为微内核天然没有 ROOT,不需要 ROOT 权限,一旦获得 ROOT 权限,相当于拿了大门钥匙,可以进入每一个房间,我们把微内核每一层进行了线程调度,放入微内核。图形图像调用、文件管理、电源管理、内存管理可能都涉及安全,但是每个单独加锁,没有统一可以开所有房间门的钥匙,不可能拿到一个地方就攻破所有地方,无需 ROOT 权限,外核服务相互隔离,提供性能级安全,把宏内核方式变成两层,微内核、外核,来实现过去宏内核系统,因此更加安全、更加高效,从源头提升了安全级别。"

在安全级别上,鸿蒙则提升到 5+ 级别。余承东说道:"目前,操作系统往往只能达到 2 级,最多 3、4 级,我们鸿蒙 OS 应该可以达到 5+ 安全级别,恐怕是全球第一个,我们也会参与相关测试,我们相信这是具备 5 和 5+ 最高级别安全能力的 OS。鸿蒙微内核灵活部署,提供全场景、多样安全设备能力。这是我们的一个巨大优势,全场景的 OS,分布式 OS,通过微内核提供安全。还有华为 LITE OS,非常轻量级,兼顾所有应用。同时华为方舟编译器,多终端 IDE 开发环境来支撑当前的鸿蒙 OS。未来我们鸿蒙 OS 的发展,我们希望用一个鸿蒙内核代替 Linux 等所有内核,但是同时我们通过外核,对上面用户程序框架 API 来支持所有应用,包括让我们开发的安卓应用、Linux、Unix 应用,都能很方便在我们微内核上运行,开发环境、开发语言、多种操作语言、多种平台,开发应用都能在上面运行。包括 WEB、HTM5、Linux、Unix,但是带来更加高安全、高性能。"

2. 同时全场景分布式 OS,带来生态共享

作为下一个替代"安卓"的操作系统,鸿蒙在生态上的布局通过其颠覆式创新来实现。余承东说道:我们为手表开发应用和为手机开发应用不一样,各位开发者今后为不同硬件做适配、开发,工作量很大,我们的方法是希望开发者通过华为提供的开发环境,开发一套代码适配不同种类终端,一次开发多端部署,开发效率大幅提升,跨设备生态共享。举个例子,音乐播放软件开发,到家里可以自动适配到电视上的智慧屏。我们的 IDE 环境可以通过拖曳方实现自动适配。同时我们的方舟编译器从发布以来,就在不断地完善,真正支持多编程语言统一编译,极大提升了开发效率,虽然 C++编程性能已经很好了,但是难度很大,很多人只能用 JAVA、Kotlin,而我们全面支持多语言,甚至混合编程,高性能程序可能用 C++编写,但是一般应用用 JAVA、Kotlin,甚至支持混合编译,能够极大提升运行程序效率,性能提升超过 60%,这是非常方便的。并且我们编译器能力不断增强。同时我们借助分布式能力,提供了 Kit 开发跨终端应用,包括我们分布式软总线 Kit 等,通过 Kit 实现分布式能力跨终端开发,像开发普通应用一样非常简单。过去操作系统都没有支持这样的能力,大家不知道怎么用,今天用我们的 Kit 来方便大家。

3. 鸿蒙 OS 的目标

面对谷歌的断供，华为终端设备必须两手准备，一方面既要达到替换安卓操作系统的功效，同时还必须达到其目标。对此，余承东说道："鸿蒙 OS 从两年前开始做，先是做鸿蒙的内核，先用安卓、各种智能终端的 TEE，今年开始把鸿蒙 OS 用于更多设备，首款产品是明天发布的荣耀智慧屏产品。我们方舟编译器在不断完善和提升，我们的鸿蒙微内核，明年有鸿蒙 2.0 版本，后年鸿蒙 3.0 版本，不断完善——微内核完善、外核完善、编译器更加完善、开发环境完善，让我们能力越来越强。可以用在多种设备上，包括手表、手环、车机、PC、平板……能不能用在手机上？当然能。大家问什么时候用，随时可以用，但是因为考虑到生态原因，我们支持谷歌的安卓生态，我们优先使用谷歌安卓操作系统，如果安卓操作系统无法使用了，我们随时可以启用我们的鸿蒙。我们鸿蒙 OS 比安卓有更强性能、更高的安全性、分布式能力、面向未来全场景能力，这是面向未来的操作系统。其实我们在安卓生态的应用迁移到华为鸿蒙 OS，开发工作量非常非常之小，甚至用我们方舟编译器，我们生态去连接，可能一天两天就搞完了。"

客观地讲，华为按照自己的步骤在重要时间节点上顺势地推出鸿蒙系统，源于华为自身的战略：（1）不管有无"断供"，鸿蒙操作系统并不是"备胎"，而是下一代物联网操作系统，只不过美国的实体清单加速了鸿蒙系统的面世。（2）由于是物联网操作系统，以及华为长期的全球供应链合作原则，鸿蒙操作系统本没有把手机放之其中，只是因为此次断供影响最大，也最为直接。《财经》杂志报道说道："如果没有非商业因素的变量，华为并不打算此时推出鸿蒙系统，这套系统目前尚未完全准备好"。（3）自从 2012 年启动操作系统以来，不管是技术，还是产业生态，都发生了根本性的变化，鸿蒙需要进行相关的迭代和进化也就在情理当中。（4）力求生存，在战争中求和平的战略指导思想下，华为 2019 年推出鸿蒙操作系统，其时机极佳。

在我们的调查中发现，鸿蒙操作系统可以凭借中国本土市场，以此为基础推广到全球市场。一旦到了物联网时代，当华为手机深度绑定谷歌操作系统后，再做系统的更新比此刻更见艰难。

2019 年 7 月初，谷歌上线飞鲨（Fuchsia）OS 的开发者网站，此举被视为谷歌正式开始布局物联网。飞鲨被视为谷歌适应物联网时代，替代安卓的新一代操作系统。安卓目前在全球智能手机操作系统中的占比高达 84.5%，但它并不完美，碎片化、效率低、生态混乱等缺点一直为人诟病。同时，它对于桌面市场以及新型的 AR/VR、物联网等领域，并没有相应的统治力。想要一举解决所有历史遗留问题开创新时代，最激进的方法就是创造新操作系统。此时正是新一代操作系统替代旧系统的窗口期，华为如果此时行动，一定程度上具备了"天时"。[1]

---

[1] 谢丽容，陈潇潇，周源，王丽娜，金焱. 鸿蒙的虚实，华为的进退 [J]. 财经，2019（07）.

对于此次华为推出鸿蒙操作系统，360手机助手负责人刘刚在接受《财经》记者采访时说道："假设预装鸿蒙的出货量临界值是1 000万部的话，开发者会争着适配，谁都不想放弃这个市场。华为身处中国，有极大的人口和资源红利可以利用，中国市场将成为鸿蒙成长的沃土。"

此外，在美国一再打压华为的过程中，中国本土越来越支持华为，普通消费者对于华为的认可度飞速提升。第三方市场调研机构IDC的统计数据显示，2019年一季度中国智能手机出货量为8 800万部，同比下降3%。但华为手机出货量为2 990万部，同比增长41%，占33.98%的市场份额，排名第一。至少在中国，华为此时处于"人和"的优势状态。纵观华为生长的历史，此前似乎没有哪个产品或业务，可以具备如此明显的"天时地利人和"状态。

2022年11月4日，华为开发者大会2022（Together）在东莞松山湖揭开帷幕，带来了鸿蒙生态的最新成果，展示了鸿蒙生态的全新格局。在大会主题演讲中，华为带来了分布式能力、原子化服务、AI、地图、音视频、隐私安全等创新技术成果，五大场景下的创新体验及全新开放能力。同时基于声明式开发体系发布了鸿蒙开发套件，全面加速推进鸿蒙应用生态。

余承东表示："Harmony是和谐的意思，在大家的共同支持下，我们克服了一个又一个困难和挑战，经过四年的发展，依托鸿蒙更具生命力的底座，鸿蒙生态已经日渐成熟，更包容、更开放、更具创新力，我们希望与全球开发者一起创新照见未来，共建鸿蒙世界。"

会上，华为还宣布，支付宝已正式接入鸿蒙生态，华为正在和支付宝探索基于鸿蒙系统原子化服务的更多可能。华为公开的数据显示，截至2022年11月4日，鸿蒙智联也已有了超过2 200个合作伙伴，产品发货量超2.5亿台；鸿蒙生态开发者超200万个，鸿蒙系统原子化服务达到50 000个。

鸿蒙"出道"以来，一步一个脚印，多次迭代，完成生态建设布局，正在成为华为万物互联的重要基石。2019年，鸿蒙系统正式面世；2020年，华为面向智能硬件生态伙伴发布全新品牌和开放平台——鸿蒙智联；2021年，智能手机等多种终端全面搭载鸿蒙系统，实现同一套系统能力适配多种终端，鸿蒙系统成为史上发展最快的智能终端操作系统；到了2022年，余承东介绍，伴随着五大场景体验持续进化，鸿蒙系统已成为"最具生命力"的生态底座，搭载鸿蒙系统的华为设备已达3.2亿台，见图17-2。

图17-2　鸿蒙的迭代

随着华为在鸿蒙操作系统建设的不懈努力，从 2019 年的鸿蒙系统到 2023 年 8 月 4 日的鸿蒙系统 4，鸿蒙操作系统变得大智慧，更流畅，更安全，更个性。2023 年 8 月 4 日，余承东在华为开发者大会表示，鸿蒙系统 4 实现分布式万物互联，元服务，大智慧，更流畅，更安全，更个性，见图 17-3。

图 17-3　鸿蒙系统 4 的特点

与此同时，鸿蒙生态设备已达 7 亿台。2023 年 8 月 4 日，余承东在华为开发者大会上还介绍，截至目前，华为手机正在回归，在国内高端市场份额稳居前二，华为智能穿戴产品发货量保持中国市场第一，鸿蒙生态设备已达 7 亿台，见图 17-4。

IDC 数据显示，2023 年第二季度，国内前五大智能手机厂商按排名先后分别是欧珀、维沃、荣耀、苹果、小米和华为。其中，

图 17-4　鸿蒙生态设备已达 7 亿台

仅有苹果和华为二季度销量实现了同比增长，苹果销量同比增长 6.1%，华为销量同比增长 76.1%，见表 17-1。

表 17-1　2023 年第二季度中国前五大智能手机厂商——市场份额、同比增幅

厂商	2023 年第二季度市场份额	2022 年第二季度市场份额	同比增幅
1. 欧珀	17.7%	17.7%	-2.1%
2. 维沃	17.2%	19.2%	-11.9%
3. 荣耀	16.4%	19.5%	-17.9%
4. 苹果	15.3%	14.1%	6.1%
5. 小米	13.1%	15.6%	-17.5%
5. 华为	13.0%	7.3%	76.1%
其他	7.3%	6.8%	5.6%
合计	100.0%	100.0%	-2.1%

来源：IDC 中国季度手机市场跟踪报告，2023 年第二季度。
注 1：数据为初版，存在变化的可能。数据均为四舍五入后取值。
注 2：如果两家或两家以上厂商的营收份额或单位出货量相差 0.1% 或更少，IDC 将宣布这些厂商在中国智能手机市场上排名并列。

对于华为手机重回"前五",国际策略分析师陈佳分析说:"虽然华为销量在二季度才重回 TOP5,但这是遭遇美国长期制裁和剥离荣耀之后的业绩。实际上,若看国内手机市场荣耀、欧珀、维沃、小米四大品牌都剥离了低端子品牌(例如小米的销量主要是靠红米系拉动而非主品牌小米)的业绩,那么华为的排名还会更进一步。"

据 IDC 分析,随着新品发布节奏的正常,华为出货量继续恢复,二季度在 TOP 厂商中同比增幅最大。尽管依然受到外部限制,但凭借新品 P60 系列和折叠屏 Mate X3 系列的优异表现,华为在 600 美元以上高端市场销量保持在第二位。[1]

当然,华为有如此表现,与当下手机厂商的创新乏力和 4G 手机与 5G 手机的使用体验差别不大有很大的关系,北京达瑞管理咨询有限公司创始人马继华坦言:"从华为手机销售来看,P60 依然具有市场号召力。现在这个阶段,5G 缺乏新应用,硬件设备同质化严重,4G 手机与 5G 手机的使用体验差别不大,也给了华为手机以发展机会。"

与此同时,华为手机重回"前五",也打破了此前"华为或放弃手机业务"的谣言。此前市场上曾出现"华为将分拆消费者业务,有可能会出售手机业务"的传闻。对此,华为方面在今年 3 月初回应称:"此消息为假消息,华为仍将加大手机业务的投入,

---

[1] 安宇飞. 绝地反攻!华为手机重回"前五"![N]. 证券时报,2023-07-27.

坚持建设高端品牌。此外，华为将在本月继续发布旗舰手机产品。"[1]

对此，天使投资人、互联网专家郭涛接受媒体采访时直言："华为手机业务板块不仅利润高，还是芯片、操作系统等生态体系的重要一环，虽然面临'缺芯'困境，但手机业务综合竞争力依然很强，因此不会放弃手机业务。"

由此可见，在华为1+8+N的生态建设下，华为鸿蒙手机系统的市场占有率会陆续爬升。2023年1月，战略分析公司（Strategy Analytics）公布了一份最新的研究报告，显示华为鸿蒙手机全球份额在2022年将达2%，安卓的份额却高达81%，苹果iOS的份额为18%，见图17-5。

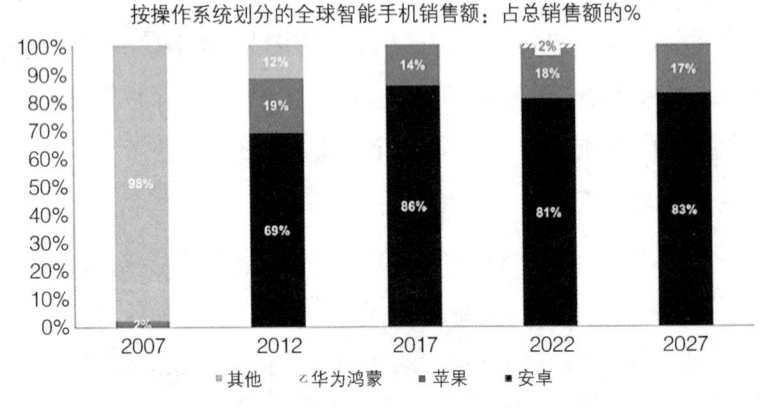

按操作系统划分的全球智能手机销售额：占总销售额的%

年份	其他	华为鸿蒙	苹果	安卓
2007	98%		2%	
2012			12%	69%
2017			14%	86%
2022		2%	18%	81%
2027			17%	83%

来源：Wireless Smartphone Strategies（WSS）。

图17-5 2022年全球三大手机操作系统市场份额

---

[1] 安宇飞. 绝地反攻！华为手机重回"前五"！[N]. 证券时报，2023-07-27.

回顾过去的几年，华为大力投入鸿蒙生态人才建设，联合清华大学等166所国内高校开设华为鸿蒙课程，为2万多名学生开发者提供了学习资源，教育部产学合作项目鸿蒙生态方向项目已累计支持95项。2023年8月4日，余承东在华为开发者大会上公开了更全面的鸿蒙人才建设计划，见图17-6。

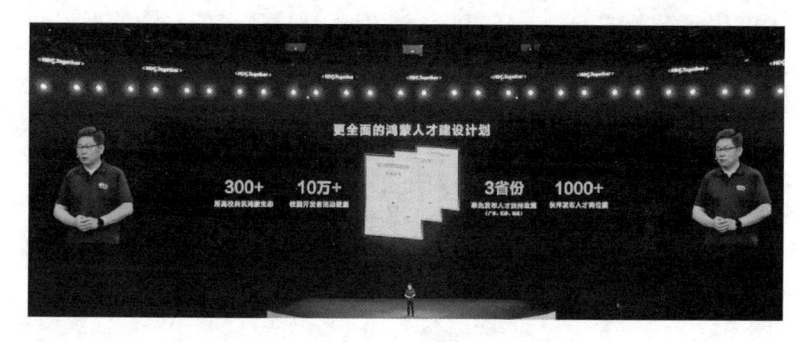

图17-6 更全面的鸿蒙人才建设计划

与此同时，华为持续创新攻坚，让鸿蒙生态持续进化开放，携手开发者步入鸿蒙生态快车道。截至2022年11月4日，鸿蒙智联已有合作伙伴超2 200+，产品发货量超2.5亿；鸿蒙生态开发者超200万+，华为鸿蒙原子化服务达50 000个；华为移动服务核心（HMS Core）开放25 030个APL，近4万款应用跟随华为的步伐走向全球市场。当下，华为正围绕五大场景，通过领先技术、30 000+ API、鸿蒙开发套件，构造鸿蒙新世界。

在鸿蒙生态进展以及开发工具升级方面，2023年8月4日，余承东在华为开发者大会上介绍了开源鸿蒙（OpenAtom OpenHarmony，简称"Open Harmony")根社区的最新进展,作为华为积极参与共建的开源项目,开源鸿蒙生态的繁荣发展以及赋能千行百业数字化转型的丰硕成果得到了广泛关注。

开源鸿蒙是由开放原子开源基金会(OpenAtom Foundation)孵化及运营的开源项目,目标是面向全场景、全连接、全智能时代,基于开源的方式,搭建一个智能终端设备操作系统的框架和平台,促进万物互联产业的繁荣发展。

在 2023 年 6 月 12 日举办的 2023 开放原子全球开源峰会开源鸿蒙分论坛上,开源鸿蒙正式宣布成为下一代智能终端操作系统根社区,标志着开源鸿蒙社区的发展迈入了全新阶段。根据大会公布的最新数据,截至 2023 年 7 月底,开源鸿蒙已拥有 150 多家合作伙伴,350 多款软硬件产品通过兼容性测评,代码行 1 亿多行,5 100 多位社区贡献者,在码云(Gitee)活跃度指数上排名第一,生态稳步推进,根社区持续繁荣,见图 17-7。

图 17-7　OpenHarmony 已成为开源鸿蒙的根社区

第 18 章
1+8+N 的全场景战略

长久以来,诸多中国企业家很少考虑"当企业被纳入实体清单后,企业该怎么活下去"这样的问题,但是随着华为被美国一轮比一轮更加激烈的制裁后,中国企业家才如梦方醒,认识到中国企业国际化最大的障碍就是美国。

早在 2020 年 8 月 4 日,为了更好地应对美国针对华为特定的技术封锁,华为如期启动了"备胎"计划——"南泥湾"项目,意在规避应用美国技术制造的终端产品。

华为将其命名为"南泥湾"项目,其战略用意非常明显,就是"在困境期间,希望实现自给自足"。据了解,"完全不受美国影响的产品,就被纳入'南泥湾'项目",产品包括华为笔记本电脑、智慧屏、IoT 家居智能等产品。

2021 年 9 月 13 日,按照自身的部署,华为发布全球首款搭载华为鸿蒙的激光打印机——华为 PixLab X1。

据了解,华为 PixLab X1 打印机于 2021 年 10 月 31 日正式开售,售价1 899元,首发到手价1 799元,见图18-1。

图18-1　华为官网PixLab X1打印机的售价

华为消费者业务大中华区执行副总裁李斌在一场媒体沙龙中介绍说道:"华为一直在推进1+8+N的全场景战略,在2019年我们将该战略深化为五大场景,五大场景中的第一个场景就是智慧办公。"

华为布局打印机产品,原因如下:第一,南泥湾项目。第二,在智慧办公场景里,打印机、笔记本、显示器、一体机形成了完整的产品布局。第三,强劲的需求。华为消费者业务大中华区执行副总裁李斌在接受记者采访时直言,华为布局打印机业务,就是看到了其中的产业价值。他说道:"华为进入任何一个产业必须给这个产业带来价值,如果只是去争夺份额或者增加收入,我觉得这不是一个真正的科技公司的所为,打印机是社会办公里很重要的一环,我们不能做一款传统打印机,而华为的一些技术积累,正好能解决消费者需求。"

在李斌看来，华为布局打印机业务有着自身的战略考量：一方面是打印机需求在增加，华为洞察到了其中的痛点，比如打印机配网复杂，用户往往需要耗费很长时间来研究；另一方面，华为鸿蒙已经有技术储备，"鸿蒙有两个功能，技术联网和一碰打印，在我们的打印机上进行了深化和适配。"因此，华为开启了打印机产品线，推出"零门槛"打印机，也是首款搭载华为鸿蒙的打印机华为 PixLab X1。同时，华为也一直在强调万物互联时代的"1+8+N"战略，该战略又被分为五大场景，一个重要的场景就是智慧办公，打印机是核心产品之一。[1]

在当前，普通用户很难解决传统打印机的两个问题：第一，连接烦琐。第二，操作复杂。华为给用户提供的方案是，通过长期积累的通信技术结合华为鸿蒙的分布式能力，希望能不断降低跨设备连接之间的门槛，提供更简单的连接界面以及操作界面。从整体市场看，随着在线教育、移动办公成为新常态，家庭打印的需求也被充分激活。[2]

赛迪顾问数据也显示，2020 年全球打印机销售额为 421.2 亿美元，全球打印机耗材规模为 518 亿美元。2021 年 8 月 30 日，根据 IDC《中国打印耗材市场年度跟踪报告》研究显示，2021 年上

---

[1] 倪雨晴. 打印机市场发展提速 华为首款鸿蒙打印机如何破局？[N]. 21 世纪经济报道，2021-10-27.

[2] 倪雨晴. 打印机市场发展提速 华为首款鸿蒙打印机如何破局？[N]. 21 世纪经济报道，2021-10-27.

半年中国喷墨和激光总体打印机耗材市场总出货量接近4 608.9万支，同比2020上半年增长幅度为4.0%，尤其喷墨耗材市场，半年增幅达到了10.6%，显示了疫情下消费市场的复苏，还有整体喷墨市场产品已经发生结构性巨变，在墨盒整机占主体的喷墨市场，连供大墨仓产品的保有量已经从10年前的4.2%，到2020年达到可与墨盒整机保有量相近的40.7%，在过去5年复合增长率达到了21.9%的快速增长。同时，2021年上半年销售规模同比2020年上半年增幅达到12.2%，达到了58亿元，突显了后疫情时代打印需求的巨量反弹。见图18-2。

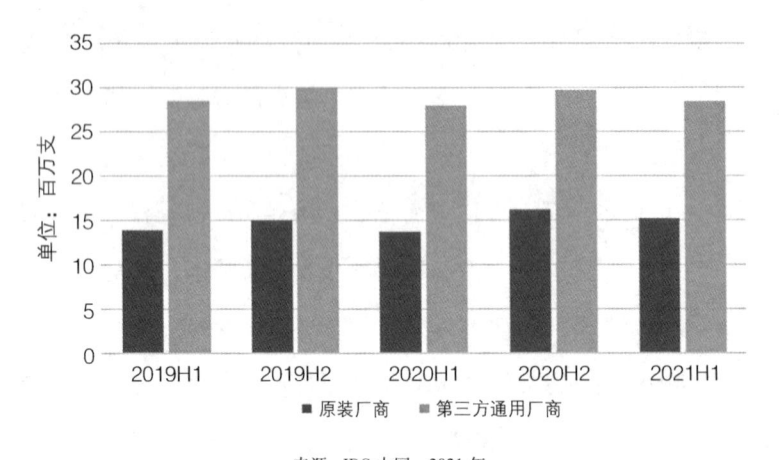

来源：IDC中国，2021年。

图18-2 2019H1—2021H1中国打印机耗材市场出货量

新冠病毒疫情和中国"双减政策"的原因，激活了在家办公和家庭教育用打印机的巨大需求。根据IDC的分析，欧洲打印机市场目前的主要需求来自家庭办公和家庭教育，这些需求低端的喷墨和单色打印机市场形成了刺激。这也证明了打印仍然是商业和教育过程中至关重要的一部分。随着一些国家和地区的疫情出现缓和，打印机未来重心将再次转向办公场所。其中欧洲的发达国家增长最为明显，德国在 2020 年第四季度中，打印机市场整体增长 3.5%，英国整体打印机涨幅高达 17.6%。虽然意大利打印机市场出货下降了 4.5%。但 A4 单色多功能一体机却实现了 4.5% 的增长。

第一，居家办公激活的打印机需求。根据 IDC 公布了欧洲市场的打印机以及相关产品的销售调查报告，报告显示："在数字化的现在，打印机对于企业和家庭用户来说依然是十分重要的产品。在疫情期间，欧洲的激光设备出货量有 5.5% 的增长。喷墨打印机的出货量增长了 5%，其中消费类产品增长更是超过了 10%。不过 A3 设备的出货量却有所减少，其出货量下降了 12%，主要原因是办公场所关闭。"

第二，中国"双减政策"的原因激活的打印机需求。根据《2021 打印觉醒年代洞察报告》显示："家庭打印机的产品的入户率在过去二十年一直呈现平稳状态，但从 2019 到 2020 年，中国打印机的入户率从 5% 到 8%。"

第三，打造鸿蒙生态体系。随着鸿蒙系统的成熟，寻找更多的落地场景成了眼下华为构建生态公司的关键。截至目前，搭载鸿蒙 OS 的设备已超过 1.5 亿部，在十月底发售的首款"鸿蒙打印机"则被视为打开华为智慧场景增量市场的关键一步。

01　启动"南泥湾计划"

华为开展"南泥湾"项目,一个重要的因素就是华为手机销量因为芯片代工问题被卡脖子,而遭遇断崖式下滑。

随后,华为开始了以自救为战略目的的"南泥湾计划"。在华为"心声社区",有关"南泥湾"的帖子就有多个。其中第一个帖子就是有关学习南泥湾精神的内容。该帖名为"学习'南泥湾精神',艰苦奋斗,自力更生,打造'好江南',一手拿枪,一手拿镐;艰苦奋斗,自力更生"。

该帖发布的时间是 2020 年 5 月 19 日,以此来看,"南泥湾精神",并非此刻才被提及。对此,任正非解释道:"由于我们在高端手机上得不到芯片供应,销售有所下滑,但我们支持了 iPhone12 的进步。iPhone12 的 5G 手机下行速率达到了 1.82G,应该是当前世界最好的。欧洲的高端人士非常喜欢苹果手机,iPhone12 的使用,证明了华为在柏林、慕尼黑、马德里、苏黎世、日内瓦、阿姆斯特丹、维也纳、巴塞罗那、首尔、曼谷、中国香港、利雅得等地的 5G 网络是世界最好的。欧洲进行的网络测评,说明我们这些网是世界第一。这些国家的高端人士通过苹果手机的使用,客观地证明了华为 5G 网络的服务是世界第一,形成了良好的社会舆论,使得我们在欧洲没有那么多负面了。"

2020年的财报数据印证了任正非的判断。2021年3月31日下午,华为召开2020年度报告发布会。数据显示,2020年华为总销售收入8 914亿元,同比增长3.8%。从2020年的收入结构来看,消费者业务收入4 829亿元,占比54.2%,同比增长3.3%;运营商业务收入3 026亿元,占比34%,同比增长0.2%;企业业务收入1 003亿元,占比11.3%,同比增长23%。见表18-1。

表18-1 华为板块业务收入 (人民币亿元)

业务板块	2020年	2019年	同比变动
运营商业务	3 026.21	3 019.65	0.2%
企业业务	1 003.39	815.54	23.0%
消费者业务	4 829.16	4 673.04	3.3%
其他	54.92	80.10	-31.4%
合计	8 913.68	8 588.33	3.8%

从表18-1数据不难发现,相比2019年,运营商业务板块相对持平,同比增加0.20%。2021年3月9日,根据德罗洛集团(Dell'Oro Group)发布的"2020年第四季度全球整体电信基础设施市场报告"数据显示,供应商收入排名在2019年至2020年之间保持稳定,前七名依次是,华为、诺基亚、爱立信、中兴、思科、美国讯远通信(Ciena)和三星,占整体市场的80%至85%。前七名电信设备供应商的收入份额如下,见表18-2。截至2020年底,华为已在59个国家和地区部署了140多个商用5G网络,全球基础设

施上的 5G 用户数量超过 2.2 亿。

表 18-2　全球前七名电信设备供应商的收入份额

Top 7 电信设备供应商	2019 年	2020 年
华为	28%	31%
诺基亚	16%	15%
爱立信	14%	15%
中兴	9%	10%
思科	7%	6%
讯远通信	3%	3%
三星	3%	2%

数据来源：德罗洛集团。

由于收入份额受到 5G 部署状况的影响，爱立信和诺基亚在中国以外的地区市场中提升了其 RAN 市场份额，华为在全球电信设备市场（包括中国在内）的份额在 2020 年全年增长了 2~3 个百分点。不仅如此，华为从 2014 年开始，电信设备收入增长一直向上，见图 18-3。

相比 2019 年，被媒体关注的消费者业务板块业绩还相对稳定，占据 54.20% 的比重，见图 18-4。

在此次财报中，消费者业务板块遭受影响，主要来自两个方面：第一，华为手机的供应链被美国打断，芯片代工严重短缺，市场份额被竞争者蚕食。第二，为了让荣耀手机能够获得完整供应链需求，只能王佐断臂，且把股权全部出售。在这样的情况下，

全球电信设备收入*

（图表：2014~2020 各厂商收入占比）
- 华为：从约21%升至约31%
- 诺基亚：约16%
- 爱立信：约15%
- 中兴
- 思科
- 讯远通信
- 三星

来源：德罗洛集团。

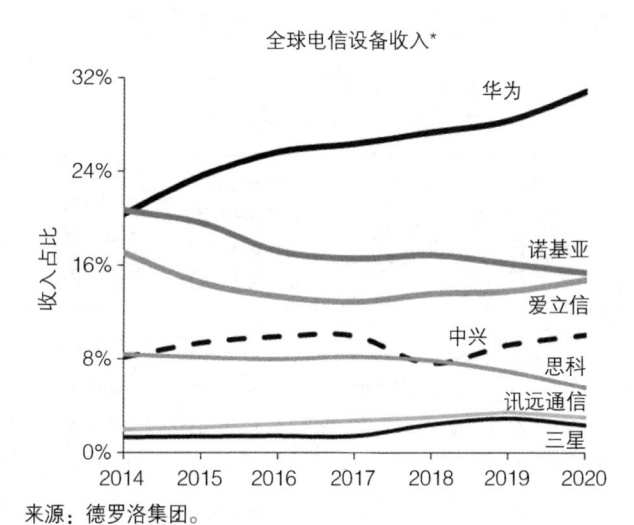

*设备包括：宽带接入、微波和光传输、移动核心网和无线电接入网、SP路由器和CE交换机。

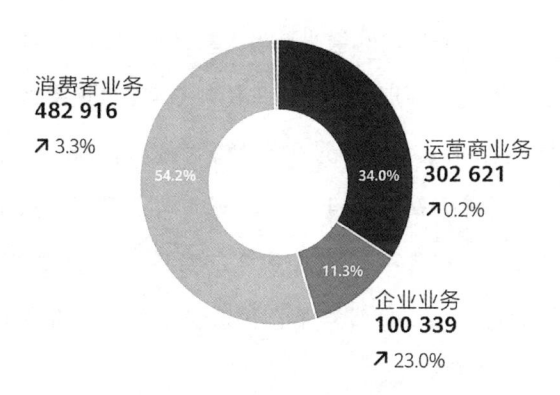

图 18-3 华为 2014~2020 电信设备收入增长

（环形图）
- 消费者业务 482 916 ↗3.3% 54.2%
- 运营商业务 302 621 ↗0.2% 34.0%
- 企业业务 100 339 ↗23.0% 11.3%

图 18-4 华为三大板块业务收入占比

华为手机的市场份额从第一滑落到第五。

根据 IDC 的公开数据显示，2020 年第四季度，华为手机的销量 3 230 万台，同比下降 42.4%，排在榜单第五位，见表 18-3。

表 18-3 2020 年第四季度全球前五智能手机厂商——出货量、市场份额、同比增幅

厂商	2020 年第四季度出货量（单位：百万台）	2020 年第四季度市场份额	2019 年第四季度出货量（单位：百万台）	2019 年第四季度市场份额	同比增幅
(1) 苹果	90.1	23.40%	73.8	19.90%	22.20%
(2) 三星	73.9	19.10%	69.5	18.8%	6.20%
(3) 小米	43.3	11.2%	32.8	8.9%	32.0%
(4) 欧珀	33.8	8.8%	30.6	8.3%	10.7%
(5) 华为	32.3	8.4%	56.2	15.2%	-42.4%
其他	112.4	29.1%	107.1	28.9%	5.0%
合计	385.9	100%	369.9	100%	4.3%

针对消费者业务板块的急速下落，2021 年 3 月 31 日，轮值董事长胡厚崑在接受《深圳特区报》采访时直言："坦率地说，跟过去几年的增速比明显放缓。过去五年，我们营收复合增长率在 14% 左右，利润增长率也是 14% 左右，去年明显放缓。这说明，华为去年确实是非常不容易。这个放缓的背后，我们要坦率承认，美国对我们的打压给我们带来了直接影响，对消费者业务，特别是对手机产品影响非常大。"

消费者业务虽然遭受重大影响，但是华为仍取得了小幅增长。胡厚崑认为，华为增长的主要原因有两个："一方面是我们自身的努力，如积极采取措施让供应实现多元化，这是保持供应连续性

的重要保障。同时,我们依然坚持持续技术创新投入,去年(2020年)研发投入占收入比例依然达到15%以上,这种强度在历年中属于较高水平。在这背后是华为全体员工共同的努力以及伙伴、客户的信任和支持。另一个方面,客观来讲,华为去年的增长可说是顺势而为,抓住了几个机会:第一,从产业维度来看,去年疫情虽然那么严重,但我们的运营商业务基本保持稳定。疫情对正常工作生活带来影响,但同时对网络的需求也在增加,流量大幅度增加。无论是网络容量、覆盖还是服务,运营商的需求都在增加,令运营商业务保持稳定发展。另一方面是企业业务的增长。政企业务过去几年一直保持两位数增长,去年也不例外。消费者业务中,虽然手机销售下滑,但是手机之外的'8+N'业务去年实现65%以上的增长。这些从业务角度都能抵消一些负面影响。第二,从区域维度看,中国市场,无论是运营商业务还是企业业务或是消费者业务,在全球来看都表现非常亮眼,去年占了总收入的65.6%。我们看到,中国5G网络第一阶段的部署在去年基本告一段落,5G方面投入增长很快。中国各行各业向数字化、智能化的转型,在全球处于领先地位。无论是各类数字设备、解决方案还是云服务,需求都非常旺盛。去年中国市场云服务增长非常迅猛,这都得益于中国各行各业数字化进程加速。消费者业务方面虽然我们手机销售下滑,但是在中国市场收入在增长。"[1]

---

[1] 2021年3月31日华为2020年度报告发布会胡厚崑答记者问。

02　融合 1+8+N，全力拓展业务边界

华为首次正式提出 1+8+N 战略是在 2019 年 3 月 14 日举行的智慧连接（HiLink）生态大会上，IT 之家当时也做了报道，这是华为全场景智慧化战略的重要组成。同年 6 月，华为又对 1+8+N 战略的含义进行了更新。目前，所谓的 1+8+N 战略，其中："1"代表手机，是核心；"8"代表电脑、平板、智慧屏、音箱、眼镜、手表、车机、耳机；"N"代表摄像头、扫地机、智能秤等外围智能硬件，涵盖移动办公、智能家居、运动健康、影音娱乐、智慧出行五大场景模式。1+8+N，是华为全场景智慧化战略在产品层面的体现，它和华为的服务及硬件生态平台、AI 核心驱动力紧密相连，共同构成全场景智慧化战略，见图 18－5。

当美国重拳打击华为在全球，尤其是智能手机业务后，华为"南泥湾计划"由此展开。2019 年 9 月 10 日，《经济学人》伦敦商业主编帕特里克·福利斯（Patrick Foulis）就以"我想问问关于过去几个月华为的情况以及美国的打压对华为有哪些影响。能否谈一下自今年 5 月份华为被加入'实体清单'以来，你们的财务表现如何？会不会由于'实体清单'事件带来收入下滑"，采访了任正非。

任正非回答说道："到今年（2019 年）8 月份，我们的收入累计增长了 19.7%，利润和去年持平，没有增长。收入增长率在递

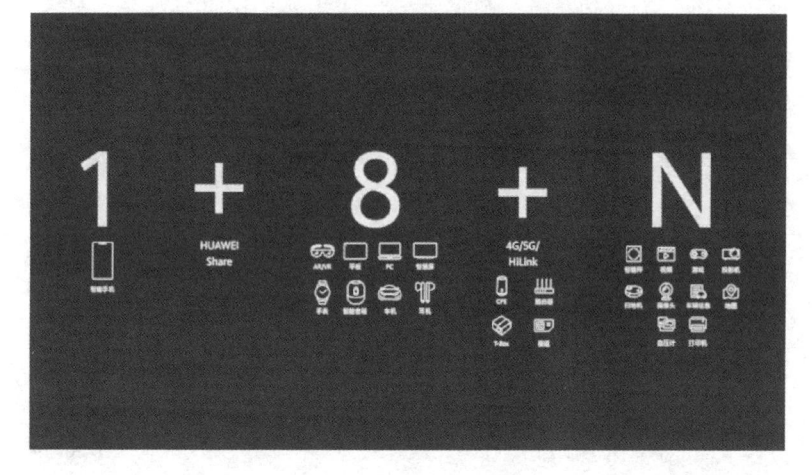

图 18-5　华为 1+8+N 战略

减，年初是 30% 左右，年中是 23%，8 月份已经是 19.7% 了。利润没有增长，主要是战略投入在大幅度增加，我们增加了几千名员工，这些员工都是高素质人才，比如一些天才少年、应届毕业的博士，他们来主要是要修补我们被实体清单击穿的'洞'。现在从 5G……到核心网，网络的'洞'我们已经补完了。我们在 9 月 18 日将要发布昇腾 AI 集群，1024 节点，这是目前全世界最快的人工智能平台。"

不可否认的是，华为为了活下去，不得不另辟蹊径，把业务转向渔场和矿场市场。2021 年 2 月 9 日，任正非在太原智能矿山创新实验室揭牌仪式后接受媒体采访说道："我先简单介绍一下。华为以前的通信网络主要是连接千家万户，为几十亿人提供连接。但是到了 5G 时代，主要的连接对象是企业，比如机场、码头、煤矿、钢铁、汽车制造、飞机制造……这些都是我们不熟悉的领域，所以我们在各个领域都成立了联合实验室，以便了解这些行业的需求。这次我们在山西建立了煤矿创新实验室，是将5G用于矿山服务的提升。现在这个实验室已经有了220位专家，其中53位是来自华为的专家，华为的专家多数是电子技术专家，其他150多位是山西对煤炭行业比较了解的煤炭专家，他们组成了一个联合实验室，实行双重责任制。在煤炭方面，煤炭行业带头人的话语权要大一些；在电子方面，华为带头人的话语权偏大一些。"

任正非补充说道："在5G应用上，世界上多数ICT公司都没有选择矿山作为突破口，但我们选择了矿山。中国有5300多个煤矿、2700多个金属矿，如果能把8000多个矿山做好，我们就有可能给全世界的矿山提供服务。你们有机会可以参观一下天津港，天津港装船、运输都是接近无人化的，我们希望矿山也走向无人化。如果我们真正实现了这一步，对加拿大、俄罗斯在北冰洋地区的矿山开采将有非常重大的意义。冻土地带的条件极其恶劣，人们不愿意在那里生活，这么丰富的资源在那里睡觉，如果以无人方式开采，这些资源都被开采出来，对人类社会将有重大贡献。为什么我们选择山西作为起点？因为山西省政府比我们还积极，如果我们在山西试验成功，开采经验就可以推广到世界去。所以，我们不依靠手机也能存活。"

从任正非的介绍中不难看出，华为仍然把业务重点集中在ICT方面，以此来增加销售收入，降低对智能手机业务的过分依赖。

于是，华为转向不是特别让他国政府关注的替代产品，以此来增加华为的收入来源。任正非举例说道："比如，我们在煤炭、钢铁、音乐、智慧屏、PC机、平板……领域都可能有很大的突破。"

2021年3月15日，根据IDC发布的"2020年第四季度全球可穿戴设备市场报告"数据显示，全球可穿戴设备出货量为1.535亿部，同比增长27.2%。

苹果的出货量高达5 560万部，凭借36.2%的市场份额位列第一，同比增长27.2%。小米的出货量为1 350万部，占据8.8%的市场份额，排在第二位，同比增长5.0%。三星的出货量为1 300万部，占据8.5%的市场占有率，排在第三位，同比增长20.5%。华为排在第四名，出货量为1 020万部，占据5.7%的市场占有率，同比增加7.6%。见表18-4。

表18-4 2020年第四季度全球可穿戴设备市场报告（万部）

公司	2020年第四季度出货量	2020年第四季度市场占有率	2019年第四季度出货量	2019年第四季度市场占有率	同比增长率
苹果	55.6	36.2%	43.7	36.2%	27.2%
小米	13.5	8.8%	12.8	10.6%	5.0%
三星	13.0	8.5%	10.8	9.0%	20.5%
华为	10.2	6.7%	9.5	7.9%	7.6%
boAt	5.4	3.5%	0.9	0.8%	470.1%
其他	55.8	36.4%	42.9	35.6%	30.0%
总计	153.5	100%	120.7	100%	27.2%

资料来源：IDC全球季度可穿戴设备跟踪器，2021年3月。

对于第四季度可穿戴市场的变化，IDC 研究经理吉特什·乌布拉尼（Gitesh Ubrani）说道："2020 年对于可穿戴设备来说是重要的一年，越来越多用户有居家锻炼的习惯，因此对可穿戴健康设备的需求有所增加，目前健康领域已成为众多厂商布局的重点。"

在个人电脑和平板电脑方面，华为也获得较快的增长。（1）个人电脑。根据国际调研机构凯纳利思发布的调研报告数据，2022 年第二季度，中国市场包括台式机和笔记本在内的个人电脑销量为 1 148.5 万台，同比减少了 16.3%，见表 18-5。

表 18-5　中国（内地）2022 年第二季度台式机和笔记本电脑出货量（市场份额和年增长率）

公司名称	2022 年第二季度出货量（万台）	2022 年第二季度市场占有率	2021 年第二季度出货量（万台）	2021 年第二季度市场占有率	年增长率
联想	4 622	40.2%	5 603	40.9%	-17.5%
戴尔	1 623	14.1%	1 887	13.8%	-14.0%
惠普	915	8.0%	1 107	8.1%	-17.4%
华为	838	7.3%	464	3.4%	80.7%
华硕	773	6.7%	937	6.8%	-17.5%
其他	2 715	23.6%	3 717	27.1%	-27.0%
总计	11 485	100.0%	13 716	100.0%	-16.3%

来源：凯纳利思电脑市场脉搏，2022 年第二季度。

2022 年二季度，联想电脑销量为 462.2 万台，同比下降了

17.5%，市场份额为40.2%。戴尔电脑销量为162.3万台，同比下降了14.0%，市场份额为14.1%，排名第二。排名第三的依然是惠普，二季度的销量为91.5万台，同比下降了17.4%，市场份额为8.0%。后来居上的华为在二季度表现惊人，销量为83.8万台，同比大幅增长了80.7%，市场份额快速提升至7.3%。华硕则排名第五，销量为77.3万台，同比下降了17.5%，市场份额为6.7%。

然而，根据凯纳利思发布的报告数据显示，中国的PC（台式机，笔记本电脑和工作站）出货量在2022年第二季度下降了16%。台式机（包括台式工作站）下降了26%，而笔记本电脑（包括移动工作站）下降了10%。由于宏观经济逆风和第二季度生产停产，消费和商业部门都受到需求疲软的打击，分别导致19%和13%的下降[1]，见图18-6。

凯纳利思分析师Emma Xu说："由于在封锁期间儿童和大学生大规模采用在线学习，对平板电脑的需求在第二季度增长，华为和苹果等顶级供应商正在推动新功能，例如更大和护眼的屏幕，笔和跨设备互操作性功能，以提高生产力。虽然芯片组的限制限制了华为的地位，但小米和荣耀等供应商看到了在低端竞争的机会，具有类似的价值主张。领先的本地供应商正在摆脱低利润的入门级细分市场，投资于中高端细分市场，这可以改善与其他产

---

[1] Canalys. China's Tablet Market up 4% in Q2 2022 as PC Market Suffers Worst Annual Decline Since 2013. [EB/OL]. 2022-08-25. https://www.canalys.com/newsroom/china-PC-market-Q2-2022.

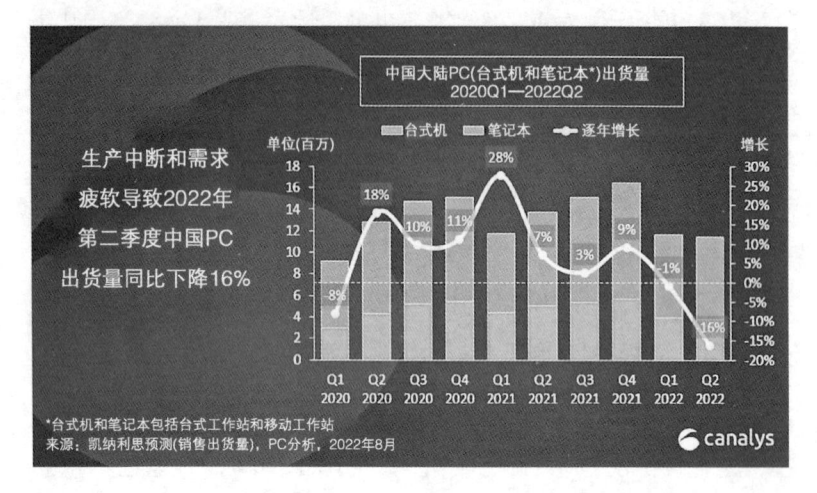

图 18-6　2021 年第一季度~2022 年第二季度出货量走势图

品的协同效应，帮助他们在连接设备类别中竞争。"[1]

（2）平板电脑。2022 年第二季度，受生产中断的严重打击，苹果仅有 19% 的同比增长，其平板电脑市场份额降至 23.8%。尽管供应有限，华为仍保持第二位，这要归功于其国内市场坚实而忠诚的用户群。联想以 13.4% 的市场占有率排在第三。小米和荣耀分别以 8% 和 7% 的份额进入了前五名[2]，见表 18-6。

---

[1] Canalys. China's Tablet Market up 4% in Q2 2022 as PC Market Suffers Worst Annual Decline Since 2013. [EB/OL]. 2022-08-25. https：//www.canalys.com/newsroom/china-PC-market-Q2-2022.

[2] Canalys. China's Tablet Market up 4% in Q2 2022 as PC Market Suffers Worst Annual Decline Since 2013. [EB/OL]. 2022-08-25. https：//www.canalys.com/newsroom/china-PC-market-Q2-2022.

表 18-6　中国（内地）2022 年第二季度平板电脑出货量及年增长率

供应商	2022 年第二季度出货量	2022 年第二季度市场份额	2021 年第二季度出货量	2022 年第二季度市场份额	年增长率
苹果	1 397	23.8%	1 724	30.7%	-19.0%
华为	1 039	17.7%	1 034	18.4%	0.5%
联想	785	13.4%	695	12.4%	13.0%
小米	487	8.3%	—	0%	不适用
荣耀	434	7.4%	600	10.7%	-27.6%
其他	1 724	29.4%	1 571	27.9%	9.7%
总计	5 867	100%	5 624	100%	4.3%

除了穿戴业务，华为还在逆变器板块发力，来自彭博社的报道称："该公司最新的客户包括中国东部的一家养鱼场，其面积是纽约中央公园的两倍。该养殖场覆盖了数万块太阳能电池板，并配备了华为的逆变器，以便在发电时保护鱼免受过多的阳光照射。"

欧佩克官网也介绍了华为在太阳能逆变器的核心竞争力："以电信设备和消费电子产品闻名的中国公司华为，也已成为全球最大的太阳能逆变器供应商之一，这是太阳能光伏系统的重要组成部分，太阳能光伏系统将太阳能电池板产生的直接电流转化为交替电流，为家庭和企业的电子产品供电。"

随着华为"南泥湾计划"的展开，任正非坦言，华为扩大在交通、制造业、农业和其他行业的业务拓展，以此来帮助华为员工的业务生存下去。对此，任正非说道："美国把我们从实体清单拿出去应该是非常困难的。现在我们只想自己多努力，努力寻找能生存下来的机会。"

第 19 章
重置供应链

为了更好地解决因为被纳入实体清单所造成的影响问题,华为由此重置供应链,扶持供应商。2019 年 4 月 23 日,华为顺势注册成立了哈勃投资,由华为投资控股有限公司全资持有,并 100%持股,法定代表人为白熠注册资本 7 亿元人民币。同时,白熠还是华为全球金融风险控制中心总裁,此前曾任华为财务管理办公室副总裁一职。该公司一般经营项目是:创业投资业务(法律、行政法规、国务院决定禁止的项目除外,限制的项目须取得许可后方可经营),见图 19-1。

根据爱企查资料显示,主要人员为 6 名,见表 19-1。

表 19-1 哈勃科技投资有限公司主要人员

序 号	姓 名	职 务
1	白 熠	董事长
2	白 熠	总经理

续表

序号	姓名	职务
3	孔妍	董事
4	应为民	董事
5	周永杰	董事
6	李杰	监事

工商注册			
企业名称	哈勃科技创业投资有限公司	统一社会信用代码	91440300MA5FKNMP6T
法定代表人	白熔　TA有2家企业>	经营状态	开业
成立日期	2019-04-23	行政区划	广东省深圳市福田区
注册资本	300,000万(元)	实缴资本	70,000万(元)
企业类型	有限责任公司(法人独资)	所属行业	-
工商注册号	440300206897598	组织机构代码	MA5FKNMP-6
纳税人识别号	91440300MA5FKNMP6T	纳税人资质	一般纳税人
营业期限	2019-04-23 至 2039-04-22	核准日期	2021-11-05
登记机关	深圳市市场监督管理局	参保人数	0人
曾用名	哈勃科技投资有限公司		
注册地址	深圳市福田区福田街道福安社区福华一路123号中国人寿大厦23楼　查看地图		
经营范围	一般经营项目是：创业投资业务（法律、行政法规、国务院决定禁止的项目除外，限制的项目须取得许可后方可经营）、私募股权投资基金管理、创业投资基金管理服务（须在中国证券投资基金业协会完成登记备案后方可从事经营活动）。(除依法须经批准的项目外，凭营业执照依法自主开展经营活动）。许可经营项目是：		

图19-1　哈勃科技投资有限公司工商注册资料

随着项目的顺利开展，华为两次向哈勃投资增加投资。2020年10月，华为追加出资至27亿元。

01 布局半导体供应链

媒体统计,截至 2021 年 1 月下旬,华为哈勃总计投资了 30 家企业,涵盖芯片设计、半导体材料(大多投向半导体产业链,覆盖连接器、射频器件、第三代半导体材料、功率半导体等领域,基本在华为主业范围内)、装备、工艺解决方案、微光学产品、装备检测等领域,华为在为打造自己的国产半导体供应链进行投资布局,见表 19-2。

表 19-2 哈勃科技投资有限公司投资企业

序号	被投资企业	被投资企业法定代表人	成立日期
1	杰华特微电子(杭州)有限公司	ZHOUXUNWEI	2013-03-18
2	无锡市好达电子股份有限公司	刘 平	1999-06-14
3	新共识(杭州)科技有限公司	马 越	2018-06-22
4	苏州锦艺新材料科技有限公司	陈锦魁	2017-02-09
5	深圳中科飞测科技股份有限公司	CHENLU	2014-12-31
6	新港海岸(北京)科技有限公司	皮德义	2012-05-23
7	苏州东微半导体股份有限公司	龚 轶	2008-09-12

续　表

序号	被投资企业	被投资企业法定代表人	成立日期
8	庆虹电子（苏州）有限公司	许之莹	2001-07-02
9	常州富烯科技股份有限公司	相小琴	2014-12-25
10	苏州裕太微电子有限公司	欧阳宇飞	2017-01-25
11	瀚天天成电子科技（厦门）有限公司	赵建辉	2011-03-31
12	上海鲲游光电科技有限公司	林涛	2016-12-20
13	广州颖力土木科技有限公司	LEESAMZHISHAN	2018-04-28
14	山东天岳先进科技股份有限公司	宗艳民	2010-11-02
15	常州纵慧芯光半导体科技有限公司	赵励	2015-11-18
16	湖北九同方微电子有限公司	万波	2011-11-02
17	北京昂瑞微电子技术股份有限公司	钱永学	2012-07-03
18	云南鑫耀半导体材料有限公司	黄平	2013-09-10
19	思瑞浦微电子科技（苏州）股份有限公司	ZHIXUZHOU	2012-04-23
20	南京芯视界微电子科技有限公司	李成	2018-04-17
21	辽宁中蓝电子科技有限公司	王迪	2011-10-14
22	深思考人工智能机器人科技（北京）有限公司	杨志明	2015-08-17
23	粒界（上海）信息科技有限公司	吴小	2018-01-12

资料来源：爱企查。

根据表 19-2 可以看到，哈勃科技投资的企业大致可分为三类：

第一，产业龙头。

从哈勃投资的企业来看，产业龙头是其中的一个偏爱的方向。例如，哈勃科技投资参与了天岳科技的 A 轮融资。根据山东天岳先进材料科技有限公司的公司变更记录显示，2020 年 6 月 4 日，公司新增股东哈勃投资，哈勃投资于 2019 年 8 月 14 日认缴出资额 908.75 万元。目前，哈勃投资为公司第三大股东，持股 8.37%。

哈勃投资天岳科技，一个关键就是天岳科技的碳化硅，加上山东天岳是中国第三代半导体材料碳化硅龙头企业。

据了解，碳化硅是制造高温、高频、大功率半导体器件的理想衬底材料，而第三代半导体材料以碳化硅、氮化镓为代表，具有更宽的禁带宽度、更高的击穿电场、更高的热导率、更大的电子饱和度以及更高的抗辐射能力。目前，许多国家将第三代半导体材料列入国家计划。[1]

第二，把握未来前沿技术。

在华为的投资方面，《华为公司基本法》有相关的介绍："我们中短期的投资战略仍坚持以产品投资为主，以期最大限度地集中资源，迅速增强公司的技术实力、市场地位和管理能力。我们

---

[1] 赵朝辉，朱捷，张焕鸥，等. 第 3 代半导体互连材料概述 [J]. 新材料产业，2017 (08)：22-26.

在制定重大投资决策时，不一定追逐高利润项目，同时要关注有巨大潜力的新兴市场和新产品的成长机会。我们不从事任何分散公司资源和高层管理精力的非相关多元化经营。"

回顾之前的投资战略，华为的投资相对理性。2016年，一名日本员工给华为总部谏言称，由于日本在基础材料、某部分科技原因，华为有必要投资日本当地的供应商。

针对此建议，任正非回应说道："我们原则上不对外进行投资，投资就意味着终身要购买她的东西，因为她是我的儿媳妇。我们现在就是见异思迁，今天这个好就买这个，明天那个好就买那个。"

在当时，华为的国际化之路虽然坎坷，但是美国阻挠华为的力度相对较小。2017年，任正非继续强化华为投资战略，华为"不做应用、不碰数据、不做股权投资"。华为的目的很明确，华为投资始终在未来技术方面深耕。例如，2015年，华为投资以色列海赛特（HexaTier）公司，其主营业务为芯片设计、数据安全。2016年，华为耗资1.5亿美元，投资以色列拓加网络（Toga Networks）公司，主营业务是基于软件的系统设计。

对于华为的投资偏爱，博云创投副总裁徐世良在接受媒体采访时直言："一种是前瞻性的投资，项目离实现商业化可能有一些距离，相当于华为扶持的科研研发项目，还有一类则是为了解决华为供应链的安全问题而投。"

第三，出于供应链安全考虑，重点在挖掘和培养潜在供应商。

随着美国一轮又一轮的制裁，华为在一边继续强化自己的投资战略，一边继续对供应链补洞，与传统的风险投资有着天壤之别。

华为的投资更加强调与供应商的合作，即在供应链上实行有效地分工，扶持供应商，保持供应链生态的平衡，由此获得竞争优势。对此。徐世良介绍说道："哈勃投项目不嫌贵，他们说是有订单资源，所以很多项目都能抢到（投资）额度，又不太在乎估值，和我们这些机构不是一个打法。"

徐世良的观点得到某硬科技领域投资机构的合伙人的印证。他说道："我们更多是看企业的技术优势、内生增长、估值水平、退出收益等，而哈勃可能更多是为了业务协同。"

为了有效地解决供应链问题，哈勃科技投资有限公司投资了上海立芯软件科技有限公司，占比20%。

与此同时，深圳市红土善利私募股权投资基金合伙企业（有限合伙）也参与此次对立芯软件的投资，见图19－2。

根据爱企查显示："上海立芯软件科技有限公司成立于2020年11月12日，注册地位于中国（上海）自由贸易试验区临港新片区云汉路979号2楼，法定代表人为陈建利。经营范围包括一般项目：从事软件科技领域内的技术开发、技术咨询、技术服务、技术转让；软件开发；自然科学研究和试验发展；规划设计管理；专业设计服务；工业设计服务；网络技术服务；网络设备销售；网络与信息安全软件开发；信息系统运行维护服务；数字视

```
哈勃科技投资有限公司          上海暖芯科技合伙企业(有      上海芯在科技合伙企业(有      深圳市红土善利私募股权投
认缴金额: 26.7万(元)          限合伙)                     限合伙)                     资基金合伙企业(有限合伙)
                             认缴金额: 80万(元)           认缴金额: 20万(元)           认缴金额: 6.7万(元)
         ↓ 20%                      ↓ 60%                      ↓ 15%                      ↓ 5%

                              上海立芯软件科技有限公司

                                      ↓ 100%

                              福州立芯科技有限公司
                              认缴金额: 100万(元)
```

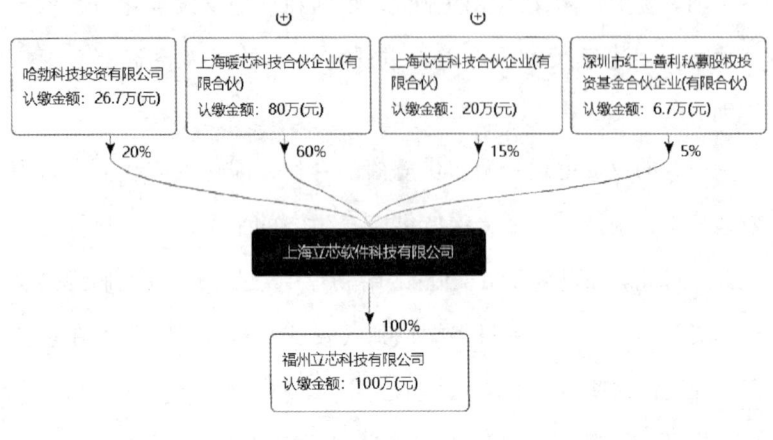

图 19-2　立芯软件股权结构

频监控系统销售；人工智能硬件销售；人工智能基础软件开发；互联网数据服务；物联网技术服务；大数据服务；数据处理和存储支持服务；办公服务；科技中介服务；云计算设备销售（除依法须经批准的项目外，凭营业执照依法自主开展经营活动）。"

02　扶持国产供应链

2023年6月27日，《经济观察网》刊发了《哈勃投资视觉芯片公司锐思智芯》一文，文章介绍，天眼查显示，近日，深圳锐视智芯科技有限公司发生工商变更，新增股东深圳哈勃科技投资合伙企业（有限合伙）、青岛同歌一期创业投资基金合伙企业（有限合伙）等，同时注册资本由约1 143万元人民币增至约1 271万元人民币，增幅约11%。该公司成立于2020年1月，法定代表人为邓坚，经营范围含芯片、信息技术及人工智能相关的技术开发等。据官网介绍，锐思智芯是一家视觉传感器技术服务商，可提供融合式仿生视觉芯片及一体化机器视觉解决方案。[1]

为了打破技术封锁，华为不得不扶持国产供应链，甚至是做到了要钱给钱，要人才就给人才。例如，2012年成立的思瑞浦，一度因为市场表现太差，陷入生死存亡境地，到2018年，思瑞浦仍亏损882万元。当华为把思瑞浦纳入扶持的供应链后，在2019财年为其贡献了1.73亿元的销售额，占其当年总营收的57.13%，帮助思瑞浦整体营收超过3亿元，净利润突破7 000万元，成功帮助思瑞浦从一个濒临倒闭的公司一跃成为上市公司。

2020年4月，华为投资的芯片公司——思瑞浦微电子科技（苏州）股份有限公司（以下简称"思瑞浦"）的科创板上市申请获得受理，可以说，思瑞浦能够迅速实现科创板上市，华为居功甚伟。

---

[1] 经济观察网. 哈勃投资视觉芯片公司锐思智芯［EB/OL］. 2023－06－27. http://www.eeo.com.cn/2023/0627/596345.shtml.

对于华为来讲，这是一件巨大意义的开端。究其原因，思瑞浦获得 IPO，是华为 2019 年 4 月设立子公司哈勃科技作为中国本土投资平台后，投出的首个进入 IPO 阶段的项目。

巧合的是，思瑞浦获得 IPO 的时间正好是哈勃科技创建一周年。在短短的一年时间即收获一个 IPO 项目，其投资表现堪称完美，尤其是华为扶持思瑞浦的产品、技术和业务。

工商注册信息显示，哈勃科技起步资金为 7 亿元。2019 年，华为投资了 7 家公司。2020 年 1 月，华为继续追加对哈勃科技的出资至 14 亿元。此后华为已经又投出两个项目。[1]

华为的转变，源于美国的"断供"。一位基金合伙人在接受媒体采访时说道："华为过去其实不太理国内公司，但是中兴出事之后，华为的态度明显改变，我们有的企业，华为不仅给订单、给资金，还直接派技术团队过来指导。"

根据"证券之星网站"的披露，思瑞浦是一家集成电路设计企业，2020 年 9 月登陆科创板上市，发行价格 115.71 元，是截至目前 16 只发行价超百元的股票之一。思瑞浦公司的产品主要涵盖信号链模拟芯片和电源管理模拟芯片两大类产品，包括运算放大器、比较器、音/视频放大器、模拟开关、接口电路、数据转换芯片、隔离产品、参考电压芯片、LDO、DC/DC 转换器、电源监控

---

[1] 投中网. 华为是如何做投资的：先给两个亿订单 一年送上市 [EB/OL]. 2020 - 05 - 04. https://icspec.com/news/article-details/456545?type=prefecture.

电路、马达驱动及电池管理芯片等，应用于信息通信、工业控制、监控安全、医疗健康、仪器仪表和家用电器等领域。以国际巨头德州仪器、英飞凌、意法半导体等企业的发展路径来看，巨头们的产品种类非常广泛，通过不断丰富产品品类、扩大产品类型数量、提升产品性能、持续不断的技术研发投入累积优势，占据全球高端产品的大部分份额。资料显示，思瑞浦拥有的可供销售产品型号从2016年初的300款到2019年的900款，2020年底超过1 200款，截至2021年第1季度已超过1 400款产品。[1] 见图19-3。

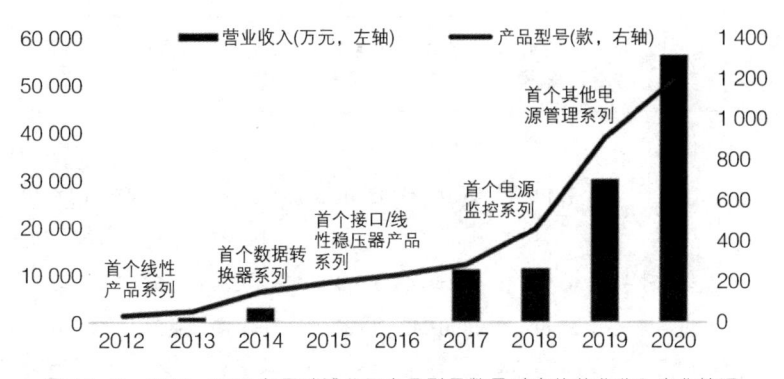

图19-3 2012~2020年思瑞浦公司产品型号数量对应的营业收入变化情况

公开资料显示，2019年以前，思瑞浦的营业收入主要来自消费电子、工业控制两大板块领域。在当时，通信领域产品尚未放

---

[1] 证券之星网站. 华为的首笔科创板投资大丰收、模拟芯片企业思瑞浦的进阶之路[EB/OL]. 2021-11-12. https：//stock.stockstar.com/SS2021111200012616.shtml.

量。然而，华为的扶持，直接给思瑞浦的快速增长提供动力。2019年开始，思瑞浦在通信领域快速放量实现业绩扭亏，其主要原因是华为。目前，思瑞浦公司已在通信、工业控制、消费电子这三大领域逐步建立起一定的产品品牌优势，见图19－3。[1]

表19－3　2018年12月31日—2021年9月30日营业收入

（万元）

思瑞浦 688536. SH　774.00　+20.00%　财务摘要

报告期	2021-09-30	2020-12-31	2020-09-30	2019-12-31	2019-09-30	2018-12-31
	三季报	年报	三季报	年报	三季报	年报
数据来源	合并报表	合并报表	合并报表	合并报表	合并报表	合并报表
利润表摘要						
营业总收入	89 101.13	56 648.85	45 501.34	30 357.59	18 559.43	11 392.64
同比（%）	95.82	86.61	145.17	166.47		1.91
营业总成本	63 100.48	40 259.90	29 561.06	23 563.34	14 854.75	12 545.26
营业利润	31 195.89	18 102.12	16 082.39	7 041.80	3 984.83	-881.94
同比（%）	93.98	157.07	303.59	898.44		-272.10
利润总额	31 195.87	18 102.11	16 082.39	7 057.11	3 998.16	-881.94
同比（%）	93.98	156.51	302.25	900.18		-272.10
净利润	31 171.74	18 379.21	16 281.21	7 098.02	4 226.44	-881.94
同比（%）	91.46	158.93	285.22	904.82		-272.10

[1] 证券之星网站. 华为的首笔科创板投资大丰收、模拟芯片企业思瑞浦的进阶之路[EB/OL]. 2021－11－12. https：//stock. stockstar. com/SS2021111200012616. shtml.

续　表

	2021-09-30	2020-12-31	2020-09-30	2019-12-31	2019-09-30	2018-12-31
报告期	三季报	年报	三季报	年报	三季报	年报
数据来源	合并报表	合并报表	合并报表	合并报表	合并报表	合并报表
归属母公司股东的净利润	31 171.74	18 379.21	16 281.21	7 098.02	4 226.44	-881.94
同比（%）	91.46	158.93	285.22	904.82		-272.10
非经常性损益	5 397.52	1 639.56	268.53	555.17		270.67
扣非后归属母公司股东的净利润	25 774.22	16 739.66	16 012.68	6 542.85		-1 152.61

数据显示，2021年前三季度，思瑞浦实现营业收入8.91亿元，同比增长95.82%；实现归母净利润3.12亿元，同比增长91.46%；综合毛利率为60.99%。其中：信号链芯片实现收入7.14亿元，同比增长61.69%，信号链芯片产品毛利率为63.90%；电源模拟芯片实现收入1.77亿元，同比增长1 240.97%，主要系线性稳压电源、电源监控等电源管理产品逐步实现量产，使得电源产品收入有较大幅度增长，电源管理产品毛利率为49.18%[1]，见表19-4。

---

[1] 证券之星网站. 华为的首笔科创板投资大丰收、模拟芯片企业思瑞浦的进阶之路[EB/OL]. 2021-11-12. https：//stock.stockstar.com/SS2021111200012616.shtml.

表 19-4　2021 年前三季度主要会计数据和财务指标

单位：元　币种：人民币

项　目	本报告期	本报告期比上年同期增减变动幅度	年初至报告期末	年初至报告期末比上年同期增减变动幅度
营业收入	406 259 729.17	165.36%	891 011 260.15	95.82%
归属于上市公司股东的净利润	156 953 440.87	285.29%	311 717 376.88	91.46%
归属于上市公司股东的扣除非经常性损益的净利润	139 554 953.30	252.28%	257 742 197.80	60.96%
经营活动产生的现金流量净额	不适用	不适用	19 613 747.74	-87.33%
基本每股收益（元/股）	1.96	188.24%	3.90	43.59%

从表 19-4 的主要会计数据和财务指标来看，单第三季度，思瑞浦业绩表现超出市场预期，思瑞浦公司实现营业收入 4.06 亿元，同比增长 165.36%；归母净利润 1.57 亿元，同比增长 285.29%；扣非后归母净利润 1.4 亿元，同比增长 252.28%。业绩大增主要系公司的电源管理芯片产品大幅放量。思瑞浦 2018 年、2019 年、2020 年信号链芯片产品业务收入分别为 1.14 亿元、2.97 亿元和 5.45 亿元，同比增长 1.86%、161.52% 和 83.28%。由此不难看出，思瑞浦的快速增长的原因正是搭上了华为这一转

变的"快车"。根据思瑞浦招股书显示，2019 年，"客户 A"为思瑞浦贡献了 1.7 亿元的销售额，占后者总营收的 57.13%。招股书显示，客户 A 从 2018 年开始向思瑞浦采购，2019 年开始放量，采购的产品主要是信号链模拟芯片，这是 5G 基站的关键部件[1]，见表 19-5。

表 19-5 "客户 A"为思瑞浦贡献了 1.7 亿元的销售额

（单位：万元）

关联方	交易内容	2019 年度 金额	占同类收入比例	占营业收入比例	2018 年度 金额	占同类收入比例	占营业收入比例
客户 A	销售信号链模拟芯片	17 077.54	57.45%	56.25%	168.05	1.48%	1.48%
	销售电源管理模拟芯片	266.17	42.12%	0.88%	1.71	6.49%	0.01%
	合计	17 343.71	—	57.13%	169.75	—	1.49%

在招股书中，虽然没有披露客户 A 的具体名字，但确认是思瑞浦的关联方。翻阅思瑞浦的关联企业名单，唯华为可能有如此大笔的采购。[2] 见表 19-6。

---

[1] 证券之星网站. 华为的首笔科创板投资大丰收、模拟芯片企业思瑞浦的进阶之路 [EB/OL]. 2021-11-12. https://stock.stockstar.com/SS2021111200012616.shtml.
[2] 投中网. 华为是如何做投资的：先给两个亿订单 一年送上市 [EB/OL]. 2020-05-04. https://icspec.com/news/article-details/456545?type=prefecture.

表 19-6 直接或间接持有发行人 5%以上股份的法人或者其他组织

序号	关联方名称	关 联 关 系
1	华芯创投	持有发行人 24.74%的股份
2	金樱投资	持有发行人 11.10%的股份
3	棣萼芯泽	持有发行人 8.48%的股份
4	哈勃科技	持有发行人 8.00%的股份
5	安固创投	持有发行人 7.07%的股份
6	华为投资控股有限公司	通过持有哈勃科技股份间接有发行人 5%以上股份

由此可见，当华为的供应链被美国的实体清单打断后，华为通过多种渠道积极进行战略性补洞，以实现供应链重置，并有序喊话和继续游说供应商，继续采购，同时供应商也在为能够给华为供货游说美国政府，争取通过申请。

任正非在接受《金融时报》记者詹姆士·金格（James Kynge）采访时直言："进口还是会多元化的，美国公司如果还能卖给我们，我们还是会订购。美国的器件厂家也在向华盛顿申请批准向我们销售零部件，如果获得批准了，我们还要大规模购买。当然，我们同时也在寻找替代器件和方案，也在自己研究器件，我们有强大的研究能力，能够生存下来。"

任正非的理由是："我认为世界经济已经走向全球化了，过去传统经济时期，一个国家可以独立地制造一个缝纫机、一列火车、一艘轮船。现在进入经济全球化时代，全球是要合作共赢的。如果一个国家要封闭起来自己制造一个东西，这个零件的销售量不会很大，那整机就会非常贵，不能满足社会上的需求。经济全球化的目的，是你这个国家最适合做这个事，就把这个事做大。全世界高速设备不都是用日本一个螺丝钉厂的螺丝吗？如果每个国家都想做一个像日本那样的螺丝钉工厂，我认为成本会很高。如果从全球化退回去，想孤立发展一个产业，经济会走向更加混乱，特别是日本。因为日本离中国最近，十三亿人民的市场对日本是很重要的。日本产品因质量优秀占领了中国市场，这个市场还在增长。过去中国对外商投资的限制较多，现在中国通过了新的外商投资法，放宽了要求，商品也可以在中国更快速流通。美国放弃中国市场对振兴美国经济不是好的办法。美国商务部发布实体清单，由于时间太短，我们还没有思考好，但第一，绝不会走中兴的路。两家公司是完全不同的公司，不能因为是中国公司就把两个名字连在一起。第二，不能走 WTO 国际仲裁的道路，国际仲裁要动用国家力量，一个小小公司为什么要影响一个国家呢？国家有这么多事要操心，不需要操心我们一个小小公司。"

参考文献

[1] 蔡钰. 华为大举进入香港 3G 市场"示范"意义重于"效益"[N]. 财经时报, 2004-01-12.

[2] 陈薇. 美媒：华为通过轮值 CEO 制度谋求创新[N]. 环球时报, 2013-10-16.

[3] 丁梦云. "实体清单"对涉事上市公司的市场效应分析[J]. 湖北经济学院学报：人文社会科学版, 2021, 18（02）: 34-38.

[4] 段娟. 科技全球化背景下的科技霸权——以美国 5G 政策为例[J]. 海风, 2022（02）: 179-181.

[5] 邓焱. 师从 IBM, 华为的美国式管理变革[J]. 商界：评论, 2019（01）: 48-49.

[6] 杜建国, 万亚红, 侯云章. 基于供应链成员风险态度的行为演化[J]. 系统管理学报, 2013（06）: 828-834.

[7] 达实. 第 1 亿部手机下线　中兴通讯向全球巨头发起新冲击[J]. 通讯世界, 2008（10）: 85-86.

[8] 房静. 华为以客户为中心的组织变革思考 [J]. 管理观察, 2017 (31): 29-30.

[9] 窦毅. 华为"狼性文化"面临变革 [J]. 电脑知识与技术, 2004 (18): 19-20.

[10] 费杨生, 徐昭. 今天资本市场这件大事, 源于28年前那些如烟过往 [N] 中国证券报, 2018-12-24.

[11] 符正平, 叶泽樱. 大国博弈下全球供应链的中断风险与"备胎"管理 [J]. 中国社会科学文摘, 2021 (12): 102-103.

[12] 郭平. 华为的品质管理 [N]. 华为人报, 1993-05-28.

[13] 郭平. 华为人眼里的华为之路: 从偶然性成功到必然性成功 [C] // 中国通信企业协会. 中国通信企业协会, 2014.

[14] 郭新伟. 企业文化对企业变革影响的定性分析——以华为公司业务流程变革为例 [J]. 农场经济管理, 2008 (01): 64-65.

[15] 华为. 华为投资控股有限公司2022年年度报告 [R]. 2023-04-28.

[16] 华为. 华为投资控股有限公司2021年年度报告 [R]. 2022-03-28.

[17] 华为. 华为投资控股有限公司2020年年度报告 [R]. 2021-03-31.

[18] 华为. 华为投资控股有限公司2019年年度报告 [R]. 2021-03-31.

[19] 华为. 华为创新和知识产权白皮书 [R]. 2022-12-13.

[20] 华为. 华为 EMT 自律宣言 [J]. 现代营销（经营版），2012（02）：39-40.

[21] 黄卫伟. 为客户服务是华为公司存在的理由——在与新员工交流会上的讲话 [N]. 华为人，2001-07-30.

[22] 黄明朗. 华为的"备胎计划" [J]. 宁波通讯，2019（15）：7.

[23] 江梅坤. HJD48 通过优化鉴定 [N]. 华为人报，1993-07-21.

[24] 蒋起东. 高通试图捅破反垄断法那层纸：对魅族提起专利诉讼 [N]. 法治周末，2016-07-06.

[25] 孔学劭. 华为出售 x86 服务器业务获实质性进展，此前受缺芯问题困扰 [N]. 南方都市报，2021-11-8.

[26] 李长泰. 被客户追是怎么一种体验 [J]. 华为人，2020（04）：26-29.

[27] 李佳师. 出售=自救=自强？华为 X86 服务器的取舍逻辑 [N]. 中国电子报，2021-11-8.

[28] 李雷，杨怀珍，冯中伟. 供应链上游段 VMI&TPL 模式的利益分配机制——基于最大熵值法与正交投影法的整合视角 [J]. 系统管理学报，2020（02）：400-408.

[29] 刘英，慕银平. 基于讨价还价模型的持股型供应链最优订货与定价策略研究 [J]. 中国管理科学，2021（06）：160-167.

［30］康方，张爱华．华为的管理变革之路［J］．商情，2014（24）：131．

［31］刘素宏，郭永芳．军人转业"哪家强"全球多家银行争着抢［N］．新京报，2014－11－25．

［32］刘琳．从深圳经济特区看我国改革开放的历史功绩［J］．唯实，1996（12）：4－7．

［33］李叶．大事件石破天惊的土地第一拍［N］．中国房地产报，2018－12－21．

［34］李玉琢．我与任正非的合作与冲突［J］．中国新闻周刊，2018（03）：70－73．

［35］李华．公司推行 ISO9000 的计划［N］．华为人报：第2版，1993－07－21．

［36］李艾琳，何景熙．共享经济视角下人力资源管理职能的变革——以华为 HRBP 为案例［J］．中国人力资源开发，2016（24）：54－57，93．

［37］梁瑞丽．《华为公司基本法》的变革之道——访原华为专家顾问小组组长彭剑锋［J］．东方企业文化，2011（07）：21－23．

［38］刘嵘．华为可持续供应链发展历程及启示［J］．财会月刊，2019（09）：143－149．

［39］刘畅．产业链供应链亟待突破"卡脖子"难题［J］．中国经济评论，2021（2）：56－63．

[40] 苗兆光. 华为变革的缘由、动能及其华为《基本法》[J]. 中外企业文化, 2018 (06): 64-67.

[41] 苗兆光. 华为人才管理牛在哪里 [J]. 发现, 2018 (30): 52-56.

[42] 苗兆光. 为什么每一次重大危机, 华为都变得更强 [J]. 中外企业文化, 2019 (06): 8-11.

[43] 苗兆光. 华为, 美的, 小米的人才管理为什么牛 [J]. 销售与管理, 2019 (01): 86-93.

[44] 苗兆光. 对管理的误解, 是企业的一种灾难 [J]. 销售与管理, 2019 (02): 86-89.

[45] 孟庆建. 苹果开始向华为交专利费去年或已支付数亿美元 [J]. 企业界, 2016 (5): 46-47.

[46] 马晓芳. 华为无线基站发货量全球第一 [N]. 第一财经日报, 2010-01-08.

[47] 梅雅鑫. 华为"解禁"迎来曙光中长期国产化势在必行 [J]. 通信世界, 2019 (18): 50-55.

[48] 吕谋笃. 华为管理变革十五年 [J]. 东方企业文化, 2010 (09): 56-57.

[49] 吕谋笃. 变革成就华为伟业 [J]. 理财: 市场版, 2010 (10): 88.

[50] 吕谋笃. 华为管理变革三步曲 [J]. 企业文化, 2010 (10): 20-21.

[51] 彭剑锋. 做一个有情怀的企业家 [J]. 中外企业文化, 2015 (05)：12-13.

[52] 屈艳军. 华为的变革大志 [J]. 中国企业家, 2012 (16)：18.

[53] 丘慧慧. 探路者华为："世界级企业"命题证伪 [N]. 21世纪经济报道, 2009-09-26.

[54] 丘慧慧, 朱志超. 华为的天花板 [J]. 商周刊, 2012 (10)：69.

[55] [日] 狩野纪昭, 梁红霞译, 范青译. 品质进化——可持续增长之路 [J]. 品质, 2006 (02)：108-114.

[56] 任正非. 对中国农话网与交换机产业的一点看法 [J]. 华为人, 1994-07-20.

[57] 任正非. 在第四届国际电子通信展华为庆祝酒会上的发言 [N]. 华为人报：第2版, 1995-11-30.

[58] 任正非. 反骄破满, 在思想上艰苦奋斗 [N]. 华为人报, 1996-05-02.

[59] 任正非. 我们向美国人民学习什么 [N]. 华为人报, 1998-02-20.

[60] 任正非. 华为的冬天——任正非谈华为十大管理要点 [J]. 中国企业家, 2001 (04)：48-50.

[61] 任正非. 华为公司的核心价值观 [J]. 中国企业家, 2005 (18)：10-18.

[62] 任正非. "我们要鼓励自主创新就更要保护知识产权"[J]. 中国企业家, 2006（01）: 30-33.

[63] 任正非. 天道酬勤[N]. 华为人报, 2006-07-21.

[64] 任正非. 实事求是的科研方向与二十年的艰苦努力——在国家某大型项目论证会上的发言[N]. 华为人报, 2006-12-18.

[65] 任正非. 干部要担负起公司价值观的传承——在人力资源管理纲要第一次研讨会上的发言提纲[N]. 华为人报, 2010-07-15.

[66] 任正非. 一江春水向东流——为轮值CEO鸣锣开道[N]. 华为人报, 2011-12-25.

[67] 任正非. 最大的敌人是我们自己——2015年1月22日下午, 任正非在冬季达沃斯论坛年会现场接受了BBC记者的采访, 2015-01-22.

[68] 任正非. 任正非接受日本媒体采访纪要[N]. 东方新报, 2019-05-19.

[69] 任正非. 任正非在松山湖园区举行军团组建成立大会的讲话[N/OL]. https://www.SZnews.com/news/content/2021-11-04/content_24707040.htm, 2021-10-29.

[70] 任正非. 华为的冬天（上）[J]. 企业文化, 2001（10）: 10-13.

[71] 任正非. 2015年在达沃斯论坛上接受的对话采访[N/OL]. https://tech.ifeny.com/a/20150122/40955020_o.shtml, 2015-

01-22.

［72］任正非. 逐步加深理解"以客户为中心,以奋斗者为本"的企业文化——任正非在市场部年中大会上的讲话纪要［N］. http：//huawei-managment. readthedocs. io/zh-cn/latest/2008/20080715_9. html,2008-07-15.

［73］任正非. 华为的红旗到底能打多久——向中国电信调研团的汇报以及在联通总部与处以上干部座谈会上的发言［N］. 华为人,1998-06-20.

［74］任正非. 任正非:力出一孔 利出一孔［N］. 21世纪经济报道,2013-01-26.

［75］任正非. 任正非在人力资源管理纲要第一次研讨会上的发言提纲［J］. 管理优化,2010（09）.

［76］任正非. 从二则空难事故看员工培训的重要性［N］. 华为人报,1994-12-25（11:3）.

［77］任正非. 解放思想,迎接（19）96年市场大战——任正非在办事处工作会议上的讲话［N/OL］. https：//blog. csdn. net/shangsongwww/article/details/92794845,1995-11-18.

［78］任正非. 赴美考察散记［J］. 深圳特区科技,1996（4）:38-41.

［79］施胜文. 华为如何开展人力资源管理变革［J］. IT时代周刊,2005（14）:56-57.

［80］施炜,苗兆光. 企业成长导航［J］. 企业家信息,2020

(01): 13-16.

[81] 施炜. 不确定时代的自组织管理 [J]. 中国人力资源开发, 2015 (08): 9-11.

[82] 田涛, 吴春波. 下一个倒下的会不会是华为 [M]. 北京: 中信出版社, 2017.

[83] 田涛, 彭剑锋. 华为是创新型企业吗 [J]. 发现, 2015 (03): 24-29.

[84] 唐煜, 周路平, 郑亚红等. 华为海思保卫战 [J]. 财经天下, 2020 (11): 48-51.

[85] 唐昊. 华为企业信息化与变革管理 [D]. 四川师范大学, 2013.

[86] 吴春波. 华为没有秘密 [M]. 北京: 中信出版社, 2014.

[87] 王晶. 华为调整内部架构 云业务升为一级部门 [N]. 每日经济新闻, 2017-08-29.

[88] 王继英. 香港电信市场现状 [J]. 当代通信, 1996 (10): 21.

[89] 王晓航. 经济全球化背景下民族企业的危机传播——以华为"实体清单"事件为例 [J]. 新闻研究导刊, 2019 (15): 132-133.

[90] 武亚军. 90年代企业战略管理理论的发展与研究趋势 [J]. 南开管理评论, 1999 (02): 3-9.

[91] 汪小星. 华为年入账1491亿摘得电信设备商全球榜眼 [N].

南方都市报，2010-03-31.

[92] 徐维强. 华为进军"云计算"任正非：不做堂吉诃德［N］. 南方都市报，2010-12-01（SA32版）.

[93] 辛童. 华为供应链管理与变革给中国产业链发展的启示［J］. 中国经济评论，2021（02）：68-73.

[94] 薛美娟. 华为名列1998年电子百强第18名［N］. 华为人报，1998-04-06.

[95] 杨少龙. 华为靠什么［M］. 北京：中信出版社，2014.

[96] 杨杜. 化的逻辑［M］. 北京：经济管理出版社，2016.

[97] 杨宝华. 供应链中断风险管理的博弈分析［J］. 统计与决策，2011（18）：173-175.

[98] 衣琳娜. 华为2004年全球销售达到462亿［J］. 电信技术，2005（02）：104.

[99] 余东明. 基于组织变革的华为高管全球心智研究［D］. 南京邮电大学，2014.

[100] 于辉，侯建. 跨国供应链汇率波动风险的中断管理策略分析［J］. 系统工程学报，2017（01）：114-124.

[101] 闫肖锋. 中国出台"不可靠实体清单"反制美国贸易"黑名单"［J］. 中国新闻周刊，2019（20）：8.

[102] 叶志卫，吴向阳. 胡新宇事件再起波澜华为称网友误解床垫文化［N］. 深圳特区报，2006-06-14.

[103] 余智骁. 吉姆·柯林斯：优秀是伟大的敌人［N］. 经济观

察报，2002-10-22.

[104] 张文斌. 采购穿上"美国鞋"——回顾华为采购的改善历程，展望 ISC [N]. 华为人报，2001-01-18.

[105] 张利华. 华为研发 [M]. 北京：机械工业出版社，2009.

[106] 张斌. 华为折叠屏新机秒罄 谁是背后的核心零部件供应商？[N]. 经济观察报，2021-02-27.

[107] 赵朝辉，朱捷，张焕鸥等. 第3代半导体互连材料概述 [J]. 新材料产业，2017（08）：22-26.

[108] 中国半导体行业协会. 中美半导体行业协会宣布成立"中美半导体产业技术和贸易限制工作组" [N]. 第一财经，2021-03-11.

后　记

在中国企业界，华为创始人任正非是一个绕不开的名字，因为在他的经营下，如今的华为已经成为一张中国的国家名片，成为一个中国制造向中国创造转变的标杆企业。

关于华为，官网是这样介绍的："华为创立于1987年，是全球领先的ICT基础设施和智能终端提供商。我们的20.7万员工遍及170多个国家和地区，为全球30多亿人口提供服务。我们致力于把数字世界带入每个人、每个家庭、每个组织，构建万物互联的智能世界。"[1]

回望华为30多年的发展历程不难发现，华为的发展史就是一部中国企业做强、做大的竞争史，以及如何赢得竞争的企业家人类学探索史。笔者通过企业家人类学的角度剖析企业家任正非在人生的谷底创建华为到华为被美国纳入实体清单这段艰难险阻与

---

[1] 华为官网. 公司简介 [EB/OL]. 2023 - 06 - 28. https://www.huawei.com/cn/corporate-information.

悲壮的抗争之歌。本书共分为 8 部分——客户管理：一切以客户为中心，为客户服务是华为生存下去的唯一基础；技术创新：领先半步是先进，领先三步成先烈；人才管理哲学：人力资源要让"遍地英雄下夕烟"；危机管理：居安思危，下一个倒下的会不会是华为；全球化拓展：以知识产权为武器攻占 170 个国家；组织变革管理：人治转向法治；战略管理：最低和最高战略都是活下去，以人类学重彩浓墨的深描手法揭开了华为做强做大的诸多秘密，期望给 5 000 万家中国企业的企业老板、高管、商学院标杆企业研究提供一个可资借鉴的范本。

本书的定位是企业教育、培训员工的教材；年轻人、白领人士的励志读物；创业者、管理者的行动指南；成功者、领导者的决策参考……因此，作为这个时代草根创业的代表人物，以及继续在创业路上的先行者，任正非的企业经营思想或许不能直接给创业者们带来成功，却能给予创业者一个提示、一个视角、一个忠告、一个鼓励。

这里，感谢本书的标杆企业案例人任正非，以及华为的所有人，他们为本书提供了第一手资料。

感谢改革开放以来的企业家们，在本书的撰写过程中，笔者为了类比，将其一一写入，让本书更加鲜活，不再局限在一个案例中。

感谢"财富商学院书系"的优秀人员，他们也参与了本书的前期策划、市场论证、资料收集、书稿校对、文字修改、图表制作。

以下人员对本书的完成亦有贡献,在此一并感谢:周梅梅、吴旭芳、吴江龙、简再飞、周芝琴、吴抄男、赵丽蓉、周斌、周凤琴、周玲玲、周天刚、丁启维、汪洋、蒋建平、霍红建、赵立军、兰世辉、徐世明、周云成、丁应桥、金易、何庆、李嘉燕、陈德生、丁芸芸、徐思、李艾丽、李言,等等。

在撰写本书过程中,笔者参阅了相关资料,包括电视、图书、网络、视频、报纸、杂志等资料,所参考的文献,凡属专门引述的,我们尽可能地注明了出处,其他情况则在书后附注的"参考文献"中列出,并在此向有关文献的作者表示衷心的谢意!如有疏漏之处还望原谅。

本书在出版过程中得到了许多教授、研究华为管理、国际化、营销、研究华为的专家、业内人士以及出版社的编辑等的大力支持和热心帮助,在此表示衷心的谢意。由于时间仓促,书中纰漏难免,欢迎读者批评斧正(E-mail: 450180038@qq.com)。

周锡冰

2024 年 3 月 26 日于北京